资源环境视角下提升中国制造业绿色国际竞争力路径研究

王玉婧 著

中国财经出版传媒集团

经济科学出版社

Economic Science Press

图书在版编目（CIP）数据

资源环境视角下提升中国制造业绿色国际竞争力路径
研究/王玉婧著．—北京：经济科学出版社，2020.4
ISBN 978-7-5218-1486-6

Ⅰ．①资…　Ⅱ．①王…　Ⅲ．①制造工业－工业发展－
绿色经济－国际竞争力－研究－中国　Ⅳ．①F426.4

中国版本图书馆 CIP 数据核字（2020）第 066851 号

责任编辑：李晓杰
责任校对：杨　海
责任印制：李　鹏　范　艳

资源环境视角下提升中国制造业绿色国际竞争力路径研究
王玉婧　著
经济科学出版社出版、发行　新华书店经销
社址：北京市海淀区阜成路甲 28 号　邮编：100142
总编部电话：010－88191217　发行部电话：010－88191522
网址：www.esp.com.cn
电子邮件：esp@esp.com.cn
天猫网店：经济科学出版社旗舰店
网址：http://jjkxcbs.tmall.com
北京密兴印刷有限公司印装
710×1000　16 开　14.5 印张　270000 字
2020 年 8 月第 1 版　2020 年 8 月第 1 次印刷
ISBN 978-7-5218-1486-6　定价：66.00 元
（图书出现印装问题，本社负责调换。电话：010－88191510）
（版权所有　侵权必究　打击盗版　举报热线：010－88191661
QQ：2242791300　营销中心电话：010－88191537
电子邮箱：dbts@esp.com.cn）

天津市哲学社会科学规划资助项目重点项目"资源环境约束下提升中国制造业绿色国际竞争力路径分析"（TJYJ18－025）研究成果

前　言

自从工业革命以来，技术以及科学的进步，满足了人类日益增长的消费需要。人类为了追求经济上的快速发展，大肆地开采和利用自然资源、能源，使生态环境遭受了严重的破坏。随着环境污染、能源耗竭、全球气候变暖等环境与气候问题的出现和人与自然关系认识的不断深化，人类在反思自己行为的同时也在探寻一种更为经济、高效、环保的污染控制方式，以及低能耗、低污染和高技术水平的生产方式和产业结构布局。

在理论界，许多相关的新思想应运而生，如循环经济、低碳经济、绿色经济等，发展迅速并且很快得到了国际社会的认可。虽然各个理念与思想的侧重点可能有所不同，但其根本目的一致，即都是在资源环境约束条件下为人类的未来寻找出路。可以看出，全球的经济正朝着一个更环保、更高效、更健康的方向发展。国际上，1985年《保护臭氧层维也纳公约》、1992年具有里程碑意义的《联合国气候变化框架公约》、限制温室气体排放的《联合国气候变化框架公约的京都议定书》（以下简称《京都议定书》）成为全球公认的保护生态环境、缓解全球气候变暖的规则。除了为保护环境制定的各种法律框架外，世界各国针对存在于本国内的各种自然资源如水资源、矿产资源等，也都出台了相应的保护条例。

目前我国工业处于发展阶段，制造业作为我国主体产业，其发展仍是重中之重。我国的制造业生产和出口贸易规模已在世界领先，但就其发展深度与强度而言仍需要进一步提升。与此同时，部分产业结构不合理、产品附加值低、自主创新能力不强等仍是我国制造业迫切需要解决的重大问题。高污染、高消耗和低产出仍然成为制造业可持续发展的障碍。另外，以美国、欧盟为首的发达国家或地区采取的以环保标准和措施、生态标签、碳税、低碳产业等为代表的新型绿色贸易保护措施也对中国制造业的发展提出了高要求和高标准，因此中国制造业需要绿色技术创新，在国际经济舞台提升绿色竞争力。

我国转换制造业发展模式、提升制造业的绿色国际竞争力不仅有利于突破与贸易相关的环境措施和碳标签等形成的贸易壁垒，从长远来看，更有利于我国乃至全人类的健康持续发展。本书依托天津市哲学社会科学规划重点项目"资源环境约束下提升中国制造业绿色国际竞争力路径分析"（TJYJ18－025），聚焦绿色制造业、绿色国际竞争力，从资源环境约束、温室气体排放、能源结构与效率改善到节能减排、低碳规制与发展等多维度分析我国制造业的生产、出口贸易所涉及的"绿色"问题，力图引发深层次的思考：贸易和经济的发展范式不仅仅局限于传统的宏观经济学的四部门，实际上，资源、环境、生态与所有经济活动息息相关，如果从纳入环境资源的大系统看待工业生产、贸易、投资、消费及各种经济活动，低碳、循环、绿色发展是提升我国制造业国际竞争力的不二途径。

王玉婧

2019 年 10 月 20 日

目 录
Contents

第一章

导　论

第一节　研究意义及内容

一、研究背景及意义

18 世纪 60 年代，以纺织业技术发展为开端的第一次工业革命在英国发起，科学技术的高速发展给人们生活带来便利的同时对能源也产生更多的需求，人类为了满足日益增长的消费需求和实现经济的快速增长投入了大量的人力物力以开发不同种类的能源。随着人类对大自然的不断利用，由此产生的资源与环境问题如全球气候变暖、空气污染、石油耗竭等日益突出。1985 年《保护臭氧层维也纳公约》由联合国环境规划署在维也纳签订，目的是保护臭氧层，防止人类健康及各种生态资源因臭氧层破坏而遭到损害。1992 年，具有里程碑意义的《联合国气候变化框架公约》在里约热内卢举行的联合国与环境发展大会上通过，该公约是全球首个针对气候变化问题制定的公约，旨在以法律框架的形式约束各国温室气体的排放，以缓解全球变暖带来的不良影响。《京都议定书》于 1997 年在日本东京通过，该条约以国际法的形式对主要工业化国家的温室气体排放量做出定量限制。除了为保护环境制定的各种法律框架外，世界各国针对本国内的各种自然资源如水资源、矿产资源等，也都出台了相应的保护条例。

目前我国工业处于发展阶段，制造业作为主体产业仍是我国的重中之重。我国的制造业规模已在世界领先，但就其发展深度与强度而言仍需要进一步提升。与此同时，部分产业结构不合理、产品附加值低、自主创新能力不强等仍是我国制造业迫切需要解决的重大问题。高污染、高消耗和低产出仍表现为我国制造业发展的主要特征。相关数据显示，2018 年，我国制造业全年生产总值为 264820 亿元，同比增长 6.2%，但随之而来的是巨大的二氧化碳排放量以及煤炭、天然气等不可再生资源的高消耗。为了响应国际社会的诉求以及随着国内民众的"绿色"意识逐渐增强，制造业在国家政策的支持下正在逐步地朝环保高效的发展模式转型。

以美国、欧盟为首的发达经济体采取新型贸易保护措施对中国制造业的发展提出了高要求和高标准。新型贸易保护形式如环境技术措施、生态标签、碳标签、碳税、社会责任标准 SA8000 等，一些环保标准以及劳工标准的设立，对我国产品出口的国际竞争力产生一些负面效应。

转换我国制造业发展模式、提升我国制造业的绿色国际竞争力不仅有利于突破与贸易有关的环境措施和碳关税形成的贸易壁垒，从长远来看，更有利于我国乃至全人类的未来发展。

二、主要研究内容

本书以中国制造业绿色国际竞争力为研究对象，从环境规制和碳关税实施效应等层面研究在资源环境约束的背景下提升中国制造业绿色国际竞争力的路径问题。

第一章从环境污染、全球气候变暖等生态环境问题与人类的生产制造活动关系，以及我国制造业发展模式、制造业出口面临的各种环境措施与壁垒出发，阐述了提升我国制造业绿色竞争力的现实意义，并从产业竞争力、气候变化与贸易关系、绿色技术创新与国际竞争力等方面对现有文献进行综述分析。

第二章阐述了低碳经济理论、循环经济理论、绿色经济理论三者关系与区别、可持续发展理论、产业国际竞争力及绿色生产等，分析了提升绿色国际竞争力的理论基础。

第三章着重阐释绿色制造内涵、特色与趋势；绿色技术体系与绿色生产方式特点与生产方式要素以及实施方式。

第四章关注低碳规制对制造业国际竞争力的效应，阐述碳足迹、碳标签对制造业产品国际贸易的影响，分析波特钻石模型四要素与绿色国际竞争力之间的关联，结合我国出口贸易产品结构，探讨了低碳规制对我国出口贸易的影响。

第五章论述碳关税的内涵和特点以及实施碳关税面临的问题，使用均衡分析法，对进口国实施碳关税后，对出口国产生的贸易限制效应和对进口国产生的福利效应进行了分析。

第六章重点诠释了中国制造业进出口贸易总体现状、市场份额、进出口行业结构，尤其是制造业出口产业结构，并测度制造业产品的竞争优势和出口增长优势指数。

第七章从水资源、空气质量、能源消耗角度讨论中国制造业发展面临的资源环境问题，详细分析了制造业的能源消耗与结构。

第八章阐述了碳排放测度评估方法，使用联合国政府间气候变化委员会（IPCC）碳排放计算方法，对中国分行业碳排放量、增速以及制造业细分行业碳排放、我国主要出口制造业碳排放量、增速以及主要出口制造业碳强度进行了测算和比较。

第九章基于技术创新、环境约束和国际竞争力指数视角，构建了中国制造业绿色国际竞争力评价指标体系。

第十章从国际可持续发展、世界贸易组织（WTO）有关环境与贸易的规定、绿色贸易的推动以及绿色创新和绿色生产的内部驱动层面，分析了提升绿色国际竞争力的动因。

第十一章阐释了全球一些国家和地区发展低碳经济，提升产业竞争力可借鉴的经验与做法。

第十二章论述了建立绿色技术与提升竞争力联动机制、实施贸易绿色化和建立绿色贸易指标体系、利用市场机制控制碳排放、以现代服务业助推提升绿色竞争力和开放视角下，推进与"一带一路"沿线国家的贸易、投资绿色化生态化，探讨了提升制造业绿色国际竞争力的途径。

第二节 相关研究综述

一、关于产业竞争力与环境规制关系的研究

随着气候条件的逐渐恶化和自然资源的日益稀缺，研究环境规制对产业竞争力的影响效应已经成为学术界的热点问题。基于对环境价值认识的不断加深，越来越多的国家制定了相应的环境保护政策，加强了环境规制，即促使污染生产者把一部分原本用于生产的资源投入污染废弃物的处理过程中。在此大背景下，关于环境规制与产业竞争力之间关系的研究显得尤为重要。迈克尔·波特（1995）认为如果将环境管制和国际竞争力的关系放在动态的框架里看，一定程度的环境规制可以促进技术创新，从而减少生产过程中资源的消耗、降低生产成本，有助于企业在国际市场上形成竞争优势。因为面临较高的减排成本，企业将进行创新活动，找出适应新的环境规制的方法。新的生产方法或新产品能够减少污染，同时降低生产成本或提高产品市场价值，创新可以部分或全部抵补环境规制的费用，随着环境规制的日趋严格，较早适应严格环境标准的企业能不断积累先行优势，从而处于本产业的领先地位。这使国内企业在国际市场上获得竞争优势，因此适当的环境规制可以促进竞争力的提高。

科普兰（Copeland，B. R.，1994）认为环境规制较严格的国家会将其污染密集型产业向环境规制相对宽松的国家转移，以达到降低生产成本的目的，环境规制相对宽松的国家则变成这些污染密集型产业的避难所。艾米兰（Amran Md. Rasli，2018）认为各个国家都担心其他国家制定比自己更低的环境标准，从而使本国产业的竞争力遭到削弱，为了使本国产业持续地具有竞争优势，各国会竞相降低自己的环境标准，因而不利于自然环境的改善。韩纪琴、夏梦（2018）选取了江苏省制造业的相关数据，通过对全要素生产率和利润率等指标的测度实证分析了环境规制对产业竞争力的影响，结果表明：环境规制与制造业竞争力之间存在非线性关系，初期环境规制对产业竞争力起制约作用，但在长期内随着环境规制加强，技术投入和政府环保补贴的正外部效应得到发挥，制造业的竞争力将得到提高。王文普（2011）构建了多因素结构模型，并以我国 36 个产业 1995 ~ 2009 年的相关数据为样本，实证检验了产业竞争力与环境规制之间的关系，得

出结论：产业竞争力和环境规制两者之间是一种正向关系，有一点需要注意的是，如果忽略污染溢出等共同因素的影响，环境规制对产业竞争力的影响将可能被高估，不符合理论实际。陈恩、刘璟（2018）以破坏性创新理论为基础，扩展了波特的竞争力分析范式，在知识溢出的条件下分析了破坏性创新与后发国家产业国际竞争力提升之间的关系，得出结论：破坏性创新与知识溢出之间的关系表现为一种互动耦合，两者之间的这种互动耦合关系是影响区域产业国际竞争力的最关键因素，互动耦合的程度越高，越能促进后发国家产业国际竞争力的提升。周立等（2010）构建了随机效应及固定效应数据模型，以我国 34 个工业行业在 1992 ~ 2006 年间的相关数据为样本，分析并探讨了环境规制对我国贸易竞争优势的静态影响，得出结论：以结构、规模和技术为作用途径的环境规制对我国的成本价格型贸易竞争优势具有不利影响。姜仁良（2018）认为低碳科技的进步与创新能促使一国生态产业成本竞争优势的形成，实现人类社会与生态环境的可持续发展。王文普（2013）基于构建的非空间模型，探讨了环境规制与产业竞争力之间的关系，得出结论：环境规制的制定与实施会产生一种比较大的、正向的空间溢出效应，这种溢出效应将很可能造成不同地区之间环境竞次行为的产生；环境规制作用的强弱受污染空间溢出效应的影响较大，污染的空间溢出效应越强，环境规制的作用越强；此外，产业竞争力在很大程度上也受产业规模与外商直接投资的影响，两者与产业竞争力之间具有明显的正向效应。徐敏燕、左和平（2013）在对"波特假说"进行再检验的基础上，提出：若是按照对环境的污染程度对制造业进行分类，则环境规制会导致产业集聚下降的说法不成立；产业集聚效应与创新效应的综合作用是环境规制影响产业竞争力的主要途径；对于环境污染较为严重的产业，环境规制虽然能促进其内部创新的产生，但同时也会削弱产业的集聚效应，此外，由于环境规制而产生的创新效应无法弥补此类产业由于集聚效应下降而造成的竞争力的减弱；环境污染程度较轻的产业，其环境规制创新效应与产业集聚效应都不强，因此，该类产业的竞争力受环境规制的影响较弱。赵洪斌（2004）认为构成产业竞争力的基础与核心是产业绝对竞争力，并且在其他的竞争力形式中，产业绝对竞争力也充当着重要角色。傅京燕（2008）基于时间序列模型，选用我国制造业的相关数据为样本数据，检验了我国制造业在出口中的污染含量，得出结论："污染避难所"假说在我国不成立，我国出口产业的竞争力受劳动力投入、资本积累等因素的影响显著，受环境规制宽松度的影响有限。张禹、严兵（2016）认为劳动密集型产业如纺织业、农业等依然是我国主要的具有竞争优势的产业，而技术密集型以及资本密集型产业的竞争力虽然在不断增强，但与劳动密集型产业的竞争力相比仍然处于劣势。朱焕焕、陈志

（2018）从产品的市场占有率、成本控制及技术水平三个方面实证分析了21世纪以来我国制造业的竞争力变化，指出我国制造业竞争优势领域大多集中在低技术产品领域以及成本过高等问题，提出了有关政策建议。周长富（2012）从市场份额、投资资源的聚集能力和创新能力三个方面构建了制造业国际竞争力的评价指标体系，并运用理论分析和实证分析相结合的方法，分析了环境规制对我国制造业国际竞争力的影响，得出结论：环境规制并不是影响产业国际竞争力的主要因素，一国国际竞争力还会受外资规模、人力资本和研发投入等因素的影响；环境规制与技术创新还可以实现双赢，严格的环境规制措施，提高了企业的生产成本，这将迫使企业通过生产流程改造等，提高生产效率，逼迫企业进行"生产技术创新"或"节能减排技术创新"。钱文昊（2015）通过构建的HOV模型，分析并检验了环境规制与制造业国际竞争力之间的关系，得出结论：环境规制对我国制造业国际竞争力的影响表现为一个倒"U"型，环境规制水平的高低，对我国制造业的国际竞争力也产生不同的影响；目前我国的环境规制水平处于倒"U"型拐点的左边，制定相应的环境政策、提高环境规制水平，将有助于我国制造业国际竞争力的增强。王钰（2013）提出以低碳技术和环境规制为核心的低碳经济对劳动密集型和技术密集型产业的国际竞争力影响不大，对能源密集型产业的竞争力影响较大。

二、关于气候变化与贸易关系的研究

全球气候变化是随着人们对资源的过度消耗以及污染物的大肆排放而产生的一个重大全球性问题。如何在进行自由贸易的同时实现对全球气候变化的减缓已经成为全球经济、政治的议题，广泛受到世界各国的关注。在这样的背景下，有关气候变化与贸易之间关系的研究更显得尤为重要。杨占红（2015）认为气候变化及其应对对于发展中国家的国际贸易，在结构升级、先进技术扩散、运输方式优化、内涵能源减少等方面具有有利影响，在促使污染产业转移、削弱贸易竞争优势、引起贸易争端等方面具有不利影响。闫云凤、甘爱平（2012）围绕对外贸易的环境效应、环境库兹涅茨曲线、国际贸易隐含碳三个方面分析了贸易自由化对气候变化的影响。冯相昭等（2008）基于对"边界碳调整"贸易政策的分析，得出结论：以征税和强制性的碳排放限额要求为主要方式的"边界碳调整"贸易政策不仅能保护欧美等本土企业的竞争力，而且对防止碳泄漏也具有一定的积极意义。曲如晓、马建平（2009）就产品的生产环节和国际贸易中必不可少的运输环节分析了国际贸易对碳足迹的影响，并从技术转移、税收调节、环境友好型产品贸易自由化等角度探讨了由气候变化而引起的贸易问题以及 WTO 相关规则问题。唐德才等（2013）认为气候变化与国际贸易两者之间的关系是一种相互影响的关系；国际贸易虽然能加强各国在经济、技术上的交流与合作，但同时也意味着会消耗更多的资源和能源，造成全球气候变化的加剧；气候变化则会影响国际贸易的运输链，甚至改变一个国家的贸易竞争优势及其在国际贸易中所处的地位。赵玉焕（2010）认为国际贸易主要通过贸易过程中产生的技术效应来减缓全球气候变化；气候变化则会使国际贸易中的运输链变得更加脆弱，增加国际贸易的成本。闫云凤、杨来科（2009）在构建投入产出模型的基础上，以中美贸易过程中各个环节的碳排放量等相关数据为样本，计算了 1997～2007 年中美贸易对气候变化产生的影响，结果显示：在此期间的中美贸易使全球的二氧化碳含量增加了将近 4%，使中国的二氧化碳排放增加了将近 20%。沙伟（2012）从环境成本、能源效率、技术转移和贸易投资流向等方面分析了贸易发展对气候变化产生的影响，并提出：全球气候变化治理会削弱发展中国家国际竞争力、增加贸易摩擦、增加生产成本和助长高污染行业转移，中国应该改善本国的市场和政策环境、提高低碳技术自主创新能力和建立完善的碳足迹标签认证体系。许广月（2012）认为技术效应、结构效应与规模效应是国际贸易影响全球气候的主要作用机制，气候则通过国家间设置的气候壁垒以及改变国家竞争优势的方式来影响国际贸易，国际贸易与气候变化两者之间存在的这种相互影响具有时空特征。胡剑波等（2015）认为基于气候变化制定的以碳关税、碳标签为主要方式的贸易碳壁垒会造成我国产品竞争力和国际市场占有率降低、整体经济效益下滑。南帅妮（2010）提出气候变化与贸易之间存在着例如"贸易进口壁垒"的潜在矛盾冲突，面对气候变化，我国应该加强国际合作、发展低碳经济和合理运用技术贸易壁垒。席艳乐等（2011）将有关气候变化与国际贸易关系的已有研究分为四类，分别是气候变化对国际贸易的影响、国际贸易对气候变化的影响、实施的应对气候变化的策略对国际贸易产生的影响，以及气候变化给 WTO 未来的发展和规则的制定所带来的挑战，并对这四类研究文献做出评述。路燕、于鹏（2010）认为国际贸易有利于减缓全球气候变化，而气候变化则会增加贸易成本、缩小国际贸易的规模；针对气候变化问题而制定的气候政策将会给国际贸易带来更多形式如碳标签、碳关税的挑战。刘俊伶等（2014）通过构建的投入产出模型计算了部分发达国家与发展中国家分别在 2004 年和 2007 年的贸易内含碳流向，结果显示：发展中国家的贸易内含碳输出占总输出的比例较大，发展中国家是主要的内含碳输出地，发达国家是主要的内含碳输入地；随着气候政策的实施以及污染产业的转移，发展中国家的碳排放将会增加，全球的碳排放将会实现净增长。彭水军、张文城（2016）从气候变化与国际贸易之间存在的双向影响、贸易的自由化发展与气候保护的矛盾冲突等方面对已有的相关文献进行了评述。李向阳（2010）提出为减缓全球气候变化而制定的气候保护规则，其核心是根据国家类型的不同而进行的利益分配；新的气候保护规则将改变产业结构的布局以及不同类型国家在国际贸易中所处的地位，对国际贸易的规模和数量都会产生一定的不良影响；此外，由于发达国家的技术水平较高，并且具有完善的产业结构和强大的经济实力，所以毫无疑问会成为此规则的净受益者。郑晓博等（2010）在构建贸易引力模型的基础上，选用经济合作与发展组织内相关国家1991～2008年的出口数据为样本数据，并对其进行回归处理，实证分析了碳税及能源效率标准的制定对国际贸易的影响，得出结论：碳税与能源效率标准等气候变化应对措施的制定与实施对国际贸易有不良影响，碳税对国际贸易的反作用不是特别显著，因为政府给出口企业提供的资助可以抵消一部分不良影响。

三、关于制造业能源效率的研究

制造业集能源消耗量大、碳排放量多等特点于一身。研究制造业与能源效率之间的作用机理能为我国制造业向低排放、高能效、高产出的模式转型指明方向。杨中东（2010）在分析我国相关制造行业于2002～2007年的能源效率的基础上提出：与收入相比，价格调节能源需求的能力相对较小；2002～2007年这期间制造行业能源效率的下降一方面是由于重工业的快速发展，另一方面是由于经济周期的变化；关于如何提高低能效行业的能源效率，除了继续运用收入调节能源需求外，政府要鼓励技术创新与设备投资，充分发挥自身作为职能部门的作用。唐晓华、周婷婷（2017）构建了以技术投入、能源价格、企业规模、能源强度为主要研究对象的分析模型，选取我国制造业1994～2013年的相关数据为样本，并通过协整分析法对模型进行估计，得出结论：扩大企业规模、增加技术投入和提高能源价格三者之中任何一种方式都有利于降低能源强度、提高能源效率；能源强度受企业规模、能源价格、技术投入的影响程度不同，受能源价格的影响最大，受企业规模的影响最小。周婷婷、唐晓华（2016）基于规模报酬不变的数据包络分析模型测算分析了我国制造业2008～2012年30个行业的能源利用效率，结果显示：我国制造业总体能源利用效率偏低，个别行业如化学制品制造、非金属矿物制品和黑色金属冶炼存在高能耗、低能效和高排放的特点。白雪洁、孟辉（2017）选取我国部分制造业与服务业2004～2012年的相关数据为样本，利用方向性距离函数对相关制造业与服务业的能源利用效率进行核算分解，得出结论：与制造业相比，服务业并非更加环保、高效；服务业的能源效率主要受能源结构、资本投入以及技术进步等因素的影响；导致制造业与服务业的能源效率形成差距的根本原因有两个方面：一是产出结构效应，二是技术效率的不同。王姗姗、屈小娥（2011）利用非参数数据包络分析法对我国制造业的能源利用效率、技术效率和技术进步指数进行了测算，并在此基础上，构建 Tobit 模型研究分析影响制造业能源利用效率的因素，得出结论：我国制造业的能源效率主要受技术进步的影响，技术进步对提升制造业能效的促进作用最为显著，此外，完善产权结构和增加 R&D 投资也有利于提高制造业能源效率。李廉水、周勇（2006）选取我国部分工业行业的面板数据，实证分析了规模效率、纯技术效率以及科技进步三个要素对工业行业能源效率的影响，得出结论：纯技术效率对促进工业部门能源效率的提高具有明显的积极作用，科技进步和规模效率对能源效率提升的促进作用相对较小，但是，随着产业结构以及制度的逐步完善，科技进步和规模效率对能源效率提升的促进作用将会不断增强。王一舒（2013）在测度我国工业行业能源利用效率的基础上，通过构建 DEA 模型，研究分析了非理想产出等因素对能源效率的影响，得出结论：从总体上看，我国工业行业的能源利用效率水平普遍较低，非理想产出和环境等外部因素对能源效率的提升有负面影响；能源消费结构和能源相对价格是影响能源效率的重要因素，高新技术行业的能源效率一直保持在较高水平。徐建中、王曼曼（2018）测算了我国制造业行业的能源强度指数，并在此基础上，研究了能源强度的演化规律以及环境规制、行业异质性对其产生的影响，提出：我国制造业能源强度的发展态势总体上比较平缓，但不同行业的能源强度差距仍然较大，且有逐渐扩大的趋势；技术改造、能源相对价格是降低制造业能源强度的关键因素，扩大企业规模和引进先进技术也能有效地促使能源强度降低；适当合理的环境规制同样有利于降低能源消耗强度，但根据行业的不同，其作用大小有差别。唐晓华、刘相锋（2016）基于对我国制造业 1993～2013 年的能源效率以及产业结构优化等相关数据的统计分析，得出结论：技术进步并非是促使制造业能源效率提升的关键性因素，能源效率的结构效应对制造业产业结构的完善具有积极作用。唐玲、杨正林（2009）选取我国工业行业 1998～2007 年的能源利用数据为样本，测算了能源效率水平的高低并分析了工业转型对能源效率产生的影响，得出结论：我国工业行业的能源利用效率水平总体较低，能源效率水平较高的工业行业集中在竞争力强、较为开放的行业，而能源效率水平较低的行业普遍表现出开放程度低、竞争力弱的特征，企业规模的扩大在一定程度上能促进此类低能效工业行业能源利用效率的提升。安岗等（2014）运用随机前沿方法对我国 2003～2010 年 38 个工业行业的技术效率进行测定和比较，并对各行业的节能潜力进行了分析，提出：资本密集型行业的能源利用效率最高，其次是劳动密集型行业，资源密集型行业的能源利用效率最低，能源利用效率的提高潜力最大。庞瑞芝等（2009）基于对我国部分工业行业于转型期间内的能源利用效率的测算分析，提出：在转型期间，我国工业行业的能源利用效率水平普遍较低，技术效率水平不高，对能源效率提升的促进作用有限。孙广生等（2011）选取我国工业行业相关能源利用数据为样本，使用数据包络分析法对能源效率损失以及能源利用效率的变化趋势进行研究分析，得出结论：各工业行业的能源利用效率水平有升高的趋势，但是不同行业之间存在的能源效率差异将会持续；虽然各工业行业的能源利用效率水平在不断提高，但能源效率的损失量依然非常大。曲晨瑶等（2016）通过构建非期望 SBM 模型，测度并分析了资源环境约束下我国制造业的能源利用效率及其影响因素，得出结论：技术进步、扩大企业规模和行业竞争有利于制造业能源效率的提升；环境规制和对外开放是促使制造业能源效率下降的主要因素，具有显著的抑制作用。陈关聚（2014）在测算我国制造业行业 2003～2010 年的能源利用效率的基础上，研究了能源结构对能源效率的影响，得出结论：我国制造业行业间的能源效率水平差异较大，轻工制造业能源利用效率水平较低，而重工制造业的能源利用效率水平普遍较高；制造业能源效率在很大程度上受能源结构的影响，增加例如石油、电力等能源的消耗将有利于能源效率的提高。王霄、屈小娥（2010）认为我国制造业行业的能源利用效率水平具有逐渐升高的趋势，不同行业的能源效率水平差距较大，劳动密集型制造业行业的能源效率水平普遍较低，而垄断程度高的行业的能源效率水平相对较高；技术进步对制造业能源效率水平的提高具有显著的促进作用，并且是造成行业间能源效率水平差异的主要原因。张爱菊、权瑞（2014）在对我国工业行业能源利用效率以及能源投入冗余进行测度和分析的基础上，得出结论：我国的能源效率水平较高的工业行业主要集中在如电子计算机等技术密集型行业，而能源密集型工业行业如金属冶炼、石油加工等的能源效率则比较低。

四、关于绿色技术进步、创新与竞争力的研究

随着社会工业化程度的不断加深和消费需求的持续升高，我国对于能源的需求快速增加，然而面对逐渐恶化的气候条件以及日益稀缺的自然资源，我国要想在保护生态环境的同时实现经济的稳步、快速增长，无疑面临着巨大的压力和挑战。在此背景下，促进工业部门的绿色技术进步无疑是一个良好的解决思路。景维民、张璐（2014）选取我国工业行业 2003～2010 年的相关数据为样本，实证

分析了对外开放和环境管制对绿色技术进步的影响，得出结论：适当的环境管制能促进技术进步，并使技术进步朝着更绿色、高效的方向转变；技术溢出效应和产品结构效应是对外开放影响绿色技术进步的主要作用机制，技术溢出效应对绿色技术进步具有积极作用，而产品结构效应则具有抑制作用。尤济红、王鹏（2016）在测度我国工业行业1998~2010年的绿色技术进步的基础上，研究了环境规制和R&D投入对绿色技术进步的影响，得出结论：增加R&D投入对绿色技术进步有明显的促进作用，环境规制对绿色技术进步的影响不显著，这是由于环境规制会抵消一部分增加R&D投入所带来的积极作用；此外，加强对外开放和扩大企业规模均有利于促进我国工业行业绿色技术进步。李伟、李涛（2012）在测度我国工业行业2000~2010年的绿色技术进步的基础上，利用波特假说分析检验了相关节能减排政策对我国工业行业绿色技术进步的影响，得出结论：节能减排政策对工业行业的绿色技术进步具有显著促进作用。姚小剑等（2016）测算了我国部分省区市1998~2013年的绿色技术进步指数和绿色能源利用效率指数，并通过构建SBM模型实证分析了产业结构和绿色技术进步对绿色能源利用效率的影响，得出结论：我国不同省区市的绿色能源利用效率差距较为明显，绿色技术进步是影响绿色能源效率最关键因素，且对绿色能源效率的提升具有显著的促进作用。鄢哲明等（2016）在测度我国制造业行业绿色进步指数的基础上，分析并探讨了绿色技术进步对产业结构低碳化的影响，得出结论：绿色技术进步通过清洁生产过程和提升绿色能源利用效率，能有效推动产业结构的低碳化进程；我国制定的相关政策制度对制造业产业结构低碳化进程具有一定的阻碍作用，可能抵消一部分由绿色技术进步带来的积极效果。何小钢、王自力（2015）通过构建状态空间模型测算了我国制造业能源偏向型技术进步指数，并分析研究了能源偏向型技术进步的特征及其影响因素，得出结论：资本密集型制造业行业在市场规模效应的影响下表现为能源消耗型技术进步，劳动密集型行业在能源价格波动的影响下表现为能源节约型技术进步；能源偏向型技术进步根据行业的不同具有较大的差异，投资周期差异和技术创新特性是导致这种行业异质性出现的根本原因。何小纲（2015）研究了绿色技术创新对经济增长转型的影响，得出结论：经济增长率在很大程度上受产品研发投入比例和能源偏向型技术创新的影响，绿色技术进步是推动经济转型、实现经济快速增长的关键因素；在一定生产技术水平条件的制约下，生产过程越清洁对企业的节能减排和绿色技术创新越有利。贯君（2017）通过利用扎根理论法和构建博弈模型，研究分析了制造业企业绿色技术创新的行为演化和影响因素，得出结论：制造业企业的绿色技术创新受环境规制、社会环保意识以及企业间的竞争意识等因素的影响，环境规制对制造业企业绿色技术创新的促进作用并非是连续的，只有合理适当的环境规制才有利于绿色技术创新；社会环保意识和企业间的竞争对绿色技术创新具有显著的促进作用，绿色创新能力与冗余资源对绿色技术创新同样具有积极作用；碳税税率是影响制造业企业绿色技术创新行为演化速度的最关键因素，环境规制和社会环保意识对制造业企业绿色技术创新行为的演化起引导作用。

五、关于绿色竞争力的研究

绿色竞争力是一个非常复杂的系统概念，它是由绿色资源、绿色生产、绿色消费等要素综合作用而产生的表现形式。在如今的国际社会上，绿色竞争力已经逐渐成为一个国家、一个产业赢得市场的核心竞争力。王军、井业青（2012）从企业战略、需求条件和生产要素等方面构建绿色竞争力评价指标体系，并利用因子分析法实证分析了山东省的相关绿色竞争力指标，得出结论：山东省在污染废弃物处理方面有待加强，在市场需求、生产要素、政府推动以及绿色运营管理方面具有较大优势。陈红喜等（2013）从价值链视角出发，研究分析了绿色竞争力的相关构成要素，并利用因子分析法确定了绿色竞争力评价体系的各级指标，在对各级指标的权重进行计算后，最终完成制造企业绿色竞争力评价体系的建立。陈运平、黄小勇（2012）利用探索性因子法研究分析了区域绿色竞争力的影响因子，得出结论：生态因子、健康因子和低碳因子是影响区域绿色竞争力的关键性因子，针对性地强化这几个因子能有效提升区域绿色竞争力。李琳、王足（2017）在测度我国部分省区市制造业行业 2000～2014 年的绿色竞争力的基础上，通过构建投影寻踪模型对制造业行业的绿色竞争力进行了比较分析，结果表明：从总体来看，我国制造业行业的绿色竞争力在逐渐增加，但是地区之间的差距和行业之间的差距仍然较大，缺乏绿色创新驱动力是导致制造业行业整体绿色竞争力表现不强的主要原因；从绿色创新驱动力和绿色竞争力来看，东部地区的表现最强，绿色环境支撑力不足和绿色创新驱动力薄弱分别是中部地区与西部地区制造业绿色竞争力提升的制约因素。余建等（2010）选用江苏省制造业行业的面板数据，并对相关制造业行业的绿色竞争力进行了测度分析，研究表明：江苏省制造业行业整体的绿色竞争力表现不强，行业间的差距较大；从行业的分布情况来看，资本密集型制造业行业的绿色竞争力比较强，劳动密集型行业的绿色竞争力相对较弱。王丽娟（2005）通过实证分析和规范分析相结合的研究方法分析了我国制造业绿色竞争力的发展状况、影响因素和提升绿色竞争力的措施，并在此基础上提出：企业绿色竞争力的内涵是以可持续发展为基础、企业创造利润的能力以及实现企业与环境共赢目标的能力，提升制造业绿色竞争力需要制造业企业转变经营观念、大力开发绿色技术、倡导资源生产力模式和重视环境成本的研究和运用；政府应该妥善设计环保标准、为制造企业提供绿色壁垒信息的数据库以及在资金政策方面予以支持。洪小瑛（2002）论述了绿色竞争力的概念及其组成，并对比分析了国内外绿色竞争力的发展现状，提出绿色竞争力是冲破诸如"绿色技术标准"新贸易保护主义的重要手段，提升措施包括制定绿色政策、培育绿色意识、发展民间绿色组织和加强绿色理论的指导。袁泉（2007）认为绿色竞争力作为一个复杂的系统性概念，企业要想持续地获得，就必须根据自身发展的实际情况，制定相应的绿色竞争力战略；绿色竞争力战略由绿色文化战略、绿色生产运营战略、绿色营销战略构成，其中绿色生产及运营战略是最关键、最核心的部分；绿色文化构成企业提升绿色竞争力的精神基础，绿色运营管理则充当企业提升绿色竞争力的主要途径；政府作为职能部门，必须制定相应的政策鼓励企业提升绿色竞争力，同时运用法律法规等手段加强调控。张伟娜、王修来（2010）指出企业的绿色竞争力主要来源于发展度、协调度和持续度，分别从产品销售与利润、环保投资、环境成本等方面表现出来。韩意、姚大鹏（2014）提出评价企业绿色竞争力的主体要素体现在资源竞争力、技术竞争力、管理竞争力、经济竞争力、环境竞争力和责任竞争力几个层面。

第二章

提升绿色国际竞争力的理论基础

第一节 低碳经济理论

一、低碳经济的提出与发展

为了应对气候变化给人类环境带来的巨大挑战，英国于 2003 年发表了题为《我们能源的未来——创建低碳经济》的白皮书，白皮书中明确要求要把低碳经济作为国家未来的主要发展方向以及长期坚持的基本原则，并鼓励政府出台一系列相应的配套经济政策，以保证低碳经济的顺利实现。低碳经济侧重于在能源领域做出改变，主要通过技术创新、发展低碳经济等手段，减少生产过程中含碳资源的使用，进而为全球建立起低碳的发展模式以及气候变化的应对机制，最终实现对全球气候变暖的抑制作用。

低碳经济一经提出后，其影响力迅速扩大，并很快得到了国际社会的一致认可。"巴厘岛路线图"由联合国气候变化大会于 2007 年制定，经由各国商讨后通过。该路线图对发达国家的碳减排提出明确要求，各发达国家要在 2020 年前相对于 1990 年的碳排放，将温室气体减排 25% ~ 40%。"巴厘岛路线图"的出台可以认作全球向低碳经济过渡的里程碑。欧盟认为低碳经济应充当国际合作的核心要素，为应对气候变化而进行的国际合作应该受到鼓励。伴随着低碳化进程的逐渐加深，国际碳排放权和碳交易市场发展日趋繁荣。近年来，由于应对全球气候变化问题的持续升温，我国作为碳排放大国，在成功贯彻落实科学发展观的基础上，有责任、有义务、更有能力与世界其他各国一起解决全球气候变暖问题。目前，低碳经济理念正在逐渐地被纳入我国的经济体系中，我国已向国际社会作出承诺，到 2020 年，我国单位国内生产总值二氧化碳排放将在 2005 年的基础上下降 40%～45%。

二、低碳经济的概念

2003 年，英国发布的《我们能源的未来——创建低碳经济》白皮书中首次提出了低碳经济的概念。书中关于低碳经济的描述是：低碳经济是以更少的自然资源消耗和更少的环境污染来获得更多的经济产出；低碳经济是提高我们生活的标准和质量的机会，同时也能为就业、发展、技术的应用创造机会。

虽然英国在该白皮书中提出了低碳经济的概念，但对于低碳经济的基本内涵、特征等方面的内容却未能给出明确界定。因此，自低碳经济的概念被提出以来，各国学者针对低碳经济的内涵、实现途径以及市场价值等方面给予了自己的理解和探析。

目前国际社会上，英国环境专家鲁宾斯德给出的低碳经济的定义是认可度最高的。鲁宾斯德认为低碳经济本身是一种新兴的经济模式，其核心是通过相关制度与政策的制定和实施，促进节能减排技术、高能效技术以及可再生能源技术的创新和运用，进而促使整个社会经济朝着高能效、低碳排放的方向转型。随着低碳经济在我国逐渐受到重视，中国学者基于不同的角度研究了低碳经济的概念，并分别给出了自己的观点。中国学者对于低碳经济概念的理解主要有两个方面的观点：一部分学者倾向于认为低碳经济更多地表现为一种新的发展模式；另一部分学者倾向于认为低碳经济是一种新的经济形态。

1. 发展模式观点

低碳经济是一种以高能效、低能耗、低污染为主要特征，能够以更少的温室气体排放获得更多产出的新型经济发展模式。低碳经济强调以制度和技术创新的方式，尽可能地减少生产过程中温室气体的排放量，从而减缓全球气候变化，实现自然环境与人类社会的和谐统一发展，其理念符合可持续发展以及建设环境友好型和资源节约型社会的要求。

2. 经济形态观点

低碳经济是主要针对能源领域，以制度和技术创新为手段，实施能源革命，从而达到减缓全球气候变化、实现人类可持续发展的目的一种经济形态。在低碳经济的发展过程中，清洁能源结构问题以及能源效率问题是必须要解决的两个根本性问题。

低碳经济的发展过程与低碳经济本身构成一种有机统一的互补关系。低碳经济的发展过程以产出的高增长、温室气体的低排放为目标，强调的是发展模式。通过技术创新以及相关政策制度的制定而实现的低碳经济，强调的是经济形态，具体表现为生产过程中能源结构的优化和能源效率的提高。

由于各国学者研究低碳经济的角度不同，提出的观点也有所差异，所以学术界至今未能对于低碳经济是一种发展模式还是一种经济形态，抑或是两者兼有之达成共识。虽然各种观点未能形成统一，但均明确指出，低碳经济作为一种新的发展理念，相关政策制度的制定、技术创新以及能源结构优化为其主要的实现途径，减缓全球气候变化与实现人类的可持续发展是其根本目的。

三、低碳经济的特征

1. 经济性

低碳经济的经济性特征具有两个方面的含义：一是低碳经济必须要建立在市场机制的基础上，按照市场经济的原则去发展；二是低碳经济的发展不能以人们的生活质量和福利水平的明显下降为代价。低碳经济可以视为在经济增长的同时，实现低碳化的一种生活方式。

2. 技术性

低碳经济的技术性特征，是指在低碳经济的实现过程中，依靠高能效技术和可再生能源技术进步，降低能耗同时又减少温室气体排放量。通过能效技术和节能减排技术的研发与运用，不仅可以使人类在消耗同样能源的条件下创造更多产出，并且能保证在排放同等温室气体情况下人们生活质量和福利水平不降低。

3. 目标性

低碳经济具有目标性。低碳经济的目标是尽可能地把大气中的温室气体浓度控制在一个相对稳定的水平上，从而减缓全球气候变化，实现人类社会与自然环境的和谐统一发展。

四、低碳经济的发展模式

低碳经济的发展模式是符合未来经济发展趋势的一种重要模式，优化能源结构和提高能源效率构成它的关键。为了降低能耗以及减少对环境的污染，必须要建立新型的能源结构。

与传统经济不同，低碳经济是经历了创新性转变的一种环境友好型新经济。低碳经济的发展模式关注高能效、高产出和低排放，以低碳化为发展方向，以碳中和等节能减排技术的巧妙运用为发展手段，力求逐步实现人类社会的健康可持续发展。

低碳经济发展模式的实现不仅需要高碳经济的政府管理体制向低碳化转型同时也需要对政府职权、主管机关和监督管理机制作出调整。另外，政府也应该制定相应的政策制度，来保障低碳经济发展模式的实现。低碳经济作为一种新型经济，其包括理念、发展方向和发展方法在内的各方面内容，以及我国现行的法律法规体系之间仍存在着较为明显的差距，要保证低碳经济发展模式的顺利实现，必须完善相应的法律法规体系。

第二节 循环经济理论

一、循环经济的起源及其定义

循环经济的概念源于人们对自然环境和自身生活质量的关切，其思想萌芽可以最早追溯到 20 世纪 60 年代。美国经济学家肯尼斯鲍尔丁在其著名理论——"宇宙飞船经济理论"中首次提出"循环经济"一词，他指出地球如同一艘在茫茫太空中飞行的宇宙飞船，为了满足人类的生存和经济的无序增长，自身资源不断被消耗，最终人类社会将走向崩溃，而地球因资源耗尽也将走向毁灭，因此只有将经济增长方式从"消耗型"转变为"生态型"、从"开环式"转变为"闭环式"，才能使人类与自然环境形成的生态系统持续地运转下去。1972 年，人类环境会议在斯德哥尔摩召开，各国代表就环境保护与人类未来出路问题展开相关讨论，循环经济的理念开始受到关注。1992 年，在联合国环境发展大会上由参会各国共同签署的可持续发展宣言则正式标志着循环经济的诞生。此后，随着可持续发展战略得到世界各国的高度响应和一致赞同，循环经济模式才真正形成并具有影响力。

在 20 世纪 90 年代，循环经济的思想传入我国。随后，我国学者对循环经济进行了大量的理论研究。目前，学术界关于具体的循环经济的定义尚未达成共识，主流观点有以下三种。

第一类观点从生产过程中的物质流动角度定义循环经济，强调环境保护和资源的重复利用，主张将生产过程中的物质流动模式由"资源消费—产品—废物排放"的开放型转向"资源消费—产品—再生资源"的闭环型。第二类观点从人与自然关系的角度定义循环经济，主张人类在遵循自然生态规律的基础上进行经济活动，并以实现资源的重复利用和生态系统的平衡为目标。第三类观点认为循环经济是一种基于人类生存条件和福利平等的新经济形态，旨在最大限度地提高社会所有成员的福利水平。在经济增长受到生态环境制约、良好的生态环境成为一种公共财富的情况下，循环经济同样可以视为一种新型经济模式。

尽管这三类观点对"循环经济"做出的定义存在一定差别，但其想要达成的目标却是一致的，即在基于生态规律进行的经济活动中，消耗尽可能少的资源、产生尽可能少的污染，获得最大的产出，具体表现为废料、资源、信息在企业甚至产业间的连接和共享以及传统工业"生产—消费—废弃"发展模式到循环经济"生产—消费—废弃—再生产"物质反馈发展模式的根本性变革。

二、循环经济的原则

循环经济要求把生态规律放在首位，将资源环境作为影响经济增长的内生变量来研究，根据资源的再生能力和环境的自我修复能力，以"减量化、再利用、资源化"为指导原则来使用资源和环境。由于减量化、再利用和资源化的英文首字母均为"R"，故此三个原则也合称为"3R"原则。

1. 减量化原则

减量化原则关注于资源的输入端，指在生产过程中通过控制自然资源尤其是石油、天然气等这类不可再生资源的投入，提高资源的生产能力，进而实现单位资源的最大产出。

减量化原则要求在生产活动开始时，尽可能减少对自然资源的消耗，并且能保证服务和产品质量满足消费者的需求。可以看出，减量化原则更多的是一种预防性的减少资源投入和污染排放的方式。

2. 再利用原则

再利用原则属于过程性控制原则，要求产品在使用过后能以最初的形式被继续使用，或者构成产品的零部件可以尽可能多次或以尽可能多的方式被使用。再利用原则可以理解为一种服务和产品时间强度的延长。为了延长产品的使用周期和使用寿命，企业在产品的设计和加工过程中，应严格按照通用标准。对消费者而言，应尽量减少一次性产品的使用；在产品受到损坏而失去使用价值时，首先考虑对其进行维修而不是更换。

3. 资源化原则

资源化原则是输出端的控制方法，它要求经过使用、丧失原有功能的产品重新被加工后可以成为同类型或不同类型产品的再生原材料或再生资源，以此减少资源的浪费和污染的排放。

"3R" 原则在循环经济中的地位、重要性不是同等的，其中，最基本、最重要的是减量化原则。再利用与资源化过程中包括对产品进行的维修、重新加工等操作都需要消耗一定的资源和能量，并且还要考虑是否对最终产品的质量造成影响，而且对产品的循环利用也不可能无限地进行下去，所以，再利用与资源化都应建立在对资源投入进行充分削减的基础上。

三、循环经济的特征

循环经济是在气候恶化、环境污染、资源耗竭等负面影响下，人类对自身破坏行为的反思、对自然及其客观规律的重新认识和尊重的前提下，为实现经济、社会、环境的协调共赢，寻求人与自然平等和谐统一发展而产生的新型经济发展模式。其主要特征如下：

1. 新的经济观

资本、劳动力和资源是构成传统工业经济的三大要素，然而在经济活动中，资本和劳动力可以互相循环，资源却不能。循环经济要求在生态承载能力的范围之内，运用生态学规律指导经济生产，提高资源的利用率，减少对资源的浪费和对环境的污染。

2. 新的消费观

循环经济要求改变传统单向的消费观念，建立循环生产再消费的新消费观。消费者在进行消费时应充分考虑废弃物的资源化，应适度、有层次地消费。同时，循环经济要求政府部门发挥职能，制定相应的政策法规，来规范企业的生产流程以及限制以不可再生资源为原料的一次性产品的生产和消费。

3. 新的生产观

传统工业经济下的生产活动中，企业首先考虑的是如何最大限度地获得利润，其次考虑可能会对自然生态造成的影响。循环经济则要求经济生产活动必须建立在生态系统承载能力范围的基础上，尽可能地减少自然资源尤其是不可再生资源的消耗，提高自然资源的利用效率，创造良性的社会财富。此外，循环经济还主张生产依托在生态循环之上，尽量使用可再生资源如太阳能、风能等代替不可再生资源参与生产活动。

4. 新的系统观

循环经济中的循环指在由人、自然资源、科学技术等要素构成的系统内的运动过程。因此循环经济要求人们在从事生产、消费等经济活动时，要把自身当作这个系统中的组成部分，并以此为前提，研究符合客观规律的经济原则。

四、循环经济的发展模式

循环经济要求尽量减少对自然资源的消耗，投入经济活动中的物质和能量在不断的循环过程中可以得到合理且持续的利用；在消费环节，倡导消费者进行绿色消费；在废弃物的产生环节，要求对废弃物进行回收、处理，将失去原始功能的产品重新转变为可以被利用的资源，减少对生态系统的破坏。循环经济的发展模式可以概括为图 2－1。

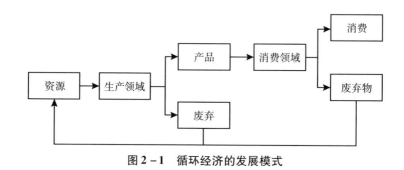

图 2－1　循环经济的发展模式

第三节 低碳经济、循环经济与绿色经济的理论内涵与区别

一、低碳经济、循环经济与绿色经济的理论内涵

循环经济作为一种高效环保的新型经济，以生态学规律指导社会的经济活动，按照自然生态系统的物质循环和能量循环规律来重构经济系统，使系统中的一切经济活动都包含在自然生态系统的物质、能量循环过程中。循环经济要求人们在合理运用生态学规律的基础上进行相应的经济活动，循环经济是一种可实现物质不断循环利用、实现污染物低排放或零排放、从根本上消解长期以来环境与发展之间尖锐冲突的生态经济。由于各个国家的历史、文化、现行经济发展阶段不同，各国学者对于循环经济的内涵理解认识也有一定差异，但总的来说，主要有以下几种观点：

第一，环境保护意义上的循环经济。循环经济是一种以经济活动中物质的循环利用为主要特征，以提高资源的利用效率、保护日益稀缺的自然资源为根本目的的生态经济。循环经济要求清洁的生产过程、理性的消费行为以及综合利用废弃物，从而实现低污染甚至零污染排放。

第二，生态学意义上的循环经济。循环经济是一种生态经济，它要求人们在合理运用生态学规律的基础上进行经济活动，根据生态系统的承载能力，合理利用自然资源，实现经济活动的生态化。资源、生产过程、消费和废弃物处理是构成循环经济系统最重要的几个要素，循环经济可以优化这些要素间的关系，并促使它们达成协调。此外，循环经济还能为传统工业经济向可持续发展经济转变提供理论范式，解决环境保护与经济发展之间长期存在的矛盾和冲突。

第三，资源再利用意义上的循环经济。循环经济是一种以保护自然资源为目的，综合利用资源及其废弃物的生产过程。循环经济主张对经过使用、失去原始功能的产品进行资源化处理，使其重新转变为生产所需的资源或原材料。循环经济倡导消费者进行合理的、绿色的消费，减少对一次性产品的使用。

对于低碳经济的理论内涵，国内外学者从不同的角度对其进行了分析探讨。有国外学者认为，基于市场体制的低碳经济，其本质是通过制度和相关政策的制定，推动节能减排技术、可再生资源技术的研发和运用，从而提高整个制造业的能源利用效率，进一步促进全社会向低能耗、高能效的模式转型。部分国内学者对低碳经济的内涵做出了界定，认为低碳经济以能源的变革、节能减排技术的创新、产业结构的优化为核心，旨在促进人类的可持续发展和减缓气候变化，涵盖能源、网络、金融、环保等领域，是人类社会继工业文明之后迈向生态文明的伟大进步。

综上所述，低碳经济作为一个涉及多领域、多层次、多维度的系统概念，其内涵可以从不同的视角来理解。从能源视角来看，提高能源利用效率和优化能源结构是绿色经济的重点，分别充当低碳经济发展过程中的初级阶段和高级阶段。从再生产过程来看，低碳经济要求实现包括生产、分配、交换、消费在内的社会活动全过程的碳排放最小化和能源利用高效化，使用可再生能源或者低碳能源，以先进技术为指导，支撑国民经济和社会生产的可持续发展。从消费视角来看，低碳经济着重于低碳意识的塑造与社会收入分配格局的重新调整，从而迫使社会从传统经济向低碳经济转型。从可持续发展的视角来看，低碳经济是通过相关政策制度制定、新能源开发、高能效技术创新、产业结构转型等手段，减少资源浪费，降低碳排放，减缓气候变化，实现人与自然和谐可持续发展的一种经济形态。

"绿色经济"一词最早出现于生态经济学家皮尔斯 1989 年出版的《绿色经济蓝皮书》中，随后联合国环境规划署在其发布的《绿色经济报告》中给出了绿色经济的比较权威的定义，它将绿色经济定义为"从长期来看，是能降低不平等程度、改善人类的福利水平，同时不会使后代面临环境风险和生态稀缺的经济形式"。

与低碳经济和循环经济的内涵界定类似，国内外学者从不同的角度对绿色经济的内涵进行了界定。经过归纳总结，有以下共同点：第一，绿色经济鼓励在生态承受范围内的经济增长。经济的持续增长能不断提高人民的生活质量，这将有助于促进传统产业向绿色产业转型，但不能以面临生态危机为代价。第二，绿色经济强调资源节约。开发生态资源，进行技术创新，提高资源的利用率，能有效减少对自然资源的消耗，更大限度地满足自然资源的承受能力。第三，绿色经济要求保护环境，加强对污染物排放的管理程度，当人类的生产活动已经对环境造成难以挽回的破坏时，要进行及时、有效的治理，以便创造一个良好的外部环境。

因此，绿色经济是以经济的增长在生态、资源承受范围内为前提，以充分利用自然资源、保护生态环境为主要内容，以实现经济、社会以及生态和谐统一发展为核心，符合可持续发展要求的一种经济形态。

二、低碳经济、循环经济与绿色经济的区别

作为均在 20 世纪后半期产生的新经济思想，低碳经济、循环经济与绿色经济都反映了社会中普遍存在的问题，如污染增加、生态恶化、资源枯竭、人口剧增以及全球变暖等。低碳经济、循环经济与绿色经济是人类重新认识自然、反思经济发展模式的产物。虽然这三者都强调保护自然环境，有一定的相似之处，但各自仍有不同的特征区别，主要有以下几点：

一是强调的核心内容不同。低碳经济的核心是制度和相关政策的制定、人类消费发展观念的根本性转变，节能减排技术以及可再生资源技术创新。循环经济的核心是物质和能源要在包括消费在内的全生产过程中不断地循环使用，进而提高环境以及资源的配置效率。绿色经济的核心是实现经济、社会以及生态的和谐统一发展，保障人与自然环境的和谐共存。

二是研究的侧重点不同。低碳经济侧重于研究包括消费在内的整个生产过程中的碳排放量，主要从建立低碳经济结构入手，通过相关政策制度的制定以及高能效技术创新等手段，最大限度地减少温室气体的排放，减缓全球气候变化。循环经济侧重于整个生产过程中的物质循环，强调以"3R"原则为经济活动的指导原则，目的是实现资源的充分利用和保护生态环境。相较于低碳经济与循环经济，从研究的范畴上来讲，绿色经济是一个比较宽泛的概念，它强调以生态承载能力为前提，以环保技术、清洁生产工艺创新等科技进步为手段，从而实现经济、社会、生态三者的和谐统一发展。

三是实施控制的环节不同。低碳经济关注于经济活动的能源输入端，强调通过改善清洁能源结构和技术创新，减少温室气体的排放，从而减缓全球气候条件的持续恶化和实现人类社会的可持续发展。循环经济关注于经济活动的资源输入端和废弃物输出端，强调物质的循环利用。绿色经济关注于经济活动的废弃物输出端，强调通过绿色技术创新等手段最大限度地降低废弃物对生态环境产生的影响，重点在于保护环境。

第四节　可持续发展理论

一、可持续发展概念的提出与发展

可持续发展是人类在反思自身行为对大自然造成的破坏和寻求未来出路时提出的新发展方向。可持续发展理论产生的主要背景是全球生态环境破坏、人口发展迅速、粮食短缺和能源紧张。1962 年，美国生物学家卡尔逊在其著作《寂静的春天》中揭示了近代工业对自然生态的影响，引起了全球对发展理念的思考与争论。1972 年，在罗马俱乐部发表的题为《增长的极限》研究报告中，"均衡发展"和"持续增长"的概念被首次明确提出。同年，联合国在斯德哥尔摩通过了《联合国人类环境会议的宣言》，首次提出了环境与发展的主题。1987 年，对"可持续发展"的诞生具有标志性意义的研究报告《我们共同的未来》由世界环境与发展委员会发表，该报告讨论了社会、经济、环境等方面全球面临的重大问题，并正式提出了"可持续发展"的概念。该报告认为"可持续发展"是指"既满足当代人的需求又不损害满足子孙后代需求的能力的发展"，该定义也是目前国际社会上认可度最高的一种定义。

对于可持续发展定义的理解认识，有三方面重要的内容：一是可持续发展必须要满足当代人尤其是贫困人口的基本需求；二是可持续发展必须要实现平等，这里的"平等"不仅是指当代不同地区、不同人群之间的平等，也是指不同代际发展权力的平等；三是"限制"，是指技术状况和社会组织对环境满足眼前和将来需要的能力所施加的限制。

可持续发展要求人们在经济发展过程中，追求经济效益的同时追求社会公平，并且保持与生态系统的均衡，实现人类社会与生态环境的和谐统一，最终达到人的全面发展。

二、可持续发展的理论内涵

从可持续发展的概念出发，可以概括出可持续发展主要有以下几个方面的丰富内涵。

（一）协调发展

可持续发展要求在发展的过程中，不仅要使生态、经济、社会三大系统相互之间达成协调，而且要使地区、国家、世界三个空间层面以及同一个国家内的不同阶层相互之间达成协调。

（二）高效发展

公平和效率是可持续发展的两个轮子。与传统工业经济要求的经济效率不同，可持续发展既要求经济意义上的高效率，同时也要求生态意义上的高效率，即在实现高经济收益的同时对生态环境做出改善。换句话说，可持续发展要求的是一种包括资源、环境、经济、社会在内的高效率发展。

（三）公平发展

由于各国经济发展水平的差异而导致世界经济发展呈现的层次性，是发展过程中一直存在的问题。若不平等、不公平等因素加剧了这种层次性，则最终会影响可持续发展在全球范围内的实现。可持续发展要求的公平性发展主要包括两个方面的内容：一是达到时间维度上的公平，即不同代际发展权力的平等；二是达到空间维度上的公平，即一个国家或地区在发展过程中，不能损害另一个国家或地区的发展能力。

（四）共同发展

地球是一个由资源、环境、人口等子系统构成的巨型复杂生态系统，整个系统的顺利运转依赖于内部各子系统之间形成的交互关系，任何一个子系统例如环境出现问题，都将通过交互作用影响其他子系统的运行，最终导致整个地球生态系统的运行出现问题。因此，可持续发展追求的是一种包括各子系统在内的共同发展。

（五）多维发展

就目前的国际形势而言，全球化是人类社会发展的必然趋势。然而由于不同国家或地区的文化、体制、环境等发展背景不同，导致其社会发展水平也具有差异性。可持续发展作为一个全球性的概念，要把不同国家或地区的社会发展的实际情况考虑在内，具备多维度、多模式的选择性发展的内涵。各国应该根据本国国情，在可持续发展的指引下，走符合本国实际的可持续发展道路。

三、可持续发展理论的基本原则

在人类社会与自然环境之间关系不断得到优化的前提下，可持续发展追求的是生态效益、经济效益和社会效益三者的协调统一，从而实现整个社会发展的可持续性。作为一个全球性概念，可持续发展的目标是在不破坏生态环境、不损害满足后代人发展需求的能力的前提下，满足当代人的需求，实现个人的全面发展。此外，可持续发展要求基于生态能力可持续和社会公正来发展经济。随着可持续发展的逐步实现，带来的绝非仅仅只有经济效益，同时带来生态效益、社会效益，具体表现为生态环境的改善、技术的进步、社会更加和谐以及国民素质的提高。因此，可持续发展理论应遵循以下几个基本原则：

（一）可持续性原则

可持续性原则指的是人类社会的发展必须要在自然生态系统承受能力的范围之内。可持续性原则强调在发展过程中，不能一味地追求经济效益，在发展的同时，应当考虑资源、环境这些人类赖以生存的物质基础的限制。人类社会的存在及进行的一系列经济活动不可避免地会对自然生态造成一定的影响，要实现人类社会的可持续发展，就必须把这种影响控制在自然生态系统承受能力的范围之内。过度的开采资源，虽然在短期内可以满足人们的一系列需求，但从长期来看势必会导致包括人类在内的整个生态系统的崩溃。因此，人们要依据可持续性原则来从事生产、消费等经济活动，合理的开采、利用自然资源，从而维持人类社会与自然生态之间的动态平衡。

（二）公平性原则

公平性原则有两方面的含义：一方面是同代之间、空间维度上的公平。可持续发展主张不同的国家或地区有同等的发展权力，一国或地区在发展过程中不能损害他国的发展能力。另一方面是不同代之间、时间维度上的公平，即代际公平。代际公平指的是在利用资源和环境满足当代人需求的同时，不损害满足后代人需求的能力，后代人拥有同等的发展权力和机会。这种代际公平性包括两个基本要点：一是当代对后代生存和发展的可能性有不可推卸的责任；二是当代至少要提供给下一代与自己从上一代人那里继承获得的同等的财富，尤其是发展空间和发展潜力，即当代人的发展不得以牺牲下一代的福祉为代价。

（三）共同性原则

共同性原则强调了人类根本利益和行动的共同性。虽然世界上不同国家或地区的文化、体制、地域、发展水平存在差异，实现可持续发展的模式也不尽相同，但可持续发展作为全球发展的共同目标，其持续性原则和公平性原则，每一个国家都应该遵守并坚持。地球是一个整体，具有整体性和相互依赖性，为了当代以及我们后代的幸福，需要每一个国家、每一个人民都参与进来实现全球的可持续发展，实现人与自然的和谐相处。

四、可持续发展理论的主要内容

作为 21 世纪指导人类发展的理论，可持续发展理论已经跳出了单纯环境保护的界限，是一个把环境保护和经济发展结合起来的全面发展战略。从具体内容上来讲，可持续发展理论涉及生态、经济和社会三个方面的协调统一。

（一）生态的可持续发展

生态的可持续发展就是要保护生态环境中人类赖以生存的各类物质基础，使社会发展与自然承载能力相协调。生态可持续发展强调保护环境，但不会将人类发展与环境保护分割，主要通过转变发展模式，从源头解决环境问题。

（二）经济的可持续发展

可持续发展的根本目标是不断地满足人类在发展过程中的需求，并确保发展永远延续下去。因此，实现可持续发展的首要前提就是要保证经济的可持续发展，这对于发展中国家来说尤为重要。目前，贫困和生态恶化是发展中国家的两大难题，贫困削弱了人们可持续利用资源的能力，造成了生态恶化，生态恶化反过来加剧贫困。可持续发展要求以"高消耗、高投入、高污染"为主要特征的传统生产和消费模式进行转变，实施清洁生产和进行文明消费，从而使资源得到节约、废弃物的排放得到减少。

（三）社会的可持续发展

由于世界各国的文化、地域、资源、环境、发展能力存在差异，所以导致各国所处的社会发展阶段不尽相同，在不同的发展阶段内要实现的目标也有所不同。但发展的本质，包括提高人们的生活质量和创造一个人人平等、自由、富有人权的社会环境，应当是相同的。即在可持续发展逐步实现的进程中，实现经济与生态的可持续性是前提，实现社会的可持续性才是最终目的，人类寻求的可持续发展应该是一种以人为本包括经济、社会、自然在内的均衡持续发展。

第五节　产业国际竞争力理论

一、产业国际竞争力的定义

从表面上看，"产业国际竞争力"的含义直观清晰，但对其进行精确定义却又十分困难，因为它既不同于国家国际竞争力这种比较宏观的概念，也不同于企业国际竞争力这种比较微观的概念，而是定位到产业这个介于微观与宏观之间的层面。目前的国际社会上，对于产业国际竞争力的定义尚未形成一个比较统一的定论。

目前的学术界中，美国经济学家迈克尔·波特在其著作《国家竞争优势》中提出的关于产业国际竞争力的观点是最受欢迎和肯定的。迈克尔·波特给出的定义是：产业国际竞争力是一国能否为该国内某个产业的企业创造一个良好的商业环境使其获得竞争优势的能力。我国学者金碚给出的定义是：产业国际竞争力是在国际间贸易自由的条件下，一国的某一产业凭借其相对于其他国家该产业的更高生产力，为国际市场提供更多的产品，满足消费者的需求，并持续地获得盈利的能力。虽然各国学者给出的产业国际竞争力的定义不同，但产业国际竞争力的概念应该包含几个方面的基本内容：具有比较优势并形成竞争优势的能力；具有较高的生产能力以及效率；具有持续获得利润的能力。

二、产业国际竞争力的相关理论——竞争优势理论

目前在国际社会上关于产业国际竞争力的理论主要有国际贸易理论中的要素禀赋比较优势理论和迈克尔·波特的竞争优势理论。

要素禀赋比较优势理论认为一国的资源禀赋与产业发展有利条件是产业国际竞争力形成的主要原因。要素禀赋比较优势理论忽视了企业在竞争中所起的主导作用只注重生产的要素状况，而实际上，企业在竞争中能够有意识地通过战略选择配置稀缺资源，从而创造比较优势。

迈克尔·波特的竞争优势理论则分析了企业战略、组织结构等在国际竞争中的作用，弥补了比较优势理论在此方面的不足。迈克尔·波特认为企业、行业的竞争优势构成一个国家的竞争优势，能否在国际市场中取得竞争优势是产业兴衰的决定性因素。

竞争优势理论作为在国际上得到广泛认可的产业国际竞争力成长的阶段理论，其中心思想主要体现在产业国际竞争力经济分析范式——"国家钻石模型"，在钻石模型中，决定一国特定产业国际竞争力的因素有六个，分别是需求条件、生产要素、企业战略与组织机构、机遇、政府作用以及相关和辅助行业，这六个因素按其相互之间的作用关系成菱形。

需求条件指的是国内市场的需求条件，需求条件主要通过需求增长的规模和形式、需求结构、需求的国际化三个方面来影响国内特定产业的国际竞争力。与海外市场相比，某种产品巨大的国内需求会形成规模经济，这将促进该产业国际竞争优势的形成。如果国内消费者对某种产品的质量、外形等要求较高，将促进国内相关企业对产品的性能进行改进，进而有利于该产业在国际上取得竞争优势。此外，国内对于某种产品或服务的消费方式通过国际交往走向全世界，同样有利于相关产业在国际市场上取得竞争优势。

波特认为生产要素可以被分为两类，即基本要素和高等要素。基本要素是指自然资源、地理位置、气候、非熟练劳动力等一国先天拥有或仅需简单的社会投资就能拥有的要素。高等要素包括现代化基础设施、高科技人才、高端技术与电信网络等则需要长时间的投资和开发创造。波特还认为高等要素对一国产业国际竞争力优势的形成与维持其重要性要比基本要素大得多。要素优势本身有其独特的动力特征，如知识、技术等高等要素的标准是可持续的，要素必须保持其可持续发展性，否则它对于竞争优势的价值就会逐渐降低。因此，为了获得持续性的竞争优势必须不间断地对要素进行开发和升级。

企业战略、组织结构的形成、面临的外部环境以及国内同行的竞争都会对产业国际竞争力产生重大影响。不同的企业组织结构不同，管理方式不同，制定的目标和战略也不尽相同。并且，由于国内竞争对手的存在，企业就会不断地进行改革创新，提高产品或服务的质量，这在一定程度上有利于自身独特竞争优势的形成，从而有利于产业在国际市场上获得竞争优势。

政府对于产业国际竞争力的形成应该起到催化和促进作用。通过相关的政策和制度的制定实施，政府可以直接或间接地影响产业国际竞争力。

机遇是指一些能对产业国际竞争力产生重大影响的事件，比方说重大发明的创造、能源危机、重大技术的非连续性进展、战争、市场需求的急剧增加和世界金融市场的重大变化。机遇有可能会带来新的国际竞争环境和竞争秩序，其对产业国际竞争力产生的影响可能是积极的也可能是消极的。

相关和辅助产业的发展与主导产业的发展联系紧密，主导产业的强势崛起一般都伴随着辅助产业的崛起。完善的相关产业和辅助产业带来的绝不仅仅是简单的生产资料供给，例如生产原料和设备的产业可以通过创新和技术突破使主导产业的生产成本降低、生产效率提高，从而使主导产业获得国际竞争优势。

三、产业国际竞争力的影响因素

影响产业国际竞争力的因素是多种多样的，产业国际竞争力是一国系统中各种要素非线性相互作用所涌现出的整体效应，其中任一要素发生改变，都会通过相互作用间接或直接地影响其他要素，最终导致产业国际竞争力发生变动，因此很难对产业国际竞争力的影响因素做全面分析。此外，影响一国产业国际竞争力的因素也会随着时间的流逝、经济发展的程度不同而发生相应的变化，主要有以下几点影响因素：

（一）技术进步因素

技术进步作为一个国家提高其产业国际竞争力的重要途径，其作用机理是通过生产技术进步，提高各投入要素的使用效率、降低产品的经营成本，从而使产品的价格竞争具有比较优势。这里的生产技术进步不仅仅指的是与产品生产成本直接相关的生产工艺的创新与进步，同时还包括与要素投入成本和产品经营成本相关的技术的创新与进步。

（二）国内市场需求状况

市场需求由需求的层次、规模、增长率等要素构成，一国某类产品的国内市场需求发生变化，将会导致国内该产业的国际竞争力发生变动。若国内市场对某类产品的需求增加，企业为了满足市场需求，就会增加投资、引进高新技术，因而会提高该产业的国际竞争力。此外，若一国国内市场的消费需求层次较高，即消费者的消费标准和消费水平比较高，则有利于促使该国国内高档产业的国际竞争力优势的形成。

（三）规模效益

规模效益是影响一国产业国际竞争力的重要经济变量。生产数量规模效益、投资规模效益以及技术创新规模效益是常见的规模效益的具体表现形式，此外，规模效益还包括规模管理效益和结构升级效益。具有一个庞大的企业规模有助于增强企业产品的市场竞争力，尤其是对于那些规模经济较小但是非常重要的产业，企业规模对其国际竞争力的强弱起决定性作用。

（四）产业结构状况

产业结构的特征表现为在开放型的条件下，一国的产业结构与各产业国际竞争力之间具有相互作用、相互影响的关系。国际竞争力表现较弱的产业发展比较缓慢，因而在产业结构中所占的比重趋于下降，国际竞争力表现较强的产业发展比较迅速，在产业结构中所占的比重逐渐上升。产业结构状况同样会对各产业的国际竞争力造成影响，若一国的产业结构无法与国际市场的需求结构形成统一协调，或者产业结构无法随着国际市场需求结构的变动做出相应调整，则该国各产业的国际竞争力势必受到削弱。

第六节 绿色生产理论

一、绿色生产的背景以及定义

自从工业革命以来，人类为了追求经济上的快速发展，大肆地开采和利用自然资源，使生态环境遭受了严重的破坏。随着种种环境问题的出现和人与自然关系认识的不断深化，人类在反思自己行为的同时也在探寻一种少污染甚至是无污染的生产方式。20世纪70年代，随着传统污染控制方式的弊端逐渐显现，人们不得不重新寻求一种更为经济、高效、环保的污染控制方式，污染防止概念由此出现。20世纪80年代，对工业污染进行控制的方式发生了重大变化——由西方发达国家提倡的以末端处理为主的先污染后治理方式转化为以污染防范为主的污染控制战略，有效地避免了传统的末端治理出现的这种与生产过程相脱节的问题。联合国环境规划署将这种新的污染控制战略称为"清洁生产"战略，并将其定义为"将预防性的环境策略应用于生产过程和产品中，减少环境与人类所面临的风险"。在污染防止概念出现的早期阶段，其被冠以不同的称呼，如"无公害工艺""生态工艺""减废技术"等，直到 20 世纪 90 年代初，国际上关于污染防止概念的表述才统一为"清洁生产"。

绿色生产的概念与清洁生产相比有相似之处，但含义更为广泛。绿色生产有广义和狭义之分。广义的绿色生产指的是企业在包括产品的设计、原材料的选择、生产、包装、运输、消费、废弃物的回收利用在内的整个产品生命周期过程中，通过绿色工艺的创新、生产设备的改良等途径，使在上述的生产过程中产生的污染最少化、对环境造成的破坏最小化的一种生产方式。广义的绿色生产涵盖工业、农业、服务业等领域。狭义的绿色生产指的是企业在工业生产的全过程中，通过一系列技术和管理手段的运用，达到节约资源以及污染物排放最少化目的的一种生产方式，在某种程度上，狭义的绿色生产可以视为"清洁生产"。狭义的绿色生产更侧重于工业领域，偏向于在产品的生产过程中降低污染和节约资源。广义的绿色生产则是建立在企业从事生产活动的经济效益、社会效益与环境效益相协调的基础上，从生产过程最开始绿色产品的研发、材料的选择到工艺的设计优化、生产设备的改良再到最终的绿色包装、绿色物流以及绿色产品的使用和回收各个环节都考虑对环境造成的影响，并且不局限于工业生产。

目前国际上关于绿色生产的定义尚未达成统一的定论，但有不同的学者从不同的角度对绿色生产的定义进行界定，具有代表性的有以下几种观点：

（1）从企业发展的角度来看，绿色生产是企业为了追求可持续发展而进行的有计划的生产活动。企业在满足当前市场消费者需求的同时需要保护生态环境，从而达到自身可持续发展的目标。

（2）从利益的角度来看，企业从事绿色生产不仅满足了自身的经济利益，同时也满足了消费者的利益以及环境保护的长远利益。绿色生产有效处理了三者之间的矛盾，是一种实现三者有机统一的生产方式。

（3）从生产过程对环境影响的角度来看，绿色生产是指在生产各个环节中有利于环境保护的生产方式。原料或能源的选取是清洁的，生产工艺是对环境友好的，产品在使用过后无污染或能够回收利用。绿色生产强调对环境的保护，更多地表现为一种统筹规划。

二、绿色生产的目标以及主要内容

绿色生产必须要实现两个目标：一是通过综合利用资源、利用太阳能等可再生能源代替不可再生能源的使用以及节水、省料等手段，减缓自然资源的耗竭；二是在产品的生产过程中，使污染物的排放达到最少，对环境的破坏程度达到最小，从而降低生产活动给人类社会和生态环境带来的风险。

绿色生产的主要内容包括以下几个方面：

（1）绿色产品。与传统产品相比，绿色产品是具有环境保护特点的产品，除了满足传统产品的基本要求外，其生产所用的原材料是无毒且易分解处理的。绿色产品应该具备合理的使用功能和寿命，以满足消费者的需求。此外，绿色产品还应具备节能、低噪声等特征，使用后的绿色产品经过回收、处理，可以重新投入生产活动中，并且不会产生危害人体健康和生态环境的有毒物质，既节约了资源又降低了污染。

（2）绿色设计。绿色设计有不同的说法，在一些国家和地区，绿色设计也被称为生态设计、环境设计等，其核心是生态环境保护。保证产品的质量和服务、尽可能地满足消费者的需求、实现经济收益的最大化是传统产品的设计原则。而绿色设计则是在这些原则的基础上加入生态降解、减少资源消耗等环境原则。

（3）清洁能源以及绿色工艺。在绿色生产的全过程中，可以借助绿色科技以及可再生资源结合物流、信息等要素，实现对环境影响的最小化。具体的实现途径包括使用无污染、养护型的新能源如太阳能、风能、水能等；综合利用"边角料"，对使用过后的绿色产品进行回收利用，减少自然资源的消耗；加快以节约能源和提高能效为重点的技术改造；优化生产工艺和生产设备，加强原材料储运以及生产组织流程管理，减少生产过程中物料的泄漏和浪费。

这里有一点需要注意的是，绿色生产并非是保持不变的，它是一个处于变化过程中、动态的概念，目前所提出的关于绿色生产以及绿色产品的内容都是相对于原有生产以及产品而言的。随着人们对环境保护方式的不断探索和科学技术的持续发展，绿色生产的内涵必将不断丰富和全面。

三、绿色生产的特征

绿色生产的提出来源于人们对传统生产模式的思考、污染防治方式的探索以及多年末端治理的经验。作为一种新的创造性生产模式，与传统生产模式相比，绿色生产提倡生产全过程的资源能源节约和对环境的友好性。就绿色生产的特征而言，具体有以下几点：

（1）环保理念贯穿生产的全过程。从产品的设计、原材料的选择到生产、加工以及最终的消费和回收利用，绿色生产要求在各个环节中都要控制污染物的产生，考虑资源、能源的节约。

（2）重视绿色工艺。先进的绿色生产工艺能有效提高产品的生产率、降低生产成本，提高企业的能源、资源利用效率，从而减少污染物的产生，达到保护环境的目的。

（3）覆盖更多的产业。绿色生产不仅仅指的是工业领域的生产行为，它还涉及农业、服务业等领域，泛指所有能创造价值的生产活动。

四、绿色生产实施过程中的阻碍及其主要的实现路径

由于绿色生产贯穿生产活动的全过程，则绿色生产的实施也必将受到来自各方面的阻力，主要有以下几种：

（1）经济方面的障碍。一方面企业如果要实施绿色生产，首先要投入大量的资金来进行绿色工艺的创新、绿色原材料的开发等。如果企业本身的资金并不雄厚，它就会优先考虑利益问题和资金的周转问题，以保证在市场上的生存。另一方面，企业投入大量的资金生产出来的绿色产品，其带来的环境收益难以估算并且不是立即可见。

（2）市场方面的障碍。产品生产的刚性与市场需求的柔性之间的矛盾是绿色生产实施的主要市场障碍，此外，由于生产转向的难度较大，导致绿色生产的实施也受到很大的限制。

（3）技术方面的障碍。一方面，绿色生产的顺利实施必须要有一定的绿色技术基础，这就显得绿色技术人才的引进尤为重要。另一方面，由于相关设备的缺乏以及内部技术水平的限制，一些关于生产过程中资源、能源的消耗以及污染物排放的准确数据难以获得。此外，企业内部各部门之间的信息传递也是一个难以克服的问题。

（4）观念方面上的障碍。企业内部中存在的旧生产模式观念往往也会对绿色生产的实施产生巨大的阻力。有些人可能会认为，按照目前的生产模式，企业的发展比较稳定，如果换一种生产方式，则生产线的许多环节都要做出调整，投入的成本很大，生产出来的产品也不一定有市场，所以难以做出改变。还有一些人

可能会认为，目前对于环保以及绿色生产的宣传更像是一种口号，政府缺乏详细的落实企业利益的绿色生产鼓励政策，并且并未对企业是否实施绿色生产加以强制，满足国家相关环保法规的最低要求就行，所以目前来说，实施绿色生产是不现实的。

　　企业要采取措施解决自身在实施绿色生产活动中所遇到的阻碍。一般而言，企业实施绿色生产的途径主要有以下几种：利用可降解的原材料从事生产活动，利用可再生能源如风能、太阳能等为生产提供动力；改进生产设备，优化生产流程；在生产过程中综合利用物料，防止物料的流失造成浪费；研发绿色技术，以技术为指导生产绿色产品和做好生产过程中各个环节的污染治理等。

第三章

绿色制造与绿色竞争力

第一节 资源环境约束下绿色制造分析

一、绿色制造的提出以及中国的倡议

伴随现代人类文明的发展，生产力得到了巨大的增长，人口数量爆炸性增长，人类对资源需求增加以及掠夺式资源开采，由此带来诸多问题，如环境被破坏、水土流失严重、自然资源短缺、生态环境失衡、物种多样性降低、气候异常、全球变暖等。当前气候异常现象频发，其主要原因是地球生态环境发生变化，人类若不对自然环境进行弥补性保护，相信各种自然灾害会接踵而来，最后将是人类自食恶果。

现代制造业在快速的发展过程中给人们的生产、生活出行、食物、安全等各方面带来前所未有的便利与巨大提升，提供了符合人们需求的各类产品，丰富了人类文明的内涵，有力推动了人类社会的进步。但是，现代制造业在获取原材料、生产产品、使用产品到最后处理产品的整个过程中造成的资源浪费、环境污染等问题，同样也是对人类生存环境最大的威胁。据统计，全球环境污染的

70%以上的污染物都是来自制造业，制造业既是推动人类发展的最大动力，也是环境污染的主要源头。"绿色制造"这个概念正是基于这样的背景下提出来的，如何使制造业尽可能少地产生污染而不会过于影响生产力，这是一个十分重要的问题。

从宏观层面上考虑绿色制造的发展模式对可持续发展有十分重要的意义，这种发展模式既综合考虑了当前的经济发展需求，又兼顾了资源的可持续利用、提高生产率，在缓解了资源环境压力的同时，最大限度地利用原材料和回收循环使用废旧品，直接降低了产品的成本，提高市场竞争优势，而且绿色化产品同样能吸引绿色偏好消费者。

面对新的环境时代的背景下，绿色制造是必然的趋势，而中国也提出了自己的倡议，将环境保护作为一项基本国策，把可持续发展作为一项重大战略，提出建设"资源节约型社会"和"环境友好型社会"的理念，加强立法、完善环境保护相关法律。在党的十九大报告中就表明，我国应当加快生态文明体制的改革，努力建设美丽中国。

图3-1是2010~2015年中国工业固体废弃物及危险废物的产生总量。

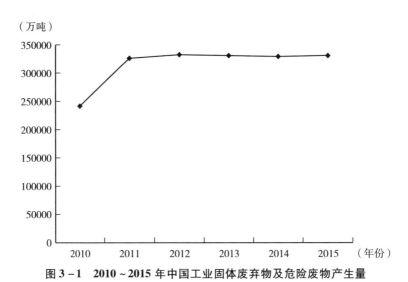

图3-1　2010~2015年中国工业固体废弃物及危险废物产生量

资料来源：2010~2015年中国生态环境部全国环境统计公报，http://www.mee.gov.cn/gzfw_13107/hjtj/qghjtjgb/。

我国在2010~2015年正值国家经济高速发展阶段，在保持经济蓬勃发展的过程中，2010~2011年工业固体废物产生量有所增加。但在2011~2015年工业固体废弃物产生量保持水平不变，对应了我国"十二五"计划中对环境做出保护的措施，对应了我国提出的科学可持续发展战略，加快资源节约环境友好型社会的建设。

2012年11月，中国政府做出"大力推进生态文明建设"的战略决策，推进绿色发展，要建设和健全绿色低碳循环发展的经济体系，图3-2为2011~2015年，中国工业危险废物综合利用率的情况，反映了中国对绿色发展的建设力度与决心。

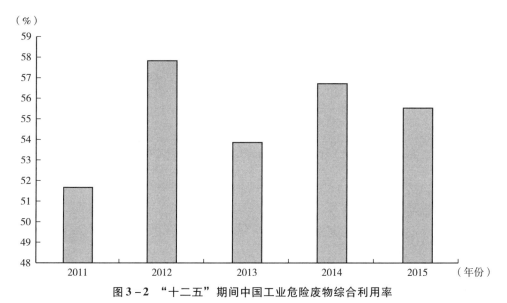

图3-2 "十二五"期间中国工业危险废物综合利用率

资料来源：2010~2015年中国生态环境部全国环境统计公报，http://www.mee.gov.cn/gzfw_13107/hjtj/qghjtjgb/。

二、绿色制造的内涵与特征

早在20世纪30年代，有关学者已经察觉人类工业活动的发展对环境产生的负面的影响。1966年鲍尔丁提出循环经济理念，20世纪末期即1996年美国的制造工程师学会（SME）系统地提出绿色制造的概念。

绿色制造又称面向环境的制造、环境意识制造，近年来，对于制造商和消费者都被要求从生产到最后产品处理需具有环保意识。因此从设计环境友好型产品、拆分过程、物流、经济活动、回收和再制造都要考虑环境因素。绿色制造基于现代传统制造业模式，综合了环境保护问题、优化资源利用率问题及制造工业技术问题，使用对环境较低影响的生产要素，从资源的获取、利用、产品的设计、生产、包装、运输、销售、废旧品的维修处理到最终生命周期末端回收利用等方面，全面符合环境保护要求和标准的产品制造方式。这是为了达到资源损耗最小化和利用率最大化、环境污染最小化并且协调经济效益和社会效益目的的一种新型现代制造模式。

绿色制造强调减少投入零件、合理使用原材料和减少辅料，使产品生产更有效率，其包含了多重含义。第一，制造这个概念与整个产品生命周期有关，因此制造是总体的概念。第二，环境问题与制造过程各阶段相关，许多相关的概念如绿色设计、生态过程规划、绿色制造等都呈现出来。第三，绿色制造是一个复杂的工程问题体系，需要从系统工程角度观测。第四，绿色制造的本质体现在现代制造业的可持续发展。因此绿色制造是可持续发展的唯一解决方案，也是企业的社会责任。绿色制造描述的是在制造的任何过程中不损害环境的制造实践活动。它强调制造过程不污染环境、不伤害消费者，绿色制造强调通过可持续发展获得产业提升以及竞争优势[①]。因此，绿色制造是一种通过研究工艺设计实现废物和污染最小化的制造方法，也是一种支持可再生方式来进行生产，从而不损害人类或环境的产品或服务的方法。

绿色制造这一概念一经提出，便吸引了全世界各方学术界与工业界等方面的关注，许多发达国家和国际组织纷纷制定和发布了许多与绿色制造密切相关的标准与政策，如 ISO 14000 系列标准的出台就为绿色制造的发展与研究奠定了良好的基础。与此同时政府也在努力培养全民绿色环保的意识、企业发展壮大绿色市场的份额、加强绿色制造的发展，相继出台了有关环境保护、低碳与绿色发展相关的贸易技术性措施和规制。

相比于传统的制造技术而言，绿色制造技术拥有更为深化的内涵：

第一，绿色制造不只局限于传统产品生命周期的思维上，还在原有基础上深化了产品生命周期的应用。传统的产品生命周期是指产品从设计、投产、装运、到销售和使用这整个过程以及描述产品和生物体一样具有出生、成长、衰退的周期性。在这里绿色制造将其进行拓展，更深一步考虑，比如原材料的获取、原料的制备、以及最终产品的再利用与报废回收处理等过程。在深化的生命周期里内涵更加丰富，增添了许多环节，如绿色采购、绿色材料、绿色设计、绿色工艺、绿色生产、绿色包装、绿色管理等，将丰富的产品生产周期理论与绿色制造的各

---

① Aditya M. Green Manufacturing [J]. Internatioanl Research Journal of Engineering and Technology，2017（7）：2667 – 2672.

个环节融合，产生了众多创新概念，例如绿色原料采购就是指在传统的产品原材料的采购基础上尽量选择不破坏生态环境的，包括选用可再生的原料和能够循环利用的材料，并且在采购过程中减少对环境的破坏，利用绿色的新能源运输方式，减少对能量的损耗与环境的破坏。

第二，绿色制造与传统的末端治理有所区别，其更加注重从源头减少对环境的损害，强调从生产技术、物流、包装、管理等层面对整个产品生命周期过程中进行改进创新，从而使用最少的资源产生最大效益的同时尽可能地减少对环境的损害。

第三，绿色制造这一模式是众多学科复合在一起才产生的，主要是三个领域的复合区域，即环境保护领域、资源利用领域和整个产品生命周期的制造领域。原来的制造模式忽略了资源的消耗多寡、环境的污染破坏、资源高效利用以及循环利用等问题，产生了资源枯竭、全球环境堪忧、生态失衡、极端天气频发、新型疾病暴发等诸多问题。在当前时代背景下，发展绿色制造正是制造业转型、建设环境友好型发展模式的道路之一，同样也能从源头来遏制甚至能解决以上的诸多问题。

世界上各方国家推崇并大力推行绿色生产理念，原因主要是相比于传统制造模式而言，拥有以下几点特征：

（1）拓宽产品生命周期，全周期实行绿色实践。在产品制造前、制造中、制造后，这三个过程都能实行绿色制造的实践，即原料获取、物流运输、设计投产、加工制造、包装销售、组织管理、废旧回收等一系列过程中都实行绿色化，达到损耗污染最小，经济和环境效益最大的目标。

（2）管理绿色化与传统制造技术绿色化创新。在生产制造方面，绿色技术基于传统制造技术，通过结合互联网、通信网络、智能自动化等技术，实行生产智能化和信息化，降低成本与损耗。在组织管理方面，将以往的管理模式增添绿色理念，从选择采购材料、物流方式、销售包装等产品外部性进行绿色化。

（3）生态环境收益与经济收益并重。绿色制造的目标是以最少的资源获得最大的收益，和传统制造业只重视经济收益而忽略了环境相比，绿色制造强调生态环境重要性的同时也重视经济收益。

三、绿色制造的发展趋势

（一）智能制造与绿色制造的融合统一

绿色制造离不开人工智能技术与环境保护技术，自动化、机械化、数字智能化、节能环保化、绿色循环化，是绿色制造发展的未来方向与趋势。将环境与资源要素集成到制造业中，如利用系统识别和量化产品和工艺设计、测算原材料消耗与废弃物关联度以及制造业对于资源环境的影响等，均离不开人工智能的处理方法，基于大数据、神经网络、模糊系统等的数字化和人工智能技术的研究与开发将在先进制造业、新兴产业制造体系的绿色发展中起重要作用，并推进整体性和系统性的节能减排与低碳循环的绿色发展。

（二）集成化与绿色并行化发展

集成化包括材料选择、产品与工艺设计集成，产品供给与用户需求集成，绿色制造中的信息与技术、过程与管理集成，以及与绿色制造相关的系统体系如绿色设计系统、制造生产系统、供应链管理系统、回收系统与环境评价系统等。

绿色并行化，指绿色制造在产品设计与开发时，从产品生命周期的角度，考虑环境要素、能源消耗、产品质量、回收循环利用等因素[①]，在组织机构、数据库构建、设计与制造中采取系统化工作模式，从而有利于提升绿色竞争力。

（三）全球化发展趋势

一方面，伴随市场、产品、金融等领域全球化发展，作为和产品联系十分密切的绿色制造而言，产品的全球化就意味着绿色制造在未来也将表现全球化的趋势。另一方面，与环境相关的技术性贸易措施和标准将成为进入国际市场的条件或者壁垒，只有符合低碳、环保的绿色理念要求的产品在国际市场才具有强大的竞争力。

（四）社会化发展趋势

绿色制造涉及企业、产品、用户，涵盖诸多领域，这种现代制造模式的普及必定需要全社会的支持，只靠企业有些势单力薄。新兴行业往往需要政府的扶持，同样地，绿色制造需要政府引导、政策支持激励等手段才能实现其目标，为社会造福。政府引导民众建立绿色生活观念，这样可以拓宽绿色产品市场。政府利用政策支持，激励企业加大绿色产业的投入，加强绿色技术的研发和绿色创新活动，这样才可以进一步提升产品国际绿色竞争力，突破绿色贸易壁垒，改善国

---

① 刘飞，张华，陈晓慧. 绿色制造的集成特性和绿色集成制造系统［J］. 计算机集成制造系统，1999，5（4）：4－13.

际收支等。因此政府有充分理由推行绿色制造社会化，企业也有激励动力加强绿色制造社会化。

四、绿色制造技术的内容

绿色制造中的"制造"是一个大概念，它涉及产品的整个生命周期，设计过程也在其中。通常情况下，设计与制造被视为既有联系又有区别的两个领域，所以绿色制造技术也可以解读为"绿色设计与绿色制造"，一个产品能否成为"绿色"的，首先还要从设计做起，绿色制造有以下几个方面：

（1）绿色设计：在产品的设计阶段就要考虑许多环节，如材料的选购中需要考虑是否为可再生材料、原材料的开采造成的污染是否严重，或者为了适应产品的可回收性与零部件的再制造要求，设计者就必须设计出易拆卸、易回收的产品。

（2）绿色材料：尽量开发对环境污染小、能耗低的材料，优先选择可再生能源。

（3）绿色工艺：在制造过程中，处理工艺十分重要，要使用物料消耗低、能源消耗低、废弃物产生量低、对环境污染小的工艺技术。

（4）绿色循环：在产品制造过程中，循环利用原料，减少污染性材料的使用，在产品生产完成之后的使用中，产品的维修、废旧处理将回收重复利用，由此减少损耗。

以上几项技术贯穿在材料获取、制造、维修、废旧处理等过程中，进一步深化了传统的产品生命周期，是一种可持续、低损耗、环境友好的绿色技术理念。

因此，如果围绕生命周期来阐述绿色技术的内涵，可包括从最初的产品设计、原材料的选择，再到制造加工、可拆卸装配，运输过程中的物流、包装甚至企业的管理以及产品周期末端的维修、回收利用等全部过程。绿色技术内涵的框架如图3-3所示。

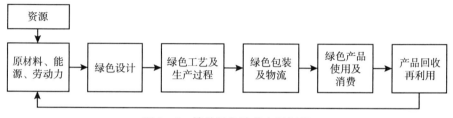

图3-3　简单绿色技术内涵框架

资料来源：改编自刘飞. 绿色制造的内涵技术体系和发展趋势 [J]. 世界制造技术与装备市场，2001（3）：38-46.

绿色技术从整体上看，是在某种产品的生命周期中实现四个目标（"4R"）：减量（reduce）、重复使用（reuse）、再循环（recycle）、再制造（re-manufacturing）。减量，从源头减少消耗、污染、能耗、损耗，达到低耗、低污染、减少环境负荷的目的。重复使用，产品过程中的材料、零部件能反复使用，达到重复使用的目的。再循环，使产品中的材料能够多次使用，或者产品报废和回收的零部件和材料能够再次投入使用，达到循环利用的目的。再制造，对于电子或者机电产品而言，在整个周期中，将废旧产品和零部件再次作为原材料进行再加工，达到节省材料减少浪费的目的。

在"4R"目标下，对绿色技术内涵进行了拓展，如图3-4所示，四个技术理念贯穿在周期之中。具体而言，在产品使用与维护的过程中，体现了"4R"的理念，例如产品报废之后经过绿色回收得到可重复使用的零部件材料，投入生产得到重复使用的价值；某些零部件不能直接用于产品的维修的，经过改造制作变为其他部分的零件再将之投入生产过程中，不仅能使废旧物得到再制造利用，还能减少废弃物的产生，经济得到改善，环境压力得到减轻。

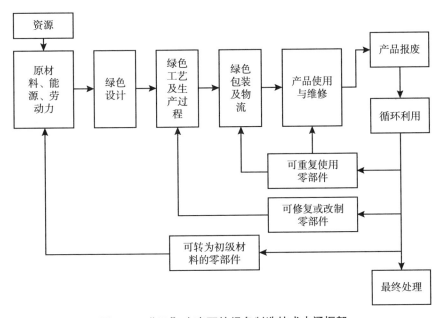

图3-4 "4R"丰富下的绿色制造技术内涵框架

资料来源：改编自刘飞，李聪波，曹华军，王秋莲. 基于产品生命周期主线的绿色制造技术内涵及技术体系框架［J］. 机械工程学报，2009，45（12）：115-120.

重复使用、再制造，是在产品报废和绿色回收后，可重复使用的零部件和可修复或改制的零部件再投入使用的步骤。再循环与这两者不同的点在于，经过报废回收后，得到的不是零部件等中间产品而是跟接近加工初期的原材料，得到原材料后循环使用，使整个生产周期循环利用原材料，从源头减少了材料的损耗。由重复使用、再制造与再循环三个步骤达到了减量化的目的。

产品生命周期过程中为了达到节能减排绿色低碳发展目标，实施了许多绿色制造技术，如图 3 - 5 所示。

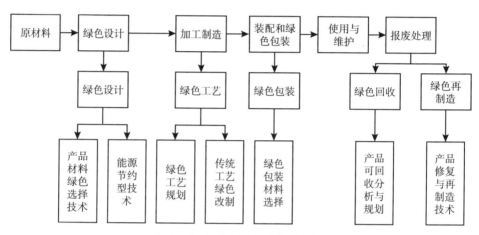

图 3 - 5　绿色制造技术体系框架

资料来源：改编自刘飞，李聪波，曹华军，王秋莲. 基于产品生命周期主线的绿色制造技术内涵及技术体系框架［J］. 机械工程学报，2009，45（12）：115 - 120.

（1）在产品投入生产之前，通过考虑材料的可循环、环保、无害等特性提前进行原材料的选择，对产品提前进行可拆卸的结构设计，为产品末期的绿色回收做结构基础的准备。

（2）在加工制造阶段，采取绿色工艺技术制造产品，从节约、减排和降噪这三个方面创新工艺或在传统工艺的基础上进行改进。例如，低损耗生产，从减少生产过程中的消耗能量、减少原材料的损耗和减少生产过程中的其他消耗这三方面来着手研究。低污染生产，主要研究生产过程中的污染，包括减少生产过程的废料、减少有毒有害物质（废气、废水、固体废弃物、有毒废料等）、降低噪声和震动、光污染等。

（3）在装配和产品包装阶段，绿色包装技术从设计、包装材料选择、包装回收处理着手，一方面设计包装的整体思路例如"化整为零"的包装，设计以及选材选取无毒无害、易分解、可食用、重复使用的特质材料，另一方面在包装的回收处理技术上，从回收路径设置、包装重复使用、包装降解等方面来考虑。例如产品包装技术，包装是产品生产过程的最后一个环节，产品包装形式、包装材料以及产品的存贮、运输等方面都要考虑环境影响的因素。

（4）在产品末期的报废处理阶段，主要的两类技术是绿色回收处理技术与绿色再制造技术，前者从可回收性评估、拆卸处理、清洗、材料分离、回收路径等方面考虑回收处理的问题，如产品结构可拆卸技术，建立产品可拆卸性的可行性评估方法与系统，提出产品可卸性评价指标体系，进行产品具体的可拆卸结构模块划分和接口技术研究；后者从可再制造或可改制性评估、修复、改制、成品检测等方面来应对再制造问题。如产品回收技术，建立回收零件路径以及零部件材料清洗系统，进行零部件分类与可利用监测系统的建设，加大对重复使用技术的研究。包括回收零部件的回收流程与路径、检测与分类、修复与改制、再使用步骤，使其符合产品设计要求，进行再使用技术和材料的研究。

第二节　绿色生产方式

一、绿色生产方式内涵与特征

由于现代工业发展迅猛，对环境造成诸多破坏，20 世纪末西方发达国家就意识到了这个问题，从原本工业防污的"末端治理"方式逐渐转变为"源头治理"的防污方式。我国从西方发达国家工业发展的历程中吸取了教训，较早提出了不能走西方发达国家的"先污染后治理"的老路，要走可持续发展的绿色工业路途。由于采用绿色工业生产方式会带来成本上的巨大压力，以及我国经济建设发展初期的经济形势与技术限制，在我国刚起步现代化工业的建设过程之中不可避免地对环境产生了一些负面影响。目前全球环境形势严峻，面对国际贸易中的绿色贸易壁垒诸多问题，我国工业体系向完善的绿色工业体系的转变已经到了比较紧迫的境地。而且这种生产模式的转变不但符合可持续发展的理念同时还能生产出优质绿色产品，有利于我国企业在国际竞争中取得优势，进入国际绿色市场。

绿色生产方式，也可表示为生态化生产方式或工业生态化生产，关注环境与生态，根据自然生态循环规律，立足循环经济，采用清洁生产工艺，废物减少资源消耗，注重回收利用，是企业生产、产业发展与生态环境和社会融合的可持续生产方式。从内涵分析，绿色生产是建立在企业整个生产活动过程中，在重视环境效益、经济效益和社会效益三者协调的基础上，整个生产过程包括了产品绿色研发、原材料绿色采购、绿色工艺设计、生产设备选用及加工、产品绿色包装、绿色物流、消费者消费行为的绿色分析以及考虑环境影响和资源的节约而建立的一种综合性生产模式。生产中实现"两低两高"低消耗、低排放、高利用和高循环，推动社会经济向低碳、循环、绿色发展。

绿色生产方式具有以下一些特征：

第一，环保理念贯穿生产的全过程。由绿色生产的含义可以看出，从产品的研制开发、选料、生产、包装、运输、销售、消费到废物收回和再利用，环境保护的理念贯穿着绿色生产的全过程。

第二，在生产全过程考虑节约低耗理念。从用于产品生产的原材料的加工，到产品的生产、使用、报废和回收再利用，所有的设计和环节都要考虑资源、能源的节约和材料的再利用，使资源节约的理念贯穿全过程。

第三，扩大绿色生产的范围，使之覆盖更多的产业。绿色生产理念不仅仅只在工业领域，还包括物流、农产品、医药业、旅游业等等。与清洁生产等理念不同，绿色生产不仅仅要在工业领域实现资源节约和环境友好，还延伸到农业、服务业等领域。可以说，绿色生产中的"生产"的内涵是很宽泛的，泛指一切可以创造价值的行为。

第四，加强绿色产业深度，将产业链拉长，不仅在生产领域绿色化还在前后产业链实行绿色化。以往清洁生产等概念强调生产过程却忽视了其他阶段，而绿色生产不仅重在生产过程，还强调了物流、包装、回收等阶段都应具备环境友好、用户友好、便于回收等特点。

绿色生产是一个不断完善和改进的过程，随着技术的不断进步，绿色生产的内涵将不断丰富与完善。绿色生产方式的目标包括：第一，在生产过程中，减少废弃物和污染物的产生和排放，以达到资源节约和环境保护的目的。第二，产品使用过程中，减少或消除对人体的不良影响和环境的污染，促进产品生产过程中具有环境友好的特点，减少使用活动对人类和环境的不良影响。第三，进行资源合理利用、寻找其他材料代替稀缺资源，促进原材料的重复使用，以及低耗、降能技术的广泛应用，减缓资源消耗。

作为绿色企业，在生产绿色产品中应当引入清洁绿色生产和制造的理念，对原有的高能耗、高污染的生产设备进行改造与舍弃，在绿色产品的设计过程中，应充分考虑绿色产品功能的延伸和再利用，尽量节省原材料，减少废弃物；同时，还应考虑废弃产生的回收和处理的合理性，站在消费的视角下考虑回收路径，以减少或消除消费者在处理废弃物时的麻烦和无意中造成的环境污染。

二、绿色生产方式要素分析

绿色生产方式包含诸多要素，如绿色设计、绿色生产、绿色包装、绿色物流等。

（一）绿色设计

绿色设计是在继承传统设计思路的基础上，增添环境意识和可持续发展思想而形成的一种新型的设计思路。基于产品生命周期中与产品相关的各类信息（技术信息、环境协调性信息），利用并行设计等各种先进的设计理论，使设计出的产品具有绿色技术性、良好的环境协调性以及合理的经济性。

相比传统设计体系仅考虑产品的基本属性而言，绿色设计更加注重产品的绿色特性，满足了产品的功能需求和制造工艺标准之外，还能够符合环保节能的要求。传统设计系统主要考虑产品性能、质量和成本等指标进行设计，绿色设计偏向于产品整个生产流通过程中的绿色要求，在产品投入制造之前，面向生命周期的各个环节进行系统性可行性分析，消除对环境潜在的负面影响，将"4R"理念引入产品的各个阶段，考虑产品废弃后的可回收性、可用材料部件的收集、废弃部件的处置以及对生态环境的影响，避免产品在使用过程中和使用寿命末期产生废弃垃圾，避免有毒、有害废弃物对生态环境的污染，影响人类健康和生态环境，造成能源和资源的浪费。

绿色设计体系注重对产品周期的各个环节进行设计，首先考虑产品绿色环境属性，其次是质量、经济实用等其他方面的属性。绿色设计体系包含了从概念设计到生产制造，使用和废弃后的回收，再利用及处理的生命周期全过程。它考虑少用材料，并尽量选用可再生的原材料；降低产品生产的能源损耗，避免污染环境；产品更易装卸、回收和重用。

与一般传统设计相比，绿色设计的内涵更加丰富。首先，绿色设计将产品生命周期阶段拉长，从原材料获取、装配、包装、环保、回收等方面考虑。产品的整个生命周期应包括：获取原材料，加工制造成产品，物流、包装、再到消费者手中；产品维修、报废后经过回收、清洗、拆卸；再到可重用评估、维修零部件、改制零部件等步骤，将资源进行再利用的整个过程。其次，绿色设计基于一个大的复杂系统来进行产品设计，如考虑环保、可行性、合理的经济性、循环利用、废弃物处理、材料选取、包装标志等。绿色设计将生命周期各个阶段视为统一整体，在产品概念和细节的思考过程中参考并行化设计的原理，在产品品质和经济性等基本条件得到保证情况下，考虑周期所有环节中低能耗、绿色环保和循环使用等问题。

通过与传统设计对比以及分析绿色设计的思维模式可知，绿色设计更加注重生产过程中生态环境与技术、经济效益的结合，最终产品将达到对所有生产和消费过程中的利益相关者（如制造商、最终用户和社区社会）的经济、生态环境和社会的和谐与统一。

（二）绿色生产

实施绿色生产分为四个阶段，分别是准备阶段、调研阶段、制定方案阶段与实施方案阶段。

1. 准备阶段

准备阶段的工作内容：明确目标，转变观念。一是明确企业绿色生产目标的，宣传绿色理念的，使企业领导、工作人员、一线工人都转变观念。二是各个部门之间的协调。实施绿色生产涉及生产、财政、设计、运输、环保等众多部门，在这个过程中需要相关部门协调配合，绿色生产才能更好实现。

2. 调研阶段

调研阶段包括两个方面。一是背景调研。背景调研的内容主要有企业的基本情况、生产绿色标准是否达标、环保法规是否遵守、排放标准是否达到等等。二是调研结果的分析。通过对收集的信息和资料进行对比分析，例如企业相关绿色技术储备、人才储备现状、资金能力等资料，分析企业实施绿色生产的潜力和能力。

3. 制定方案阶段

一是明确目标。在完成第二个调研阶段之后，企业进行市场分析，找出消费群体以及绿色产品的潜力，确定好一个或者几个市场潜力较大的绿色产品。二是进行可行性分析之后，做出几个选择方案。通过对不同方案的实施条件、要求、难易程度、技术难度等方面进行分析对比，从中选出最佳方案。

4. 实施方案阶段

实施方案阶段包括四个部分：第一，计算投入生产运营的库存（如能源，原材料水等）和产生的废物。这些废弃物包括不合规产品、退回供应商的投入品、固体废弃物和其他需要处理或排放的非产品产出。第二，评估方案的环境优势、技术灵活性、经济效益等。这项评估有利于产生环境友好且容易实施的选择方案。第三，结果的成效评价与反馈，方案在实施之后，若产品投入生产进入正常状态，成效也达到设计目标的要求，则可收集相关的数据，对方案的实施结果的成效进行评价和反馈；若是未能达到既定目标，则要先排查问题，修订方案，这种追踪评价的结果对于绿色生产的成效和进一步完善优化是十分有益的。第四，进一步创新未来目标。由于市场竞争、技术进步、市场需求变化等原因，绿色生产是一个不断创新和优化的进程。

（三）绿色包装

绿色包装，是在包装材料选用、制造、回收过程中以"4R1D"（即 Reduce、Reuse、Re-manufacturing、Recycle、Degradable）理念作为准则，涉及包装的设计、原材料选择、生产过程、环境友好、回收处理等一系列生产活动的总称。绿色包装制造技术注重的是，在满足使用和物流功能的同时，在包装的完整生命周期中，最大程度节约资源和降低能源消耗，减少对人类健康和自然生态环境的危害，提升使用效率。图 3 – 6 为绿色包装技术框架。

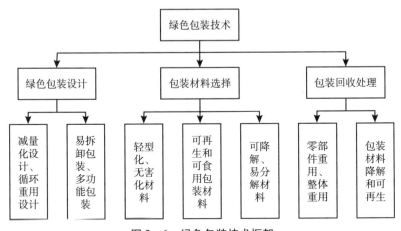

图 3 – 6 绿色包装技术框架

资料来源：改编自张立祥，汪利萍，闫磊磊. 基于包装全生命周期的绿色制造技术体系［J/OL］. 食品与机械. http://kns. cnki. net/kcms/detail/43. 1183. TS. 20190523. 0843. 004. html.

绿色包装技术应当具备以下四点要求或目标：一是实行包装减量化与无害化。包装在满足保护环境、方便使用等基本功能的条件下，避免产生对人体或自然有害的物质。二是包装材料应可反复利用、再生性强或便于回收。通过包装改制利用、发酵形成沼气进行能量转化、利用低污染燃烧所产生的热能等措施，达到再利用的要求。三是包装废弃物可以降解腐化。利用生物或微生物降解，堆肥填埋改良土壤，避免形成永久垃圾。四是包装材料不应含有对人体和生物有毒性的元素、病菌、重金属或含有量应控制在有关标准以下。

（四）绿色物流

绿色物流是指对传统的物流体系进行改造，在原本物流体系的基础上附加更为先进的技术，如大数据分析、优化运输路线、智能管理仓储、监控仓储环境等，对原本物流的各个环节进行优化，在产品物流过程中减少对环境造成损害，实现物流环境的净化，使之更节能环保。

绿色物流的目标是保护环境和节约资源，将环境管理流程导入物流的各个系统，加强物流业中保管、运输、包装、装卸搬运、流通加工等各个环节的环境管理和监督，有效遏止物流发展造成的污染和能源浪费，实现资源利用最优化。绿色物流最终目标，是实现经济、社会和环境效应的协调统一，实现可持续发展中代际公平的理念，即当代人的环境资源开发和利用不得损害下一代环境的维护和对生态资源的永续利用。

绿色物流的环节主要有三部分，第一部分为绿色运输过程，该部分主要是优化运输路线、选用低能耗的运输工具或者新型能源运输工具进行运输，旨在运输的过程中减少对环境的破坏。第二部分为绿色仓储，作为物流中尤为重要的一个环节，货物的存贮环境、装卸效率、货物的中转都会在仓储环节完成，在此过程中采用更为绿色的装卸工具、仓库环境决定了绿色产品的质量与真正的绿色生产能否完成。第三部分为物流过程中加工，有的仓储中心具备了加工制作的功能，某些货物如半制成品、零部件产品是在物流过程中完成进一步加工制造，此过程与绿色制造的要求应一致。

绿色物流主要由原材料端与回收及废弃物处理两部分构成。原材料端是整个生产经营活动的开端，原材料在供应链中的流动是从自然获取之后，经过加工形成半成品，这时候被剔除的部分通过回收得到利用或者被处理，之前的零部件则是继续投入生产链中成为某件产品的一部分，随后当产品生产出来之后流通进入市场抵达消费者的手中，当产品破损报废后，通过逆向物流的回收，一部分零部件被维修或改制继续投入使用，另一部分零件则是报废处理，最终被处理的零件形成另外一种形式的原材料。

在绿色物流回收以及绿色物流废弃物处理层面，制造技术的不断发展使产品的功能越来越全面，同时，快速消费品的出现使产品的生命周期也越来越短，造成了越快越多的消费废弃物产生。这不仅造成严重的资源、能源浪费，而且成为固体废弃物和环境污染的主要来源。产品废弃阶段的绿色性主要是回收利用、循环再用和报废处理。

　　绿色物流具有其独特的特征。第一，绿色物流以环境和谐为目的。传统的物流是为了实现产品的运输、满足消费者的需要、跨越地区、企业的盈利等，这些主体的目的是为了满足其自身的诉求和经济利益，而绿色物流与上述主体的诉求不同之外，主要还是为了达到环境和谐的目标。第二，绿色物流的参与者多元化，绿色物流的参与者包括生产商、专业物流公司、第三方物流、分销商及其他组织机构如政府部门等。作为专业物流公司来说应该符合相关的绿色法律法规而且在运输、仓储等物流过程中要尽到环境友好的责任和义务；对于生产商和分销商等其他非专业物流公司而言，除了在生产制造、包装加工、经营销售等方面做到绿色化以外还应该尽力配合好第三方物流，实现供应链上完成的绿色化程度，从而带动整体取得绿色竞争力优势。第三，绿色物流覆盖全程。在运输环节中，通过大数据应用来优化路线避免造成能源和时间的浪费以提高运输效率；从技术层面出发利用清洁能源，使用清洁能源汽车来进行运输。在仓储阶段，合理分配和规划好仓库使用情况，使货物进库入库效率更高；在考虑仓库的效率的同时还要确保仓库环境是否会导致污染。

第三节　环境制约视角下绿色竞争力提升途径

一、绿色生产方式评估与监测

　　绿色竞争力内涵广泛而且丰富，许多先进的绿色技术不断被开发或者创新出来。在环境资源受到制约的情况下，提升绿色竞争力尤为重要。在错综复杂的各项绿色技术和绿色理念中，有时绿色技术实施后效果不尽如人意，面对更加激烈的国际竞争，如何建立绿色竞争力优势，需要建立绿色生产方式评估体系、数据采集体系以及过程监控，除此以外利用数据库来进行信息支撑，能够更准确、更精准地了解绿色技术实施的效果，并通过数据进行分析对比加以改善技术，提升绿色竞争力。

　　对于绿色生产方式评估分为两个部分，第一部分为评估、信息采集、过程监控等组成的评估监测系统；第二部分为数据库、知识库等组成的信息支撑系统。绿色技术评估监控系统对产品周期进行数据收集、模型建立、制造过程的监管并通过综合分析、做出合理评定、确定产品的质量、拆卸便利性、绿色特质、以及制作过程的流程优化。绿色生产技术支撑系统建立绿色制造技术数据库，确定标准及规范，收集产品的资源消耗、生产工艺、废物排放等数据，通过对比，选择最佳方案。在整个生产过程中，评估工艺与技术实施状况，监控投入、生产、能源消耗、废物产出与回收等过程。

二、绿色管理

（一）绿色管理特征

绿色管理是对材料获取、物流、设计、制造、回收、销售等整个生产经营进行协调的一种管理方式，其内容复杂且应对不同生产活动，具有统领性作用，施行好绿色管理对于绿色竞争力的提升具有推进作用。

绿色管理以供应链管理为核心，绿色供应链管理（green-supply chain management，GSCM），从人类生存的自然环境、生产制造环境与社会经济的发展来考虑整个产品供应链各个环节的绿色化问题。绿色管理是以绿色意识与管理技术相融合所形成的，以绿色企业为核心来建立新型管理体系，通过采用详细的环境效益标准，树立供应链成员的环保意识，并采用绿色技术，使产品从设计到营销再到回收利用的整个过程中，资源效率尽可能高，环境影响尽可能小，供应链经济效益和社会效益协调优化；根据这一定义，绿色供应链管理包括绿色设计、清洁生产、绿色物流、绿色营销、绿色回收等内容。

与传统的管理方法相比，绿色管理具有以下几个特点：首先，绿色管理不仅具有很强的社会属性，还拥有传统管理所不具备的自然属性即环境良好、人类健康的目的。其次，绿色产品的施行不仅需要生产供应方的努力，还需要拥有市场的需求才能顺利进行，企业和政府都应宣传绿色意识，使人们意识到绿色实施的必要性和重要性，从而扩大绿色消费品的市场，能进一步激励企业实施绿色生产，提升全人类福利。最后，与传统管理方式不同，绿色管理是基于绿色化工业和绿色化产品的各个环节进行管理协调。

（二）绿色管理的实施路径

绿色化管理的推行，离不开政府的大力支持与政策倾斜，如在法律法规方面制定环境排放标准、定时环境监测、企业环境评级、产品的绿色化等级制度等等，不仅使企业受到约束而且政府管理机构也可以根据这些法律法规来提供政策性支持，用来引导企业进行绿色化改革，通过建立良好的制度，使绿色实施更顺利进行。

在具体实施路径中，第一，从政府的行政能力进行管理，通过政府指挥和引导对环境保护进行管理，建立奖惩制度，对于积极响应且做出实际效果的企业进行嘉奖，对于那些破坏环境严重的企业进行惩罚或者给予特定的帮助使其尽快改革。第二，依靠法律手段。政府部门通过借鉴国际现有的法律法规并结合我国国情制定法律法规，来约束企业进行合理的绿色实施，例如排放标准、环境保护法等等。第三，利用政府"看得见的手"的经济手段，如财政政策、税收政策等方式，以此来配合环境管理工作。第四，利用国家科研平台，研发更多更先进的绿色技术，推广使用，突破国际市场中的环境技术措施壁垒，提升效益最大化。

相比于政府的绿色管理手段而言，企业的绿色管理手段则更为具体一些，企业通常是绿色推行的直接实施者和践行者，其绿色管理的有效性与环境管理息息相关。企业的绿色管理可以从以下几方面实施：

1. 确定企业绿色经营目标

绿色经营目标是企业根据市场发展、技术情况、环境变化、政策导向、可行程度、企业自身发展情况等作为依据，并结合企业内外因素，做出未来一段时间的发展趋势的判断，确定出企业绿色经营的目标并制定出可行性的方案。

作为管理者，企业应当知晓绿色管理在实现绿色化改革或完成绿色转型的这一过程中的重要性。在产品的上下游供应链当中，企业应该将提升资源利用率、环境绿色和谐等思想融入供应链的每一环节，并且与上下游企业建立关于绿色化合作的战略协议等，从战略层面系统地思考供应链上的材料选取、生产加工、物流配送和废物回收利用等问题；绿色供应链的有效管理能够提升企业可持续的竞争优势，获得利益相关者的信息和依赖。

2. 生产过程污染物的源头治理

在生产制造之前，设计管理好源头治理思路，通过采用绿色技术，在合理利用环境自净能力的前提下，利用各种治污技术对污染物进行厂内治理，以达到国家或地方规定的有关排放标准及总量控制要求。

3. 发展绿色技术，建立绿色监测系统

企业的长远发展离不开对技术的投入，而绿色技术则是其中的关键之处，产品能否生产、能否有绿色效益全依赖于绿色技术的精妙，所以对于绿色技术投入必不可少。

不仅在生产过程中需要对产品的状态、加工制造的绿色化进行及时监管，在企业的运营过程中也应该对企业自身的运作进行监测，例如施行绿色会计，核算自然资源的消耗、污染率的大小、产生的绿色社会效益、带动的绿色消费、绿色市场的形成等等，以便于从生产端到经营端再到消费端更为全面地监测绿色化实施的成效与不足之处。

4. 健全绿色组织结构与制度

绿色管理不仅需要企业员工具备绿色意识，还需各个具体相关部门来履行绿色管理的职能，需要设立对应的计划制定部门、执行部门、环节管理部门以及监督部门；例如，在企划部门中设立绿色环保规划处、绿色认证研究部门、产品质量环保成效监督部门、绿色产品研发部门、绿色技术研发部门、绿色市场开拓部门等，使企业形成一个绿色管理的网络。

5. 培养绿色企业文化

绿色企业文化能够从上至下渗透到企业的每一位员工，通过企业经营生产的潜移默化，以及定期组织文化活动，使每一位员工认同这种理念，企业也就成为了具备绿色理念的公司，这对企业的发展具有深远影响，一个良好的绿色企业文化能影响每个员工以及企业的特点，包括价值观、消费观、职业道德、企业的信誉、企业的创新精神。

6. 树立企业绿色形象

对于在供给端的生产企业而言，要求具备实施绿色管理的能力并能够良好接洽下游企业，同时，在通过对上游供应商以绿色标准进行严格评估审核后，采取差别化采购政策，以此来促使上游企业改善原材料的绿色性和环保性，从而推动上下游产业链的绿色化。作为制造型企业，必须提高保护环境和绿色发展的自觉性，严格依照行业绿色标准进行生产供应，提高企业竞争力的同时促进产业链的绿色化。

第四章

低碳规制对制造业国际竞争力的影响

第一节　WTO 有关环境规制与低碳经济及国际贸易

一、碳足迹、碳标签对国际贸易的影响

自工业革命以来，世界的平均生产率水平迈向了新的台阶，工业的快速发展给人类的生存和发展带来了极大的便利。与此同时，能源资源的巨大消耗和粗放式工业的大量碳排放给资源和环境的恶化埋下了伏笔。人类生产活动导致大量温室气体排放，生态系统被破坏，全球气候变化异常，危及人类健康，因此，各国开始着力发展低碳经济，力求经济与环境的双赢。欧美发达国家率先在国家发展战略中加入低碳经济因素，从能源、产业、贸易、技术等方面政策做出明显的改革调整，开始了发展重心向低碳经济转移的战略活动。由于低碳经济还可促进新能源技术创新、转变社会生产方式和消费者的消费行为，也为各国的可持续发展战略奠定了基石，所以低碳经济成为世界经济新热点的趋势不可逆转。

低碳经济的兴起要求通过技术更新、制度改革、能源开发等方式，减少碳能源的消耗，降低温室气体排放量，达到在国际贸易不断发展的过程中保护生态环

境的目的。但西方发达国家往往以减少碳排放、保护生态环境为借口，通过各种贸易壁垒实现限制其他国家贸易发展的目的。基于产品物理性质的鉴别方法，碳含量将成为界定相同产品的标准，演变成国际贸易中新的贸易壁垒。低碳贸易壁垒是指进口国为应对气候变化现象带来的恶劣影响，保护人类的生存与发展环境，维持生态环境平衡与生物多样性，通过在本国制定相关的环境立法，以严格的低碳技术标准规范产品生产的各个环节，实施复杂烦琐的检测、认证和审批程序，以达到限制国外高能耗产品进口，是低碳理念在国际贸易上的反映。低碳贸易壁垒可以转嫁本国碳排放成本、提升本国出口产品的国际竞争力。在低碳经济的快速发展的大背景下，为加快本国经济发展速度、维护国内相关产业在世界市场上的有利地位。低碳贸易壁垒作为一种新型的保护贸易手段，具有一定的特点。首先，低碳贸易壁垒促使国际贸易的不平衡性趋势加剧。由于科技水平、经济文化的差异，国际之间的发展水平不尽相同。在工业化进程方面，发达国家存在一定优势，低碳技术更加先进，对其之前所造成的环境负担应该承担义务。但在实际国际贸易中，低碳贸易壁垒在保护环境、缓解温室效应的作用是非常客观的，其现实作用更多的是在国际贸易中成为提高竞争力、抢占世界市场的工具，这就不断加剧了国际贸易领域不平衡性。其次，如果在贸易中实施低碳贸易措施，有可能出现以环境保护之名对别国进行歧视性对待的现象，实际上是为保护本国贸易利益，从而具有一定的隐蔽性。与降低碳排放有关的低碳贸易壁垒使碳排放的环境成本内化，使那些高耗能产品不得不寻求降低碳排放的路径。因此，该国的产业结构、生产理念和消费理念必须改变，国际贸易的现有格局也有可能发生改变乃至动荡。最后，由于在国际贸易中低碳经济的涉及面非常广，所以，低碳贸易壁垒在国际贸易中的广泛性也不容小觑，尤其中国的重点出口产品领域几乎都在低碳贸易壁垒的波及范围内。

碳标签是指将产品在整个生命周期所产生的温室气体排放量的量化值表示出来，以产品标签形式告知消费者该产品的碳足迹信息，目的是为了缓解气候变化、减少温室气体排放、推广低碳排放技术。碳标签不仅可以让消费者清楚地看到该产品的碳足迹，更能显现出一个国家的碳减排技术程度。碳标签是环境治理的第三代机制，其特点是自愿采用。当今绝大部分消费者受到保护环境观念的影响，逐渐改变消费理念，更加倾向于低碳消费。节约能源、保护环境成为全球消费者一个新的消费趋向，低碳消费观念已经成为消费主旋律。受低碳消费理念的影响，消费者除了关注商品的外观与质量以外，关注其是否环保低碳也成为选购和使用商品的标准之一。随着消费者低碳消费理念的不断加强，越来越多的消费者把碳标签当作消费选择的重要依据。自 2007 年英国推出全球第一批加贴碳标签的产品以来，关于碳标签的讨论不断涌现，并相继有日本、美国、瑞典、加拿大、韩国等国家近年来都相继推出类似的碳标签计划，以此普及"低碳"观念，引导消费者更青睐低碳产品，逐步"排挤"高碳产品。虽然碳标签相关立法都是遵循自愿原则，各国尚无强制性立法要求企业必须标注碳标签，但是各国消费者对于环境保护、低碳经济的关注度居高不下，消费行为将随着消费观念改变逐渐形成新的市场进入壁垒，影响国际贸易格局。

目前，欧盟、加拿大、日本、美国等地区和国家已经开始实施碳标签制度，主要针对出口产品，导致越来越多的进口企业要求出口企业出示其产品的碳排放量指标，且标准趋于一致。一方面，对于发达国家来说，各种碳标签制度、严格的低碳排放标准或立法，将使该国产品凭借技术优势抢占低碳市场，增强市场竞争力。另一方面，碳标签将使发达国家的消费者转变消费行为，形成了"低碳"壁垒，导致发展中国家的高碳产品失去出口竞争力，丧失市场份额，而发达国家却因此保护了本国低碳产业。对于发展中国家来说，碳标签既是机遇也是挑战。虽然许多发展中国家在碳标签制度上存在不同程度的努力，但是相对于发达国家来说依然存在许多缺陷。发展中国家有关碳标签的法律法规不够完善，碳足迹的计算程序繁琐且时间成本巨大，需要投入大量资金完成认证，导致当地企业对碳标签的主动性不足，因此发展中国家的碳标签实施还需很长一段时间。

为保证本国出口产品在国际市场上具有一定的竞争力，一些发达国家对其进口产品采取与本国企业相当的低碳减排制度。由于某些发达国家的低碳减排制度具有相对优势，一些发展中国家由于处于劣势地位，其产品受到一定限制。在进入该国市场时，生产企业必须购买碳补助，并且产品在出口时携带已经购买碳补助的证明，在排放权交易的国际市场可以进行碳补助购入，从而使出口企业与本国的同类企业承担相等的成本代价，承担一样的碳减排义务。碳减排证明要求出口产品的生产企业在其生产阶段就解决碳排放问题，而不是在其产品出口时采取应对措施。

2008 年金融危机以来，欧美等发达国家和地区把促进低碳技术作为应对金融危机的重要举措，并大力发展以新能源为主的低碳产业。因此，发展可再生能源是各国实施低碳经济战略的重点，因为可再生清洁能源既能满足企业对于各种能源消耗的要求，避免因节约能源而增加生产成本，又能代替传统的能源消耗，实现减排目标，增加就业机会，促进经济快速增长，缓解经济难题，实现双赢。但可再生能源的技术还不完善，需要大规模投资才能获得一定收益，成本较高。特别是资金和技术有一定局限的发展中国家，更多地依赖传统能源消耗，发展不均衡现象更加严重。但是，从长远角度考虑，随着可再生能源技术的不断成熟，并扩大其投资规模，未来的趋势中可再生能源的比例会大幅提升，甚至产生规模效应，在国际贸易中取得相对优势。以德国为代表的欧盟国家以提高能源和资源的利用效率为主力，大力推进可再生能源的发展进程，完善碳减排交易的市场机制和服务体系，争取在世界市场中抢占有利地位。美国政府通过颁布清洁能源法令的方式促进其低碳技术的发展，利用其资金优势加强低碳技术的研发力度，企图获取国际贸易中低碳技术的绝对优势。日本计划通过产业政策调整的方式，促进低碳技术的投入与开发，使其在碳捕集和封存等低碳技术领域获得一定的优势地位。在全球贸易的大背景下，一场新的革命在低碳技术领域悄然进行，其对刺激经济转变、就业转变、能源转变等方面影响巨大，能源技术的相关产业在未来的国际贸易中将演化成新的贸易壁垒指日可待。

在低碳经济逐渐成为国际贸易的关注热点时，发达国家为维护本国产品的出口竞争力已经开始进行关于低碳技术的研究。发展低碳技术对于企业来说将有更多的发展机遇，有利于企业在生产领域与服务领域开辟新的路径。企业为了实现增强竞争力的目标，不断对低碳技术进行自主创新活动，甚至以技术创新为工具来限制其他企业进入该行业，以达到阻碍资本流通、获得垄断利润的目的。近几年，一些发达国家利用其自身技术优势，设置严格的低碳技术标准，形成新的技术贸易壁垒。

二、WTO 有关环境规制与低碳经济及国际贸易的议题

国际能源贸易的格局一直动荡，威胁到能源进出口国家的能源安全和经济安全。因此，各国都希望能在保持经济稳定增长的同时降低能源消耗水平，提高能源使用率。一方面可以降低对外国能源的依赖程度，另一方面可以降低碳排放量，实现可持续发展。当前，低碳经济问题成为国际贸易面临的重点问题之一，其产生和发展不仅与国家内部经济活动密切相关，更影响经济体作为行为主体所作出的决策，间接影响国际贸易格局。因此，如何解决国家贸易行为对环境规制的影响，实现低碳经济的快速发展是 WTO 重点讨论的议题之一。

2014 年达沃斯论坛开启 WTO 框架内的绿色货物贸易谈判，其中包含大量环境规制问题。20 世纪 70 年代为缓解和应对气候变化做出的努力成果——《联合国气候变化框架公约》（UNFCCC）与 WTO 一起，为环境保护做出卓越努力。WTO 加强与多边环境协定执行机构的互动，努力增加国际组织之间的信息交换和共享、技术援助和能力建设合作、努力促使成员方在国内政策的制定和执行中

兼顾贸易利益与环境利益，实现成员方的环境义务与贸易义务的协调，力求避免出现成员方在贸易规则下的义务与在环境规制下的义务相冲突。WTO 关于环境规制的议题热度提升，当前国家采取各种贸易措施应对国际贸易中的波动。例如，世界市场中，有的国家开始对其低碳产业、产品进行财政补贴或政策支持，以促进其快速发展，增加其产业竞争力；对产品温室气体排放量采取行政命令、法规和有强制性的标准、标志等，减少高能耗产品的碳排放量，促进其优化升级，且此类强制性措施有逐渐拓展的趋势；为了平衡本国生产的减碳负担与他国生产产品的减碳负担而对进出口产品实施边境调整措施，这种措施使该国某些政策变化影响国际贸易进程和发展趋势。经过此类政策措施调整，环境规制对国际贸易的影响主要体现在几个方面：首先，高碳产品和低碳产品的市场要素受到直接影响，国际市场上低碳产品和高碳产品的供求情况发生变化，高碳产品减少、低碳产品增多。其次，越来越多的国家通过推进减排的措施促进温室气体减排，尤其是直接针对产品或产品的生产过程中产生的温室气体排放采取相应的技术性措施，通过规制产品或产品生产过程中温室气体排放量的技术法规、标准、标志以及合格评定程序等技术性措施，实现减排的目标。

目前，低碳技术是国际贸易的热点词汇，是各国追求产业国际竞争力的重点。由于低碳技术的不断创新，各国对于出口商品碳含量的界定出现新的观点。PPMs 生产与加工方法，是相同产品界定中的新问题，PPMs 标准的探讨使环境因素成为界定相同产品考虑的新因素。除了着眼于生产过程，更要重视运输过程。在国际贸易中，选择交通工具首先考虑的是经济效益，而对环境的影响重视度不足，将运输环节的碳含量融入界定相同产品的标准中，有利于促进国际贸易交通运输方式的革新，从而达到发展低碳经济的效果。WTO 已经详细讨论过消费者信息标志的使用，允许 PR – PPMs 或 NPR – PPMs 作为标签要求的基础。

环境成本内化是低碳经济发展的必然趋势。技术革新、产业升级将是环境成本内化的主要形式，而这些变化将形成企业经营成本的增加。从客观角度分析，由于在经济实力上发达国际与发展中国家差距较大，因此，发展中国家政府需要出台环境补贴等相关政策，在促进低碳经济发展的同时减少企业的经营压力。但在国际贸易进程中，补贴的合理性一直是各方争论的焦点，补贴的程度强弱直接影响其他贸易伙伴国家的经济利益，因此，环境补贴在国际市场上的合理性有待商榷。在 WTO 规则中，如果一国的低碳补贴措施，表面上符合禁止性补贴的要件，则措施实施国可以考虑援引环境补贴例外，为其措施争取正当性。目前为止，WTO 对环境补贴存留的探讨与谈判仍在继续。

第二节 低碳规制与产业国际竞争力

一、低碳规制与产业国际竞争力的互动关系

"波特假说"认为，有效的环境政策将刺激企业的技术创新和管理创新。虽然从短期角度来看，较严格的环境保护政策将导致企业的生产成本增加，并降低企业在国际市场上的竞争力，但是，从长远角度考虑，由于环境的压力较大，企业对于环境保护的投资逐渐增加，同时，也更加关注技术创新、管理创新的发展程度，企业将摆脱资源禀赋带来的限制，提高企业在国际市场上的竞争优势，增强企业的国际竞争力。因此，保护环境政策与产业国际竞争力并不冲突，发展水平较低的国家实行较为宽松的环境保护政策在短期内有利于资金的利用，促进经济发展，提高出口产品的国际竞争力，但对环境的危害较大，不是长久之计。发达国家严格的环境保护政策，利用技术优势获得更多的经济效益，同时实现环境保护和可持续发展。

低碳产品国际竞争力是指符合低碳经济发展要求的产品和服务在国际市场上的竞争力，表现为更大的市场份额和更高的附加值。在低碳规制的要求下，涉及生产出口产品就需要从原材料、生产工艺、销售消费等各个环节遵守节能减排、保护环境的原则。但是，不同的国家资源要素禀赋也不尽相同，所以每个国家所生产的出口产品在国际贸易市场上所具有的贸易优势也是不同的。传统的国际贸易理论认为，集中生产资源相对充裕或生产技术相对先进的产品进行出口，选择资源禀赋稀缺或是生产技术落后的产品进行进口。由于在低碳规制要求下，各国生产产品要求符合节能减排原则，一些一直依赖传统能源进口的国家所生产的产品由于低碳规制，在世界市场中的竞争优势发生了偏转。由于碳排放的要求，原本具有丰富煤炭资源、能源优势的国家因其出口产品在生产过程中产生大量碳排放受到碳足迹、碳标签等绿色贸易壁垒的限制，丧失原本的贸易竞争优势。因此，低碳规制的发展使各国的贸易竞争优势发生改变，发展中国家需大力发展低碳技术，减少受到新型贸易壁垒制约的机会。

随着消费者对低碳商品的关注度逐渐提升，各国开始讨论建立全球性合作机制减少碳排放量，通过签订合作协议、确定国际气候谈判相关原则的方式，促使

各国以积极的态度发展低碳经济，应对气候变化带来的难题。由于改善气候是各国共同努力的目标，降低碳排放量也与各国利益密切相关。尽管各国对国际碳减排义务争论不休，但对于加快低碳规制进程，以低碳技术在国际贸易中获得一定优势的目标趋之若鹜。因为发达国家进行低碳规制的主要目的是争夺低碳技术的控制权。各国对能源、贸易、产业、技术等方面进行了调整，把发展新能源产业作为低碳经济的重要内容，大力发展包括投资可再生能源和清洁能源项目、新能源生产设备、电动车新能源交通设施等低碳技术产业，积极促进无碳能源技术的开放和利用，抢占技术应用先机和产业制高点，低碳技术创新将是提高国际竞争力的核心要素。

从低碳规制的角度考虑，低碳技术可以为市场提供有力的低碳产品和适合的附加服务，低碳理念则有利于为低碳经济创造市场需求。目前，低碳技术与低碳理念都处于发展和成形阶段，各国都积极发展低碳技术，抢占在世界市场中的有利地位。

欧盟是推动国际碳减排行动的主力军，是世界发展低碳经济的重要力量。近年来，由于欧盟的经济趋势下滑，失业率增高，低碳经济被提升至缓解经济难题的高度，成为欧盟经济复苏的主要力量。欧盟出台了一系列辅助措施，推动低碳产业发展，希望以此带动欧盟经济好转，向着高效率、低排放的方向转变，使欧盟保持在世界市场上的有利地位。

美国的温室气体排放量一直较多，受金融危机影响也较大，因此，发展低碳经济，实施低碳规制对美国的经济转型具有重要影响。美国政府通过颁布能源政策法、低碳经济法案等方式减少碳排放量，减少对进口石油的依赖。通过限制碳排放量、规定碳排放上限等方式对本国企业的碳排放量进行管理。为提高美国出口产业的国际竞争力，美国大力推行清洁能源，利用资金、技术优势，促进清洁能源技术的研发和创新，使美国在世界低碳产品市场的地位更加稳固。

日本的能源较为匮乏，因此日本的消费者非常具有节约意识、环保意识，在应对气候变化方面，日本更注重能源的节约和利用。日本政府为促进本国低碳经济的发展，利用法律手段，出台相关的法律法规和具体的惩罚措施来推进社会节能减排，发展可持续性、可循环性、可再生性新能源技术，明确低碳经济建设的努力方向，以此维持本国出口产业在国际贸易中的优势地位。

对于我国来说，低碳规制直接影响我国出口产品的竞争力。能源密集型产品在我国的出口商品中有着重要的分量，低碳规制会使该产品的环境成本增加，迫使企业改变生产方式，进口低碳技术和设备，改善产业结构。这些变化在短期内将使企业的生产成本、时间成本、经营成本增加，国际竞争力下降。高碳排放产业的出口贸易将出现萎缩现象，其上下游相关产业链的企业也会受到不同程度的影响，出口贸易竞争力下降。但从长远角度来看，不断研究开发新技术将使我国的低碳技术不断升级，企业的生产效率将不断提高并降低温室气体排放量，企业的产品将更适应国际贸易趋势的要求，低碳产品的出口数量不断增加，出口贸易结构不断优化升级，创新时期所消耗的成本将在后期的盈利中得到补偿，产业的竞争力将逐渐提升。另外，我国能源消耗强度较高，可以通过调整经济结构、改变管理方式、技术革新等路径提高能源利用率。同时，我国的自然资源与人力资源比较丰富，具有规模经济效应，有利于国际碳排放交易的更新升级，吸引外国资金投入本国市场，充实自身产业的国际竞争力。

从中国角度考虑，我国出口企业需要充分发挥本国的市场优势，加大具有自主知识产权产品的研发力度，加强研发核心技术的能力，缩小与发达国家间的技术差距，实现经济又好又快发展，在不断更新的国际贸易竞争趋势中维持固有的发展空间和发展权利，巩固一定的优势地位。但就目前情况来看，中国在世界市场中的竞争优势是廉价劳动力和充足的自然资源，自主知识产权的核心技术还欠缺。因此，我国在低碳技术方面处于一定的劣势地位，需要引进和消化现有低碳技术、吸取经验教训，掌握低碳技术的研发能力，保障我国对外贸易顺差和经济的可持续性发展。

二、波特钻石模型与绿色制造国际竞争力

在低碳经济和环保时代下，绿色制造的崛起已经成为必然趋势，我国正面临更为严峻的环境压力和国际贸易绿色壁垒的困境，为了顺应发展需要，提升我国绿色产品在国际市场中的竞争力，才能在激烈的国际竞争中取得优势，以此来打破贸易壁垒扩大市场份额。同时还能够减轻环境的压力，形成良好的绿色化产业，拓宽绿色消费市场，形成一种良好的绿色产业与绿色消费的局面。

如图 4-1 所示，波特的钻石模型由四要素和两变量组成，在这里着重考虑四要素对于绿色制造竞争力提升的影响。

四要素本身能够相互影响，它们之间存在相互关联的关系，当一个要素的改变不仅对模型主体（绿色制造业）本身会产生影响，而且也够影响其他三个要素；不仅要探究四要素的改变对绿色制造业的直接影响，还要注意它们之间的相互影响，由此才能够深入了解模型机制对绿色制造业在国际竞争力中的测验与评估。

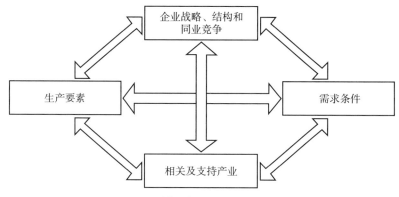

图 4 - 1 钻石模型四要素相互影响

（一）生产要素的约束和改变对于提升绿色制造业国际竞争力的影响

生产要素对于一个产品乃至整个制造业而言至关重要，作为一个行业的基础，生产要素可分为低级要素和高级要素。这里的低级高级之分的关键是在于知识的积累程度，当某种要素越是需要知识和时间的积累，这种要素更偏向于高级要素，当然这种情况并不绝对。例如，某种资源的开采十分艰难和稀少，需要投入大量的知识、资本和时间，低级的要素并不代表不重要，只是相对而言更为容易获得。对于绿色制造业而言，低级生产要素显然是自然资源禀赋，与其他传统行业不同的是，由于绿色材料采购等环节使资源禀赋的要求格外严格，需要考虑原材料的再生性、可循环性以及开采过程中对资源的损耗大小和对环境的污染等限制，此外还有一些材料的选取例如绿色包装材料的多寡，绿色包装材料一般尽量选用符合可降解可回收等特性的材料，这样一来就制约了许多传统材料的可利用程度，因此一个国家的绿色资源禀赋的多少直接影响绿色制造业的前景。

高级要素是指具备了绿色意识的高素质人才比如高级绿色设计人员、绿色物流体系、绿色管理人才等，以及产业的资金投入量、相关从业机构数量与专业性、绿色技术专利数目、研发平台的完善等等。生产要素的强大不仅需要资源禀赋的丰富，还需要高级要素的支持，高级要素的丰富才能够决定绿色制造业的国际竞争优势。低级要素的不足可以通过进口来解决，而高级要素的缺乏直接对行业竞争力限制了上限。要解决人才与技术等要素的问题，除了进行技术贸易和人才引进这种直接的方法以外，最主要还是对教育和科研进行资源的投入，才能从根源解决问题。

（二）需求条件对绿色制造业国际竞争力的影响

绿色制造业是从供给端的角度来为消费者提供产品，由此减少对环境的污染和资源的损耗，这里有一个前提，即生产出来的绿色产品必定要有市场，才能从供给到需求消费过程中完成一个循环，否则制造出来的产品需求不足，对于企业也是一种打击和发展的阻碍。

当国际上出现广阔的绿色消费市场时，需求刺激供给，许多制造企业就会涌向绿色制造这一领域，从而带动绿色制造业的发展，这样也形成了相关与支持性产业的聚集，需求市场越大，企业的积极性越强，当企业对产业投入加大后，技术得以提升，成本降低利润扩大，与此同时更多的企业参与竞争，行业竞争更为激烈。

为了扩大绿色消费品的需求市场，就必须让消费者增强绿色消费的意识，加大对绿色产品的需求。当一个绿色企业能在国内市场中脱颖而出，向国际市场进军时，则说明其具备一定的实力。国内的绿色消费市场的扩展可以从企业和政府这两方面入手，政府利用其全民教育的渠道来宣传绿色意识，不仅可以拓展市场还可以让人们了解这种消费模式对于环境、资源、社会三个方面的必要性；企业也可以在广告宣传、个性化产品和差异性产品入手来吸引更多的消费者。

（三）相关产业与支持产业对绿色制造业国际竞争力的影响

绿色制造业的相关产业与支持产业有很多，从产品供应链来看，有原材料供应企业、零部件供应企业、施行绿色制造的生产企业、物流配送的企业、进行绿色营销的企业、专业化废弃物回收循环的企业，甚至还有提供专业化绿色设计的咨询公司、提供绿色管理模式信息服务公司。

当需求市场扩大后，许多企业会进入该市场进行竞争，在这个过程中也会有相关企业与支持企业进入，绿色制造企业的发展离不开上下游相关产业链的支持。绿色产业链的形成，能够让制造企业专注于制造领域，把物流、回收、信息咨询等业务外包出去，不仅有利于企业降低成本提升核心竞争力，还能够给其他相关企业带来利润与收入，增加就业岗位，经济与社会效益双赢。

（四）企业战略、结构和同业竞争对绿色制造业国际竞争力的影响

绿色制造企业的核心理念即为绿色理念，企业的一系列生产活动都是围绕绿色理念展开的，在传统的制造基础之上改进或者创新出新的制造模式。传统制造

企业向绿色企业转型就要制定一个良好的可行的战略计划，从财务、采购、制造设备、生产技术引进或创新、新部门的设立、管理系统的改革等各个方面都要制定战略，以及面向消费市场的营销战略和未来研究方面等战略。一个企业的战略决定了企业的发展前景，因此企业在经过消费市场的考察、行业发展状况的调研、目标市场的竞争激烈程度分析、政府政策的预测等各方面的研究后，明确一个可行的战略并随着内部情况和外部市场情况的变化而不断修整优化，以此来适应市场并提升国际竞争力。

企业的结构也是提升竞争力的关键，企业通过战略的制定，将企业内部的人员和资源按照职能划分为不同的部门，通过整体布局来协调好内部的资源和人员安排，尽量使企业内部结构完善，减少资金和信息在不同部门之间的损耗，加强部门的联系与配合。

行业的发展与企业的提升都离不开行业中的同业竞争，当不存在竞争时，虽然对于企业来说压力减少，但压力不足反而容易造成行业发展停滞不前。适当的竞争能够加速技术的创新，让企业更具备专业化的能力，在竞争之中不断完善和专注核心能力，由此来提升国际竞争力。

第三节　低碳规制与中国出口贸易发展

一、低碳规制对国际贸易的影响

低碳规制是以低能耗、低排放、低污染为原则的一种新型贸易规制，国际贸易低碳化已经成为当前国际贸易不可逆转的趋势，也势必影响国际贸易的格局。目前，高污染、高能耗、高排放特性的碳密集商品在国际贸易中的比例将不断下降，而低碳类商品在贸易中的占比将不断上升。在国际贸易中，具有不可再生性和高污染的化石能源的比重将不断下降，与此相对的清洁能源在国际贸易的比例将不断上升。由于低碳规制在消费者生活的各个方面均有涉及，所以其相关产业的变化必然引起整个经济格局的变动。对于在低碳技术和新能源技术方面处于优势的发达国家来说，低碳规制将使其在国际贸易低碳化的道路上处于绝对优势地位。对于发展中国家而言，目前正处在高碳经济发展阶段，资金和技术的不足将使其在国际贸易低碳竞争中地位下降。但对于发展中国家尤其是新兴国家，这也是机遇，若能把握住机遇，制定好战略发展规划，研发低碳技术，就能使自身经济发生质的变化，实现跨越性发展，在新一代国际贸易规则的制定和引领中具有重要的有利地位。

二、低碳规制对我国出口产品竞争力的影响

低碳规制对我国出口贸易的影响，将随着低碳经济在全球的迅速兴起而不断加深。我国出口企业需要充分发挥本国的市场优势，加大研发具有自主知识产权的力度，加强研发核心技术的能力，缩小与发达国家的之间的技术差距，实现经济又好又快发展，在不断更新的国际贸易竞争趋势中维持固有的发展空间和发展权利，巩固一定的优势地位。但就目前情况来看，中国在世界市场中的竞争优势是廉价劳动力和充足的自然资源，自主知识产权的核心技术存在缺陷。因此，我国在低碳技术方面处于一定的劣势地位，需要引进和消化先进低碳技术、吸取经验教训，提高低碳技术的研发能力，保障我国经济可持续性发展。我国当下现已实施碳交易，即企业可以将二氧化碳排放权以一种商品的形式进行交易买卖，签订合同，规定一方向另一方支付金额以换取温室气体排放权。中国相继成立了上海环境能源交易所、北京环境交易所、天津排放权交易所以巩固碳交易市场。碳交易的产生促使碳排放量不断降低，但会增加高耗能产品的生产成本，减少其出口规模，降低其国际竞争力。同时，在低碳规制下，中国开征碳税的趋势不可逆转，这对中国经济结构的调整和转型、减少国际贸易摩擦的影响重大。

从我国出口商品的结构来看，出口商品的结构不断优化升级是我国近几年不可逆的发展趋势，初级产品所占的比例不断下降，而工业制成品的比例仍然居高不下。在我国出口的工业制成品中，机械及运输设备占比最高，轻纺、橡胶、矿业等产品所占比例紧随其后。同时，我国出口的商品隐含碳排放集中度高，60%以上集中在纺织服装、鞋帽以及皮革制品、通信设备、计算机及其他电子设备制造业、金属制品业等行业。在低碳规制的背景下，中国传统高碳产业将受到严重打击。为了能适应新的经济趋势，中国出口商品结构势必会呈现质的变化。由于全球经济危机的影响，我国出口产品的出口额有所降低，但在低碳规制的引导下，高碳产业的出口额依旧是大幅度减少。随着我国低碳规制的不断演变，我国出口商品的贸易结构也将不断变化，从高污染高排放产品大量出口转变为低碳产品的大量出口，出口商品将逐渐向高技术商品转变，我国出口贸易结构依靠这种变化不断更新优化。虽然短时间内，这种变化会造成我国一些企业因此丧失在国际市场上的有利地位甚至倒闭，但低碳规制对我国出口商品结构转型的益处更

大，将更有利于我国商品在国际市场上未来的发展。且实施低碳规制后，绿色产品的竞争优势明显增加，在世界市场上具有极大的吸引力和竞争力，在未来的国际贸易商品结构中，绿色产品所占的比例将越来越大。企业则必须强化环保技术和力度，引进和开发治污技术，增加对环保技术和产品的需求，则国际贸易商品结构日益由资源密集型和劳动密集型为主向以环保新工艺新技术为主的技术密集型和知识密集型转变。尽管如此，我国的出口贸易在低碳规制的背景下依然面临巨大的改革与挑战。

加工贸易的兴起与发展是我国工业化进程的重要阶段，符合我国出口贸易的比较优势理论以及国际经济贸易发展的趋势，尤其在引进先进技术、吸引国外投资、扩大国内就业方面，对我国经济增长做出了重要贡献。一方面，从我国的出口方式来看，我国的出口贸易方式主要为一般贸易和加工贸易，占我国贸易进出口总值的90%左右。而加工贸易存在附加值低、利润空间小、高耗能、高排放、高污染等弊端，低碳规制的实施将是我国主要出口贸易方式面临的挑战。在加工贸易发展的过程中，大部分中间产品由国外进口，无形中把隐含的碳排放融合到我国的碳排放之中，造成我国的碳排放负担。另一方面，我国目前的加工贸易水平较低，存在较大的依赖性，大部分出口企业安于现状，对于自主创新、优化升级缺乏主动性，环保意识也相对缺乏，盲目追求眼前利益，不利于我国节能减排的发展目标和低碳经济的快速发展。一直以来，我国的廉价劳动力和资源是我国商品在国际贸易中具有价格优势的原因。随着低碳规制的演变，我国出口企业为了达到低碳规制的要求，需要引进、研发低碳环保技术，导致企业生产成本增加，价格优势减弱。与此同时，我国政府为了降低高碳产品的出口比例，以减少加工贸易的出口退税额度，并向高碳排放、高污染出口企业征收污染排放税的方式，直接地增加了某些出口企业的出口成本，有效地限制了高碳产品的出口数量。

从出口贸易市场结构来看，我国出口的产品主要流向欧盟、美国、日本等地区，过度依赖发达国家市场，我国出口贸易将会在发达国家实施低碳规制的背景下遭受较大损失。因此，低碳规制的实施将增加我国高碳产品的成本，导致我国产品丧失价格优势，使其在世界市场上的有利地位不断削减，出口量下滑，一些企业为规避低碳规制带来的负面影响，开始出口回流，造成国内市场需求不足，供需不平衡，高碳产业进入低迷。与此同时，由于我国的主要贸易伙伴大多是环保意识强、环保行动成效显著、低碳技术先进的国家，甚至有些已经进入环保立法阶段。中国的商品将因这些国家的消费行为而受到很大的出口阻碍，这些国家的经济行为将影响我国出口贸易。因此，我国的出口贸易伙伴结构将有所变化，也将更加多元化。

第五章

碳关税的性质和效应分析

第一节 碳关税产生的背景、内涵、特点

一、碳关税产生的背景

1992 年联合国环境与发展大会在里约热内卢召开，150 多个国家和地区的政府首脑参加会议，并共同签署了《联合国气候变化框架公约》，公约旨在控制全球温室气体排放。其中，公约第二条规定，"本公约以及缔约方会议可能通过的任何相关法律文书的最终目标是：根据本公约的各项有关规定，将大气中温室气体的浓度稳定在防止气候系统受到危险的人为干扰的水平上。这一水平应当在足以使生态系统能够自然地适应气候变化、确保粮食生产免受威胁并使经济发展能够可持续地进行的时间范围内实现"。

《联合国气候变化框架公约》缔约国经过近 3 年谈判，于 1997 年 12 月 11 日在日本东京签署了《京都议定书》，它限制缔约方国家的温室气体排放量，规定减排温室气体的种类、各国具体承担的减排额度、减排时间表和减排方式，利用市场机制解决环境和气候问题，并促进各国共同减排温室气体。当时温室气体排

放量最大的国家美国曾于 1998 年签署了《京都议定书》，但 2001 年 3 月，美国布什政府拒绝签署《京都议定书》。

《联合国气候变化框架公约》和《京都议定书》确定了"共同但有区别的责任"原则，每个国家都要承担起应对全球气候变化的责任，发达国家的历史温室气体排放量和当前人均温室气体排放量都高，有充足的资金和先进的科技，应该主动承担责任、实施强制减排，而发展中国家仍在以"经济和社会发展及消除贫困为首要和压倒一切的优先事项"，短期内不会采取措施来减少温室气体排放量。

法国前总理多米尼可德维尔潘在 2006 年第 12 届联合国气候变化大会上，提出应该对未签署《京都协定书》国家的工业品征收额外关税。2007 年，法国前总统希拉克希望欧盟国家应针对未遵守《京都协定书》的国家课征商品进口税，即"碳关税"的概念由此产生。"碳关税"也称边境调节税（BTAs），是主权国家或地区对高耗能产品进口征收的二氧化碳排放特别关税。

2009 年奥巴马执政后，曾一度拒绝签署《京都议定书》的美国，却一反常态改变了布什当政时期的气候战略。2009 年 3 月，时任能源部部长朱隶文在众议院听证会上表示，美国将不排除用关税和其他贸易壁垒来保护地方工业。2009 年 6 月 26 日，美国众议院通过了《美国清洁能源与安全法案》，明确将"碳关税"条款纳入相关排污权交易之中。

二、碳关税的内涵

碳关税并不是一种普通关税。首先，在 WTO 规则下，关税是进出口商品经过一国关税境域时，由政府所设置的海关向进出口商所征收的税，它是一种对最终产品所征收的税。但是，碳关税的征收依据并不是最终产品中的二氧化碳排放量，不符合 WTO 对关税的定义。其次，WTO 的核心原则之一是非歧视原则，即最惠国待遇原则和国民待遇原则，由于发达国家和发展中国家的减排政策、经济发展水平、科技创新能力存在较大差距，因此各国对外征收碳关税的税额会千差万别，缔约一方在缔约另一方不会享有不低于任何第三方享有的待遇，违背了作为 WTO 主旨原则之一的最惠国待遇。最后，根据《联合国气候变化框架公约》和《京都协定书》确立的"共同但有区别的责任"原则，美国、欧洲和日本等发达国家和地区应对其过去工业发展过程中产生的二氧化碳等温室气体负主要责任，中国和印度等发展中国家对全球气候变暖的责任较小，但美国征收碳关税将发展中国家列为征收对象，违背了"共同但有区别的责任"原则。因此，如果将碳关税视作一种普通的关税，显然是不合理的。

国际上广泛地将碳关税解释为一种边境税收调节，但实际上碳关税并不涵盖在边境调节税的税种之内。根据 WTO 和 GATT 的规定，边境税调节的税种包括以下几种：一是最终制成品；二是构成最终制成品的物质性投入，即产品生产过程中使用的原材料和辅料；三是在生产过程中已消耗的能源、燃料、生产油类以及为获得出口而消费的催化剂等。碳关税的征税对象是产品生产过程中排放的二氧化碳量，然而二氧化碳不属于上述产品，因此，碳关税不属于在 WTO、GATT 框架下边境税所调节的税种范围之内，不能将碳关税简单地看作边境调节税。

从表面上看，实施碳关税有助于解决碳泄漏问题和缓解全球气候变化，但碳关税的本质是以环境保护为借口的新型绿色贸易壁垒，是贸易保护主义的重新抬头的标志。我国一贯主张与国际社会共同应对气候变化，但部分发达国家提出对进口产品征收碳关税的做法，违反了 WTO 的基本规则，是以环境保护为名，行贸易保护主义之实。发达国家征收碳关税的根本目的是保护本国产业不受发展中国家经济快速发展的冲击，挽救日益衰退的钢铁、化工等传统行业，将本国在金融危机中的损失通过征收碳关税转嫁到其他发展中国家，同时在国际上争夺新一轮经济的主导权，维持发达国家自身已有的世界经济霸权。另外，发达国家借助碳关税，促进低碳经济繁荣，催生清洁能源等新兴产业的发展，并逐步扩展上下游产业，从而创造更多的就业机会，推动发达国家经济复苏与崛起。

三、碳关税的特点

1. 碳关税保护方式的歧视性

碳关税在征收对象方面对发展中国家具有歧视性。进口国对生产过程中二氧化碳排放量超过限制的进口产品征收关税，看似一视同仁，实则厚此薄彼。包括中国在内的发展中国家正处于节能减排的初级阶段，在法律、政策、技术和设备等方面均落后于发达国家，高能耗、高排放、高污染的产品依旧占据了市场的主要份额，发展中国家的出口商品势必被进口国征收碳关税。然而，发达国家早在20 世纪 90 年代就开始进行减排，对温室气体排放量的控制已经卓有成效，其出口产品的碳排放量已经达到了国际上的普遍标准，不会被征收碳关税。因此，碳关税的实际征收对象仅限于发展中国家，带有强烈的歧视性。

2. 碳关税保护内容的广泛性

碳关税涉及的产品范围十分广泛，其征收的主体是高污染高能耗产业，主要包括冶炼、水泥、基础石化产品、塑料、染料、农药、橡胶、钢铁、有色金属、金属和非金属化合物等。同时碳关税涵盖的内容不仅包括出口产品本身，还牵涉上下游产业链的其他产品，这对以劳动力密集型和资源密集型产业为主的发展中国家出口贸易造成了巨大冲击。

3. 碳关税参照标准的不公平性

目前，国际上还没有统一的标准来衡量二氧化碳排放量，尤其是发达国家无视发展中国家与其在经济、技术和政策上的差异，以自身领先的温室气体减排水平为参考制定高标准的碳关税征收标准，引发发展中国家的不满与抵制。由于减排政策的不同，各国对碳排放的限制都有自己的一套标准，这可能导致一国的出口产品缴纳税额高低不一的碳关税，例如，出口国的高碳产品在 A 国免交碳关税，却在 B 国被征收高额碳关税；即使出口产品在 A、B 两国都被判定碳排放高于国家限制，该产品在 A、B 两国实际上缴的碳关税税额也可能存在较大差距。各国自主制定征收碳关税的参照标准，且对出口产品二氧化碳排放的测定过程十分复杂，使出口国在短期内难以适应诸多国家的不同标准，对于出口国而言不公平。

第二节　碳关税实施面临的问题

一、征收碳关税的合理性有待商榷

从 2007 年法国前总理希拉克提出"碳税"的概念开始，全球范围内的相关学者针对实施碳关税是否合理的探讨就从未停歇。一般来说，征收碳关税的效果和公平性是衡量其合理性的核心要素。

首先，从应对全球气候变化的角度来看，发达国家开征碳关税的根本目的并不是保护大气和环境，也不是不可替代的节能减排方法。以美国为例，美国在主张对超过碳排放限制的进口产品征收碳关税时明确表明，实施目的是为了减少二氧化碳等温室气体的排放，保护自然资源，减缓全球气候变暖的过程。但是，《美国气候与能源法案》第 768 节规定，碳关税的目的是最低限度地降低碳泄漏，可该条并未要求相关部门提交碳泄漏报告。美国碳关税条款中体现的关注重点是美国欲以先进减排技术为依托，保护国内产业，避免进口产品因其低廉的减排成本而冲击国内产业。

其次，从减排技术水平的角度来看，发达国家对发展中国家的出口产品征收碳关税是不公平的。发达国家较早就开始了工业化革命，当时的科学技术水平较低，在生产过程中消耗大量能源，自然资源利用率低，那时发达国家国内产业的二氧化碳排放量比当下发展中国家的碳排放量还要高出许多倍。由于发达国家很早就意识到二氧化碳等温室气体对环境和大气会造成恶劣的影响，因此发达国家在工业化的进程中同步提升减排技术和发展绿色经济，时至今日，发达国家的低碳产业已经成功地兴起，国内碳排放交易系统越发完善，人均二氧化碳排放量得到了有效的控制。目前，发达国家欲向发展中国家的碳密集型产品征进口税，试图让发展中国家承担与发达国家同样的减排责任，无视历史和技术差距，不仅不现实，而且不合理、不公平。

最后，若想缓解全球气候变暖的问题，碳关税并不是唯一的方法，《联合国气候变化框架公约》和《京都议定书》中合理地对减排义务作出了规定，如果各缔约方能够严格遵守规定并积极履行减排义务，那么这也不失为减少全球碳排放量的有效途径。

二、发展中国家共同有区别的责任

以美国为首的发达国家推行碳关税的做法，给中、印等发展中国家带来了压力。目前，全球温室效应的主要原因是发达国家在过去的工业化阶段排放了过量的温室气体，而发展中国家正处于工业化的初级或者中级阶段，以发达国家目前领先的碳排放技术，衡量和制定发展中国家的碳排放标准，是有失公允的。由此可见，实施碳关税的本质是以减排为借口来限制发展中国家的经济发展，其背后体现着发达国家对发展中国家不平等、不公平的制衡意图。因此，发展中国家很有可能做出应对碳关税贸易壁垒的相关行动，来阻碍碳关税的正式施行。中、印等发展中国家将在国际谈判中坚持"共同但有区别的责任"原则，并可能在各国之间结成"反碳关税同盟"，争取国际舆论，积极参与碳排放规则的制定，在国际气候法律谈判中掌握更大的话语权和主动权。发展中国家愿意主动减排，发展低碳经济，但也决不允许欧、美等发达国家和地区打着绿色经济的旗号限制发展中国家平等发展的权利。

三、碳关税的实施可操作性

首先，产品生产加工过程中排放的二氧化碳量是碳关税征收的依据，因此，合理、公平、准确地在全球范围内建立起二氧化碳排放量的估算方法和统一标准是碳关税实施过程中的重点。然而，碳关税的计税依据、征收范围、征税对象和税率等相关操作细节在国际上均没有统一的衡量标准，仍需要各国广泛地讨论与磋商，其过程十分漫长且充满不确定性。其次，碳关税的税率应采用从量计价的方式，即税率的高低由二氧化碳排放量的多少来确定，同时应该将各国的减排政策考虑在内，针对不同国家的不同产业征收不同税率的碳关税。在拟定税率的过程中需要收集数量庞大的信息，如出口国的贸易政策、出口国产业内部碳排放数据，但是，进口国征收碳关税的行为会极大地影响出口国的利益，其政府和企业对碳关税均持抵制和反对的态度，更加不可能做出以损害自身利益为前提而讨好进口国的行为，他们不会积极主动地为进口国拟定税率而提供本国各行业的关键数据，这将使发达国家多变双向征收碳关税的意图变成泡影。

四、全球碳排放交易机制的建立

《京都议定书》中首先提出了"碳排放交易"的概念，主张建立碳排放交易机制，即利用市场机制作为减少二氧化碳等温室气体排放的途径，以达到减缓全球气候恶化的目的。在碳排放交易机制中，二氧化碳的排放配额被视为一种特殊的商品，允许在市场上自由交易。政府当局根据国家减排政策，规定出一段时期内的全国二氧化碳排放总量，并向各企业和单位发放二氧化碳排放配额。若企业或单位的实际排放量小于政府发放的排放配额，便可以在市场上销售其多余的配额；若企业或单位的实际排放量大于政府发放的排放配额，则在市场上购买其他企业和单位的剩余配额。目前发达国家所提倡的碳关税跟碳排放交易机制有着不可分割的联系。欧盟是率先建立起内部碳排放交易机制的地区，这虽然督促各成员国积极履行温室气体减排责任，但当欧盟成员国与其他国家进行贸易时，会因为不同的减排力度而导致不同的减排成本。美国的情况与欧盟类似，来自出口国的产品排碳成本低廉，会对美国国内产业造成明显的冲击。因此，法国和美国纷纷提出碳关税的概念米平衡国内商品与进口商品间排碳成本的差异。

目前，各发达国家和包括中国在内的发展中国家都在紧锣密鼓地建立碳排放交易机制，构建全球性的碳排放交易市场指日可待。如果各国二氧化碳排放配额的分配可以统筹规划，碳排放量的测算能够有全球统一的衡量标准，那么来自各个国家不同行业的产品就会包含相对公平的碳排放成本，使贸易保护主义者不再有开征碳关税的借口。

第三节 碳关税实施的效应

继 2009 年 6 月美国在《清洁能源安全法案》中提出自 2020 年起对部分进口商品征收碳关税后，同年 11 月，法国政府单方面提出将从 2010 年 1 月 1 日起在法国国内征收碳税，并且对环保立法达不到欧盟标准的其他国家的进口商品征收碳关税。随后的 2011 年 5 月，欧盟宣布自 2012 年 1 月起开始对欧盟机场起飞和降落的飞机征收碳关税，将航空业纳入碳排放交易系统，自此，欧盟低碳贸易壁垒的序幕正式揭开。时至今日，已经有越来越多的国家加入了这场碳关税与国际贸易的博弈，在欧美等发达国家和地区把碳关税付诸以实践的过程中，发展中国家的出口贸易将受到多方位和深层次的影响。

一、贸易限制效应

进口国对出口国的高能耗商品征收碳关税，使该商品的进口价格被迫上升，进口国对该类高碳商品的进口数量减少。在短期内，出口国的减排技术和标准达不到进口国对特定商品规定的减排标准，除极少数商品外，大部分商品难以走出国门进入国际市场，高排放、高能耗产品出口数量的减少使其在国内供给过剩，价格下降，生产厂商将在现有的技术水平下缩减该类商品的生产规模。从长期来看，出口国为了满足进口国对高碳商品的碳排放标准，会广泛运用减排技术、购买减排设备、改进生产工艺，反而使产品成本上涨，出口价格上升，导致出口量减少。因此，征收碳关税对出口国的贸易规模会产生一定程度的限制效应。

根据国际经济学原理，假设按出口高碳产品的规模区分国家为大国和小国，使用均衡分析法，分别诠释征收碳关税对出口大国和出口小国带来的影响。

首先假设出口国为大国的情形。在图 5 – 1 中，若不征收碳关税，S 为出口国供给曲线，D 为需求曲线，由于是出口大国，因此，决定了国际市场的供给曲线为 ES。此时，出口国国内价格为 $P_1 = P_w$，国内需求为 Q_1，国内供给为 Q_2，出口量为 $Q_2 - Q_1 = M_1$，出口额为 $(Q_2 - Q_1) \times P_1 = M_1 \times P_1$。进口国征收碳关税后，出口商生产成本将增加，供给曲线向后移动到 S_1，出口国的新价格为 $P_w + C$（P_w 与遵循成本之和），此时 ES 线相应向左移动至 ES_1，价格上升；相应地，进口量由 M_1 下降

到 M_2，出口国的出口量也从 $Q_2 - Q_1$ 下降到 $Q_4 - Q_3$，出口额为 $(Q_4 - Q_3) \times P_2 = M_2 \times P_2$，显然 $M_2 \times P_2 < M_1 \times P_1$，出口国贸易数量受到了限制。

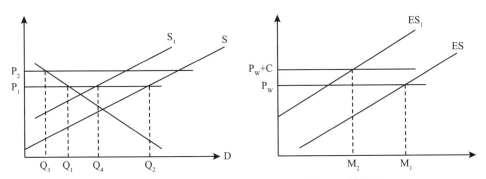

图 5-1 征收碳关税对出口大国产生的贸易限制效应

资料来源：王玉婧. 环境成本内在化、环境规制及贸易与环境的协调［M］. 北京：经济科学出版社，2010：215.

如果出口国是小国，则意味着出口国的产品价格是国际市场的接受者，如图 5-2 所示，在进口国没有征收碳关税之前，出口量为 $Q_2 - Q_1$，出口额为 $(Q_2 - Q_1) \times P_1$。征收碳关税之后，出口国为了达到进口国的环境要求，使产品成本提高，供给曲线向上移动到 S_1，此时出口国产量为 Q_3，出口量为 $Q_3 - Q_1$，出口额为 $(Q_3 - Q_1) \times P_1$，显而易见，$(Q_3 - Q_1) \times P_1 < (Q_2 - Q_1) \times P_1$。可见无论是在出口大国或小国的情况下，实施碳关税都将限制出口国的贸易产品数量。

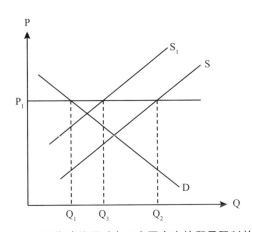

图 5-2 征收碳关税对出口小国产生的贸易限制效应

资料来源：王玉婧. 环境成本内在化、环境规制及贸易与环境的协调［M］. 北京：经济科学出版社，2010：215.

二、贸易禁止效应

如果进口国征收碳关税的标准非常严苛，以至于出口国产品不能进入或完全退出市场，则会对出口国产生贸易禁止效应。若出口国为大国，在图 5-3 中，S_1 为产品出口供给曲线，D 为进口国的需求曲线，假设只有一个出口国和一个进口国。当没有碳关税壁垒时，出口产品的价格和数量为分别为 P_e 和 Q_e，在进口国征收碳关税后，出口国无法立即减排来应对该关税标准，其出口产品的供给减少，供给曲线向上移动至 S_2，S_2 与需求曲线 D 的交点处出口数量为零，此时产生了贸易禁止效应。若是出口小国，实施碳关税对其的影响与出口大国的情形类似，进口国实施碳关税前，出口小国的出口量为国内供给量减去国内需求量，进口国实施碳关税后，出口小国的生产成本提高，原供给曲线向左移动，直至与需求曲线相交至出口量为零的点，因此出口小国在碳关税壁垒下也出现了贸易禁止效应。

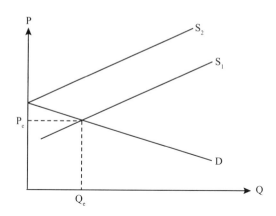

图 5-3　实施碳关税对出口国的贸易数量禁止效应

资料来源：改编自姜红. 绿色壁垒的经济效应分析 [J]. 晋阳学刊，2007（1）：54.

三、出口转移效应

碳关税反映了一国对生产和消费产品所排放的二氧化碳量的偏好，每个国家对碳排放的偏好不同，当进口国按照本国的碳排放偏好针对某一特定出口国征收碳关税时，就会产生出口贸易转移效应。出口国向设置碳关税壁垒的进口国进行出口贸易，出口成本的上升会导致产品的价格上涨，该进口国消费者对出口国产品的进口需求减少。但由于短期内出口国的产品供给量是不变的，此时供给相对过剩，出口国将被迫寻找未设置碳关税壁垒的其他进口国，增加对其的出口供给量，导致产品价格下降，该进口国消费者对产品的需求增加，最终使出口国对未设置碳关税壁垒的进口国的出口量增加。即进口国对出口国征收碳关税，会使出口国将出口贸易部分转移至不征收碳关税的其他进口国。

四、比较优势转移效应

欧美等发达国家和地区对高于碳排放标准的进口商品征收碳关税，会在一定程度上抵消中、印等发展中国家在出口贸易方面的比较优势。以中国为例，中国拥有丰富的自然资源和优质且低廉的劳动力，在改革开放后我国利用劳动力优势发展制造业，并在 2008 年后成为世界第一出口大国，也被国际广泛称为"世界工厂"。然而，我国仍处于国际贸易链条分工的低端，生产的产品大多高能耗、附加值低、碳排放量超标。发达国家对中国的出口产品征收碳关税，会在价格效应的作用下直接地削弱这类产品的国际竞争力，抵消我国在制造业方面的劳动力比较优势。

五、福利效应

在不存在进口负外部性的情况下，无论从长期还是短期，以环境措施和低碳规制等为代表的技术性贸易壁垒会给国际贸易所有参与者造成程度不同的社会福利损失。

在短期，进出口小国的福利损失都将大于进出口大国，发展中国家的损失大于发达国家损失。从长期看，不管是进口国还是出口国，大国的福利损失都要少于小国。由于产品的需求和供给弹性及成本的差异，各种福利损失的多少存在不确定性，发展中国家与发达国家具体的福利损失也难以比较。当存在进口负外部性时，适度且合理的技术壁垒能抑制负外部性的传播，改善贸易双方的福利水平。在不存在进口负外部件的情况下，碳关税的实施会同时给进口国和出口国造成社会福利的损失。

假设只有一个进口商实施碳关税，适用于所有出口商，并且该进口量较小，对世界市场价格不产生影响。如图 5 - 4 所示，如果存在完全禁令，贸易量为 0

或 M_0，如果没有碳关税，则为 M_1。假设小国进口，P_w 为世界价格，此时消费者需求为 Q_D^1，国内生产者供给量为 Q_S^1。进口为 $Q_D^1 - Q_S^1$，在右图为 M_1。当进口国实施碳关税时，进口国价格上升，进口降低到 M_2，在左图为 $Q_D^2 - Q_S^2$，该进口量取决于超额需求曲线 ED 和新的包括遵循成本价格线 $P_w + C$ 的交集。消费者剩余减少面积 A + B + C + D，生产者剩余增加 A，碳关税壁垒引起净福利损失。在右图，进口产品价格上升，贸易量缩小到 M_2，贸易收益减少 E + F。这种福利损失不仅是类似于关税分析中的损失，还包括进口量和遵循规制成本 C 决定的长方形面积部分。

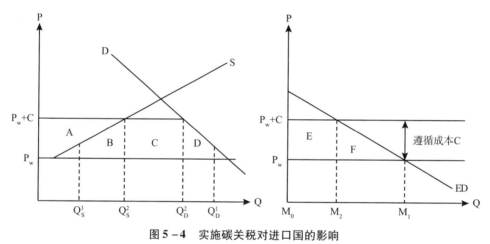

图 5 - 4　实施碳关税对进口国的影响

资料来源：王玉婧. 环境成本内在化、环境规制及贸易与环境的协调 [M]. 北京：经济科学出版社，2010：217.

六、优化产业结构效应

只有加速产业结构的调整和升级，降低出口产品生产过程中的碳排放量，才能从根本上改善发展中国家在碳关税壁垒下的出口贸易环境。发展中国家经济发展的核心大多为高碳产业，进口国征收碳关税压缩了高碳产业的贸易空间，迫使高能耗产品和高碳产业逐步被市场淘汰，消费者的需求偏好由高能耗、高污染的高碳产品，转变为偏好绿色、经济、环保的低碳产品，这将给以清洁能源为代表的低碳经济提供更高效的发展契机。在产业结构不断优化的背景下，低碳产业将代替高碳产业成为新一轮产业发展的核心，推动绿色环保产业、可再生能源、核能和清洁能源的发展。在国际贸易中，出口产品采用更多的是节能减排的新技术和新工艺，国际贸易商品结构由高碳型向低碳型转变，由资源密集型向技术和知识密集型转变。

七、技术改造和创新的动态效应

碳关税的实施与效应是一个动态的变化过程。从短期来看，碳关税的实施通过贸易限制效应、贸易禁止效应和比较优势转移效应等途径，从不同程度上影响了出口国家和进口国家的福利；从长期来看，技术的进步和创新对发展中国家突破碳关税绿色贸易壁垒起着至关重要的作用。这可以用波斯纳技术差距理论来说明，该理论认为，工业化国家之间在技术差距的基础上进行出口贸易与进口贸易，一国在研发新产品新技术成功后就具有了技术上的领先优势，扩大出口规模，随着时间的延长，其他国家纷纷模仿该项技术，自行组织生产，从而减少了进口规模，最终，两国之间由于技术差距而产生的国际贸易量逐渐缩小甚至消失，最初的技术创新国也由该商品的出口国转变为进口国。

如图 5 – 5 所示，在 T_1 至 T_2 阶段，假设在产品标准化阶段实施碳关税，出口产品的贸易量由于碳关税绿色贸易壁垒的影响将会下降。然而，如果出口国实施技术改造与创新，使出口产品达到进口国的减排标准，那么其出口量将会增加，随着出口国技术水平的不断创新与提高，贸易量会呈现逐步增长的趋势。通过技术创新效应，供给曲线将向右移动，需求曲线也向右移动，更多低碳低排放的环境友好型产品参与到国际贸易中来，产生新的扩大了的贸易量。

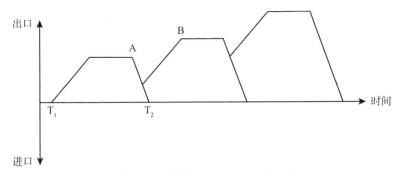

图 5 – 5　实施碳关税的动态效应分析

资料来源：改编自李春顶. 技术性贸易壁垒对出口国经济效应综合分析 [J]. 国际贸易问题，2005（7）：75.

第六章

中国制造业国际竞争力分析

第一节　中国制造业进出口贸易总体现状

　　1997～2017 年，我国对外贸易发展迅速，依托改革开放政策以及人口红利，我国经济的总体体量以及货物进出口贸易迅速增加。自从我国确立起了对外开放的基本国策以后，我国的进出口贸易就呈现出爆发式的增长，并逐渐成为世界上最主要的货物进出口国之一，尤其是 2001 年中国正式加入世界贸易组织以后，我国的对外商品贸易更是进入史无前例的快速发展时期。

一、进出口额持续增长

　　作为第三次产业转移的目的国，价格低廉的劳动力以及丰富的资源为我国制造业的快速发展奠定了物质基础，宏观政策的利好也为制造业的发展指明了道路。在 20 世纪 80 年代，纺织品等轻工业产品的生产快速地从日韩、中国台湾等地转移到了中国大陆地区，与此同时，我国生产加工的金属制品、机械设备等产品发展也十分迅速，并逐渐成为了我国出口贸易的支柱性产品。

　　如图 6 - 1、图 6 - 2 所示，1997 年开始，我国对外贸易出口额以平均每年 13.81% 的速度快速增长，到 2017 年，我国年出口额已经达到 153311.19 亿元。

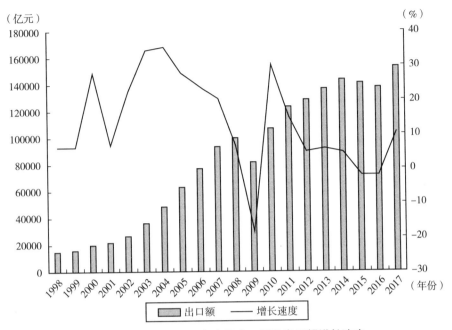

图 6 - 1　1998～2017 年中国出口额及出口额增长速度

资料来源：根据国家统计局相关数据计算整理。

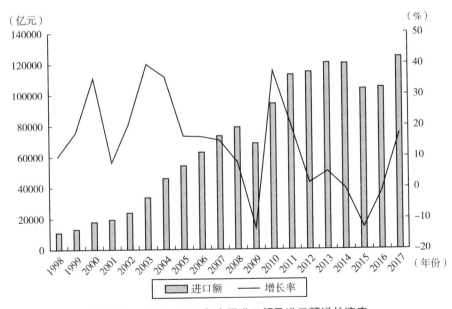

图 6 - 2　1998～2017 年中国进口额及进口额增长速度

资料来源：根据国家统计局相关数据计算整理。

出口作为拉动经济增长的重要手段，为我国经济增长的贡献十分明显。进口额同样高速增长，1997~2017年的年平均增长率达到了14.37%，2017年，我国进口额达到了124789.81亿元。

我国的进出口额占我国的GDP比例较大，在2008年经济危机前甚至超过了50%，经济发展刺激我国进出口额大幅增加。如图6-3、图6-4所示，在全球贸易中我国一直是一个贸易顺差国，在2015年达到了峰值，贸易顺差额达到了36830.73亿元人民币，贸易顺差为我国带来了大量的外汇储备，根据1998~2017年的统计数字，我国的贸易顺差以平均每年20.52%的速度增长。

二、中国产品在世界市场上的份额不断增加

2001年12月11日，中国正式加入世界贸易组织，成为其第143个成员。在加入世贸组织后，我国的进出口额持续快速增长，中国制造成为全球货物供应的重要一员，我国出口产品在世界所占份额也持续增长。如图6-5所示，1998~2017年，我国产品出口额在全世界产品出口额中所占的比例不断增加，所占份额平均每年增加0.38%，在2015年达到峰值10.69%，并在2016年和2017年稍有降低，在2017年的统计数字中达到了9.8%。

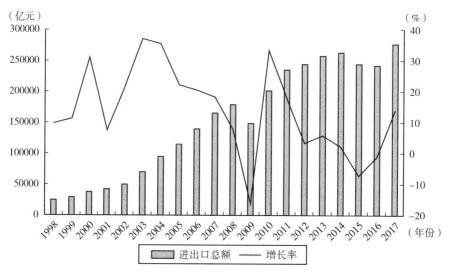

图6-3 1998~2017年中国进出口总额及进出口总额增长速度

资料来源：根据国家统计局相关数据计算整理。

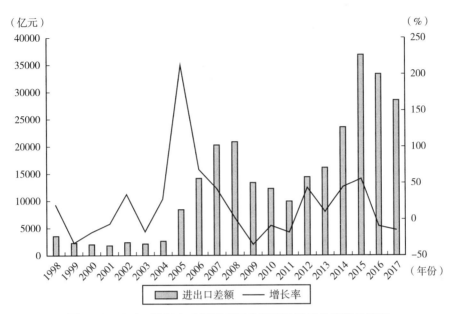

图 6 - 4 1998 ~ 2017 年中国进出口差额及进出口差额增长速度

资料来源：根据国家统计局相关数据计算整理。

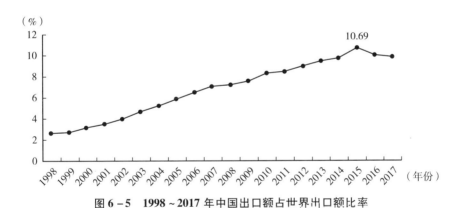

图 6 - 5 1998 ~ 2017 年中国出口额占世界出口额比率

资料来源：根据国家统计局相关数据计算整理。

三、我国制造业产品在全球市场份额不断增加

我国制造业产品出口额随着我国总体贸易量的增长也在不断增加，中国在世界上被誉为"世界工厂"，是因为我国制造业生产的产品远销世界各地，并且份

额也不断攀升。如图 6-6 所示，2002 年，我国出口的制造业产品额已经达到了 2970.56 亿美元，同年的世界制造业出口额是 47516.28 亿美元，占比 6.25%。加入 WTO 以后，我国对外贸易出口额实现了快速增长，制造业产品作为对外贸易的支柱性产品也实现了飞速增长，到 2017 年，世界制造业产品出口额为 121605.36 亿美元，我国的制造业产品出口额达到 21456.38 亿美元，占比 17.64%。我国制造业出口额以年均 15.23% 的速度增长，在世界市场上的份额将近增长至 3 倍。

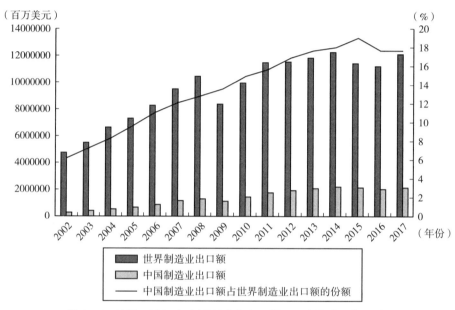

图 6-6　2002~2017 年中国制造业出口额以及世界出口额比率
资料来源：由国家统计局相关数据与 WTO 相关数据整理得出。

第二节　中国制造业出口行业结构现状分析

一、中国出口产品的结构类型

根据国家统计局发布的近 20 年按照国际贸易标准分类（SITC）的我国出口

产品数据可以看出，如表 6 – 1、图 6 – 7 所示，我国的出口产品中主要以工业制成品为主，而初级产品出口额占有的份额较低。2000～2017 年，工业制成品出口额占据总出口额的 90% 以上，在 2006 年以后，工业制成品更是达到了 94% 以上的出口份额。其中，机械及运输设备出口额所占比例最大，在 2017 年其出口额占据了总出口额的 47.82%。

表 6 – 1　　　　　　2002～2017 年我国初级产品以及工业制成品出口份额　　　　单位：%

年份	初级产品份额	工业制成品份额	年份	初级产品份额	工业制成品份额
2002	8.77	91.23	2010	5.18	94.8
2003	7.94	92.06	2011	5.30	94.70
2004	6.83	93.17	2012	4.91	95.09
2005	6.44	93.56	2013	4.86	95.14
2006	5.46	94.53	2014	4.81	95.19
2007	5.04	94.77	2015	4.57	95.43
2008	5.45	94.55	2016	5.01	94.99
2009	5.25	94.7	2017	5.20	94.80

资料来源：根据国家统计局相关数据计算整理。

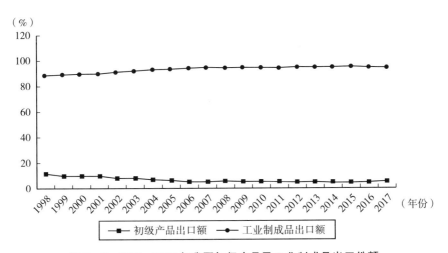

图 6 – 7　1998～2017 年我国初级产品及工业制成品出口份额

资料来源：根据国家统计局相关数据计算整理。

二、中国制造业出口贸易总量不断增长

我国制造业产品出口占据了我国出口贸易的大部分份额，对我国对外贸易出口贡献巨大，随着中国的对外开放和加入世贸组织，制造业的出口金额和数量不断增长，呈现出快速增长的态势，制造业产品已经成为我国对外贸易的最主要产品。图 6-8 为 2002～2017 年中国制造业出口额以及占对外贸易总出口额比率。

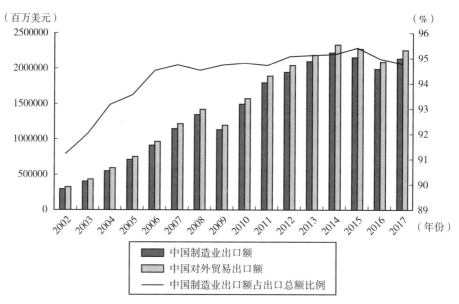

图 6-8 2002～2017 年中国制造业出口额以及占对外贸易总出口额比例
资料来源：根据国家统计局相关数据计算整理。

如表 6-2 所示，2002 年，我国出口产品中有 91.23% 是制造业产品，随着对外出口额的不断增加制造业产品份额也在不断提升，2006 年其份额已经达到了 94.53%。除了 2009 年因为金融危机的影响出口额呈较大的负增长外，制造业产品出口一直保持着较高的比例，2006 年以后占比均超过 94%。在 2015 年，不仅制造业出口额达到了历史最高的 21695.41 亿美元，占比也达到了历史最高的 95.43%。在 2017 年，我国的出口额已经达到了 22633.71 亿美元，其中制造业产品占 94.80%。

表 6 - 2　　2002 ~ 2017 年中国制造业出口额以及占对外贸易总出口额比例

年份	中国制造业出口额（百万美元）	出口额增速变化（%）	中国对外贸易出口额（百万美元）	中国制造业出口额占出口总额比例（%）
2002	297056	22.35	325596	91.23
2003	403416	34.66	438228	92.06
2004	552777	35.32	593326	93.17
2005	712916	27.58	761953	93.56
2006	916017	23.86	968978	94.53
2007	1156267	20.66	1220060	94.77
2008	1352736	7.23	1430693	94.55
2009	1138483	- 18.29	1201612	94.75
2010	1496069	30.47	1577754	94.82
2011	1798736	15.15	1898381	94.75
2012	1948156	4.96	2048714	95.09
2013	2101736	6.01	2209004	95.14
2014	2229601	4.92	2342293	95.19
2015	2169541	- 1.89	2273468	95.43
2016	1992444	- 1.95	2097631	94.99
2017	2145638	10.76	2263371	94.80

资料来源：根据国家统计局进出口贸易数据整理得出。

如表 6 - 3 所示，2017 年以 SITC 方法分类统计的我国出口产品中，工业制成品出口额达到了 21456.38 亿美元，占总出口额的 94.80%。其中机械及运输设备出口额是所有产品中最高的，为 10823.29 亿美元，占比达到了 47.82%。排在第二位的是杂项制品，其出口额为 5476.91 亿美元，占比达到了 24.20%；排在第三位的是轻纺产品、橡胶制品矿冶产品及其制品，出口额为 3685.64 亿美元，占比 16.28%。该三类产品是我国整体出口贸易中占比最高的，三类加总接近总出口额的 90%。

表 6 - 3   2017 年根据 STIC 国际贸易标准分类中国出口贸易额及占比

指标	出口额（亿美元）	占出口总额的百分比（%）
出口商品总额	22633.71	100
初级产品出口额	1177.33	5.20
食品及主要供食用的活动物出口额	626.26	2.77
饮料及烟类出口额	34.68	0.15
非食用原料出口额	154.39	0.68
矿物燃料、润滑油及有关原料出口额	353.89	1.56
动、植物油脂及蜡出口额	8.09	0.04
工业制成品出口额	21456.38	94.80
化学品及有关产品出口额	1412.93	6.24
轻纺产品、橡胶制品矿冶产品及其制品出口额	3685.64	16.28
机械及运输设备出口额	10823.29	47.82
杂项制品出口额	5476.91	24.20
未分类的其他商品出口额	57.59	0.25

资料来源：根据国家统计局进出口贸易数据整理得出。

初级产品相对来说出口额较低，在 2017 年的出口额只有 1177.33 亿美元，占总出口额的 5.20%。其中贸易额较高的是食品及主要供食用的活动物出口额 626.26 亿美元，占比 2.77%，矿物燃料、润滑油及有关原料出口额 353.89 亿美元，占比 1.56%。

根据我国海关分类标准，将进出口货物按照其功能与特点分为 22 大类商品，其具体分类标准及名称如表 6 - 4 所示。其中，根据 2017 年海关统计数据来看，我国出口产品中出口金额最多的是第十六类机器、机械器具、电气设备及其零件；录音机及放声机、电视图像、声音的录制和重放设备及其零件、附件，在 2017 年出口额达到 981568.73 百万美元，占货物总体出口额的 43.37%。出口额排在第二位的是第十一类纺织原料及纺织制品，占到总体出口额的 11.37%。排在第三位的是第十五类贱金属及其制品，出口额为 165096.87 百万美元，占到总体出口额的 7.29%。

表6-4　　　　　　**2017年根据中国海关标准分类中国出口贸易额及占比**

指标	出口额 （百万美元）	出口份额 （%）
出口额	2263371.33	
第一类　活动物；动物产品	17628.19	0.78
第二类　植物产品	25139.43	1.11
第三类　动、植物油、脂及其分解产品；精制的食用油脂；动、植物蜡	839.44	0.04
第四类　食品；饮料、酒及醋；烟草、烟草及烟草代用品的制品	29975.83	1.32
第五类　矿产品	39325.57	1.74
第六类　化学工业及其相关工业的产品	114451.67	5.06
第七类　塑料及其制品；橡胶及其制品	90654.85	4.01
第八类　生皮、皮革、毛皮及其制品；鞍具及挽具；旅行用品、手提包及类似品；动物肠线（蚕胶丝除外）制品	33138.76	1.46
第九类　木及木制品；木炭；软木及软木制品；稻草、秸秆、针茅或其他编结材料制品；篮筐及柳条编结品	15156.78	0.67
第十类　木浆及其他纤维状纤维素浆；纸及纸板的废碎品；纸、纸板及其制品	21752.30	0.96
第十一类　纺织原料及纺织制品	257321.23	11.37
第十二类　鞋、帽、伞、杖、鞭及其零件；已加工的羽毛及其制品；人造花；人发制品	61105.66	2.70
第十三类　石料、石膏、水泥、石棉、云母及类似材料的制品；陶瓷产品；玻璃及其制品	45902.74	2.03
第十四类　天然或养殖珍珠、宝石或半宝石、贵金属、包贵金属及其制品；仿首饰；硬币	17980.63	0.79
第十五类　贱金属及其制品	165096.87	7.29
第十六类　机器、机械器具、电气设备及其零件；录音机及放声机、电视图像、声音的录制和重放设备及其零件、附件	981568.73	43.37
第十七类　车辆、航空器、船舶及有关运输设备	—	
第十八类　光学、照相、电影、计量、检验、医疗或外科用仪器及设备、精密仪器及设备；钟表；乐器；上述物品的零件、附件	76819.62	3.39
第十九类　武器、弹药及其零件、附件	132.69	0.01
第二十类　杂项制品	159158.18	7.03
第二十一类　艺术品、收藏品及古物	128.23	0.01
第二十二类　特殊交易品及未分类商品	5285.02	0.23

资料来源：根据国家统计局进出口贸易数据整理得出。

三、中国主要制造业出口结构分析

根据中国统计年鉴按照海关分类法统计的出口额数值，排列出我国的主要出口制造业，其中出口额比重大于2%的归类为主要出口产品，根据该标准进行分类挑选，总共包括以下9类产品：（1）第六类　化学工业及其相关工业的产品；（2）第七类　塑料及其制品；橡胶及其制品；（3）第十一类　纺织原料及纺织制品出口额；（4）第十二类　鞋、帽、伞、杖、鞭及其零件；已加工的羽毛及其制品；人造花；人发制品；（5）第十五类　贱金属及其制品；（6）第十六类　机器、机械器具、电气设备及其零件；录音机及放声机、电视图像、声音的录制和重放设备及其零件、附件；（7）第十七类　车辆、航空器、船舶及有关运输设备；（8）第十八类　光学、照相、电影、计量、检验、医疗或外科用仪器及设备、精密仪器及设备；钟表；乐器；上述物品的零件、附件；（9）第二十类　杂项制品。① 表6-5为2017年主要工业制成品出口金额以及占总体出口额的比例。

表6-5　　　　　　2017年主要工业制成品出口额以及占总体出口金额比例

指标	出口额（百万美元）	占总体出口金额比例（%）
第六类　化学工业及其相关工业的产品	114451.67	5.06
第七类　塑料及其制品；橡胶及其制品	90654.85	4.01
第十一类　纺织原料及纺织制品	257321.23	11.37
第十二类　鞋、帽、伞、杖、鞭及其零件；已加工的羽毛及其制品；人造花；人发制品	61105.66	2.70
第十三类　石料、石膏、水泥、石棉、云母及类似材料的制品；陶瓷产品；玻璃及其制品	45902.74	2.03
第十五类　贱金属及其制品	165096.87	7.29
第十六类　机器、机械器具、电气设备及其零件；录音机及放声机、电视图像、声音的录制和重放设备及其零件、附件	981568.73	43.37

---

① 杂项类包括94章家具；寝具、褥垫、弹簧床垫、软坐垫及类似的填充制品；未列名灯具及照明装置；发光标志、发光名牌及类似品；活动房屋。95章玩具、游戏品、运动用品及其零件、附件。96章杂项制品。

指标	出口额 （百万美元）	占总体出口金额 比例（%）
第十七类 车辆、航空器、船舶及有关运输设备	104808.92	4.63
第十八类 光学、照相、电影、计量、检验、医疗或外科用仪器及设备、精密仪器及设备；钟表；乐器；上述物品的零件、附件	76819.62	3.39
第二十类 杂项制品	159158.18	7.03

资料来源：根据国家统计局进出口贸易数据整理得出。

进一步根据行业分类，可以将上述主要出口产业分为资本技术密集型和劳动密集型，其中劳动密集型产业包括：（1）第七类 塑料及其制品；橡胶及其制品；（2）第十一类 纺织原料及纺织制品；（3）第十二类 鞋、帽、伞、杖、鞭及其零件；已加工的羽毛及其制品；人造花；人发制品；（4）第二十类 杂项制品。

资本技术密集型产业包括：（1）第六类 化学工业及其相关工业的产品；（2）第十五类 贱金属及其制品；（3）第十六类 机器、机械器具、电气设备及其零件；录音机及放声机、电视图像、声音的录制和重放设备及其零件、附件；（4）第十七类 车辆、航空器、船舶及有关运输设备；（5）第十八类 光学、照相、电影、计量、检验、医疗或外科用仪器及设备、精密仪器及设备及其零件、附件。

由表6-6、表6-7可知，2002～2017年，我国资本技术密集型产业发展迅速，其中，化工产品、贱金属制品、机械电气设备、车辆及运输设备、光学、医疗、精密仪器设备五个门类的出口额都得到了大幅增长，在出口贸易额中所占比例也相应有了较大提高，以机械电气设备为例，在2002年的出口额为115921百万美元，占比为35.60%。到2017年，其出口额已经增长到981568.73百万美元，增长幅度达到了846.75%，其出口额占比也增长到了43.37%。而以轻纺产品所代表的劳动密集型产业增长速度相对较慢，其出口额占比呈现逐年下降的趋势。轻纺产品2002年的出口额为71254百万美元，占比为21.88%，2017年轻纺产品的出口额为318426.89百万美元，相较于2002年增长了446.88%，所占份额同比下降到14.07%。

表6－6　　　　　2002～2017年我国主要工业制成品分行业出口额　　　单位：百万美元

年份	资本技术密集型行业出口额					劳动密集型行业出口额			总出口额
	化工产品	贱金属制品	机械电气设备	车辆及运输设备	光学、医疗、精密仪器设备	塑料、橡胶制品	轻纺产品	杂项类产品	
2002	14614	18907	115921	10548	9523	10027	71254	——	325596
2003	18527	25120	172334	15592	13105	12532	88974.88	——	438228
2004	24579.65	43740.61	247784.27	20998.69	19086.77	16908.32	107183.77	——	593326
2005	31853	57086	322008	28410	28398	23286	130434	——	761953
2006	37751.55	85303.34	414045.52	38427.62	35621.1	29635.5	164347.15	55160	968978
2007	51085.02	115529.98	528815.13	54977.38	40729.21	36512.81	196381.37	69022.25	1220060
2008	68874.46	144015.09	610754.51	70697.46	47602.9	41386.25	215733.58	83269.54	1430693
2009	54026.00	77121.00	536967.00	60091.00	42579.00	3594.002	195870.00	72290.00	1201612
2010	74972.64	110798.81	698568.21	88874.45	56624.76	49592.26	243444.96	88554.03	1577754
2011	97090.52	144921.25	799518.68	109107.41	65996.97	66346.02	293003.20	103788.65	1898381
2012	94441.85	149073.45	863208.74	108369.59	79391.16	77343.47	304857.01	125679.58	2048714
2013	97689.32	155998.53	944438.14	100165.35	81759.2	84882.65	338011.14	135368.8	2209004
2014	109405.63	184256.75	971758.65	104779.88	81035.04	90386.84	358128.63	146154.67	2342292.7
2015	106194.5	176567.35	958601.55	107214.63	81098.53	86030.39	341603.92	155838.02	2273468.2
2016	99317.80	154411.52	896974.87	92887.21	74389.97	81107.16	312705.95	146061.35	2097631.9
2017	114451.67	165096.87	981568.73	104808.92	76819.62	90654.85	318426.89	159158.18	2263371.3

注：第十一类和第十二类制品共同组成轻纺类产品。
资料来源：根据国家统计局进出口贸易数据整理得出。

表6－7　　　　　2002～2017年我国主要工业制成品出口占比　　　单位：%

年份	资本技术密集型行业出口占比					劳动密集型行业出口占比		
	化工产品	贱金属制品	机械电气设备	车辆及运输设备	光学、医疗、精密仪器设备	塑料、橡胶制品	轻纺产品	杂项类产品
2002	4.49	5.81	35.60	3.24	2.92	3.08	21.88	——
2003	4.23	5.73	39.33	3.56	2.99	2.86	20.30	——
2004	4.14	7.37	41.76	3.54	3.22	2.85	18.06	——

年份	资本技术密集型行业出口占比					劳动密集型行业出口占比		
	化工产品	贱金属制品	机械电气设备	车辆及运输设备	光学、医疗、精密仪器设备	塑料、橡胶制品	轻纺产品	杂项类产品
2005	4.18	7.49	42.26	3.73	3.73	3.06	17.12	—
2006	3.90	8.80	42.73	3.97	3.68	3.06	16.96	5.69
2007	4.19	9.47	43.34	4.51	3.34	2.99	16.10	5.66
2008	4.81	10.07	42.69	4.94	3.33	2.89	15.08	5.82
2009	4.50	6.42	44.69	5.00	3.54	2.99	16.30	6.02
2010	4.75	7.02	44.28	5.63	3.59	3.14	15.43	5.61
2011	5.11	7.63	42.12	5.75	3.48	3.49	15.43	5.47
2012	4.61	7.28	42.13	5.29	3.88	3.78	14.88	6.13
2013	4.42	7.06	42.75	4.53	3.70	3.84	15.30	6.13
2014	4.67	7.87	41.49	4.47	3.46	3.86	15.29	6.24
2015	4.67	7.77	42.16	4.72	3.57	3.78	15.03	6.85
2016	4.73	7.36	42.76	4.43	3.55	3.87	14.91	6.96
2017	5.06	7.29	43.37	4.63	3.39	4.01	14.07	7.03

注：第十一类和第十二类制品共同组成轻纺类产品。

资料来源：根据国家统计局进出口贸易数据整理得出。

虽然劳动密集型产品中的塑料、橡胶产品和杂项产品出口所占份额有少量提升，但是从总体趋势来看，我国出口产品逐渐向资本技术密集型产品发展。这也符合我国逐步发力高端制造业、以科技创新驱动发展的战略目标。以轻纺产品所代表的劳动密集型产业高速发展是建立在改革开放初期我国人口红利时期，以低廉的人工成本促成的，如今我国劳动力成本也大幅提升，必须从劳动密集型产业转移到资本技术密集型产业，我国对外贸易的形势变化也是大势所趋。

四、高新技术产品与机电产品出口现状分析

从世界各国的经济发展历史来看，基本上所有经济大国的崛起都离不开工业，特别是制造业的发展。中国作为一个幅员辽阔，人口众多，资源规模庞大的

国家，无论从经济发展还是国家安全的角度来看，都需要由制造业大国转变为制造业强国。虽然目前我国的制造业还存在产业结构不合理、产品附加值不高、能源消耗大、污染较严重等问题，但随着国家发展改革委2005年颁布了首部《产业结构调整指导目录》以及随后制定的各修订版，2015年5月，国务院又正式印发了《中国制造2025》，部署全面推进实施制造强国战略，我国的制造业产品结构不断优化，机电产品、高新技术出口不断增加。

根据国家统计局数据统计（见表6-8、图6-9），我国出口产品中机电产品和高新技术产品所占份额较大。机电产品一般指使用机械、电气、电子设备所生产的各类农具机械、电气、电子性能的生产设备和生活使用机具。一般包括机械设备、电气设备、交通运输工具、电子产品、电气产品、仪器仪表、金属制品等及其零部件、元器件，属于资本密集型产品。我国机电产品出口额自2004年起以较快的速度增长，2004年机电产品出口金额323370.23百万美元，出口额占比54.50%，至2017年出口额达到1321462.61百万美元，出口额涨幅达409%，占比达到了58.38%。高新技术产品同样涨幅较大，2017年出口额达到了667443.67百万美元，同2004年相比涨幅高达403%。该增长趋势与SITC分类标准中机械及运输设备增幅和占比较高的趋势一致，同样也与海关分类标准中机械电气设备快速增长趋势相同。说明我国制造业正向资本技术密集型产业发力，制造业整体进行转型升级，相比传统的劳动密集型产业，我国正利用创新能力、科技能力带动整个制造业发展，这也符合我国"中国制造2050"的发展战略。

表6-8　　　　　　　　高新技术产品、机电产品出口额及占比

年份	机电产品出口金额（百万美元）	机电产品出口额占比（%）	高新技术产品出口金额（百万美元）	高新技术产品出口额占比（%）
2004	323370.23	54.50	165535.60	27.90
2005	426729.05	56.00	218243.75	28.64
2006	549401.72	56.70	281425.34	29.04
2007	701170.93	57.47	347825.46	28.51
2008	822929.74	57.52	415611.05	29.05
2009	713113.13	59.35	376909.15	31.37
2010	933434.05	59.16	492413.92	31.21
2011	1085589.26	57.19	548788.32	28.91
2012	1179337.64	57.56	601163.85	29.34

续表

年份	机电产品出口金额 （百万美元）	机电产品出口额 占比（%）	高新技术产品出口金额 （百万美元）	高新技术产品出口额 占比（%）
2013	1264662.46	57.25	660081.30	29.88
2014	1310757.39	55.96	660490.44	28.20
2015	1310715.04	57.65	655211.65	28.82
2016	1209055.90	57.64	603573.47	28.77
2017	1321462.61	58.38	667443.67	29.49

资料来源：根据国家统计局相关数据整理得出。

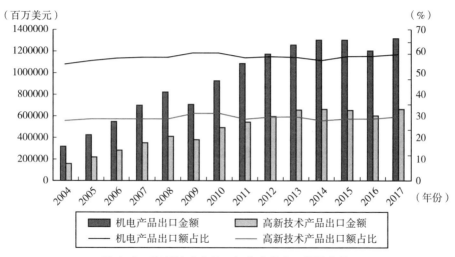

图 6-9 高新技术产品、机电产品出口额及占比

资料来源：根据国家统计局相关数据整理得出。

第三节 中国制造业出口竞争优势分析

一、中国主要制造业出口贸易竞争力指数

为考察我国制造业的国际竞争优势，贸易竞争力指数（trade competitiveness,

TC）是常用的一个测度指标，贸易竞争力指数，也被称为贸易竞争优势指数、贸易专业化指（系）数（trade specialization coefficient，TSC），它反映了一国的进出口贸易的差额占该国进出口贸易总额的比例，是分析产业结构与某行业（产业）产品国际竞争力的有效工具。TC 指数作为与某国或某行业贸易总额的相对数值，可以反映出本国某种产品在国际市场所供给的同种产品中，是否具有竞争优势。贸易竞争力指数不是绝对值，排除了通货膨胀、经济波动等因素的影响，指标数值在 −1 与 1 之间，数值越大，表明竞争优势或竞争力越大。

贸易竞争力指数为某一产业或产品的净出口与其进出口总额之比，公式为：

$$TC = (X_{ij} - M_{ij})/(X_{ij} + M_{ij})$$

其中：X_{ij} 为 i 国 j 产品的出口，M_{ij} 为 i 国 j 产品的进口，$X_{ij} - M_{ij}$ 为 i 国净出口，$X_{ij} + M_{ij}$ 为 i 国 j 产品的进出口总额。指数越接近于 1 竞争力越大，等于 1 时表示该产业只出口不进口；指数越接近于 −1 竞争力越弱，等于 −1 时表示该产业只进口不出口；等于 0 时表示该产业竞争力处于中间水平。

具体程度可判断为：

（1）TC 取值为（−1，−0.6）时有极大的竞争劣势；

（2）TC 取值为（−0.6，−0.3）时有较大竞争劣势；

（3）TC 取值为（−0.3，0）时有微弱竞争劣势；

（4）TC 取值为（0，0.3）时有微弱竞争优势；

（5）TC 取值为（0.3，0.6）时有较强竞争优势；

（6）TC 取值为（0.6，1）时有极强竞争优势。

通过对 1999~2017 年我国统计数据分析，得出我国主要工业制成品贸易竞争力指数，如表 6−9 所示。

表 6−9　　　　　　　　1999~2017 年我国主要工业制成品贸易竞争力指数

年份	化工产品	塑料、橡胶制品	轻纺产品	贱金属制品	机械电气产品	车辆交通运输产品	光学、医疗及精密仪器
1999	−0.232	−0.350	0.713	0.551	−0.667	0.045	0.077
2000	−0.217	−0.346	0.716	0.559	−0.674	0.188	0.021
2001	−0.197	−0.351	0.720	0.590	−0.714	−0.033	−0.114
2002	−0.249	−0.329	0.744	0.630	−0.738	−0.044	−0.205
2003	−0.264	−0.328	0.762	0.628	−0.749	−0.058	−0.333
2004	−0.268	−0.320	0.762	0.672	−0.685	0.038	−0.368

续表

年份	化工产品	塑料、橡胶制品	轻纺产品	贱金属制品	机械电气产品	车辆交通运输产品	光学、医疗及精密仪器
2005	− 0.227	− 0.251	0.793	0.701	− 0.652	0.178	− 0.286
2006	− 0.196	− 0.219	0.815	0.748	− 0.587	0.128	− 0.256
2007	− 0.146	− 0.201	0.837	0.744	− 0.535	0.222	− 0.272
2008	− 0.055	− 0.190	0.845	0.770	− 0.476	0.280	− 0.253
2009	− 0.125	− 0.242	0.851	0.723	− 0.653	0.166	− 0.235
2010	− 0.108	− 0.238	0.841	0.743	− 0.629	0.151	− 0.240
2011	− 0.097	− 0.169	0.830	0.741	− 0.583	0.136	− 0.217
2012	− 0.111	− 0.076	0.822	0.772	− 0.582	0.086	− 0.164
2013	− 0.124	− 0.042	0.836	0.802	− 0.593	− 0.001	− 0.155
2014	− 0.071	− 0.012	0.853	0.811	− 0.532	− 0.071	− 0.150
2015	− 0.031	0.038	0.851	0.833	− 0.537	0.045	− 0.121
2016	− 0.050	0.041	0.846	0.838	− 0.568	− 0.023	− 0.128
2017	− 0.073	0.017	0.831	0.823	− 0.583	− 0.012	− 0.137

资料来源：根据国家统计局相关数据整理得出。

　　根据图 6 - 10 可以看出，我国出口货物中，轻纺类产品以及贱金属产品具有极强的出口竞争优势。这源于我国在劳动密集型产品中具有的领先优势，我国基于人口红利发展的轻工业具有很强的竞争力，虽然根据上文分析，该种类产品增速相对于机电、高新产业较慢，但这是我国传统的优势产业，即使如今面临劳动力价格上涨的情况，在国际市场中我国仍旧保持着领头羊的态势。

　　塑料、橡胶及其制品在 2015 年之前的出口额低于进口额，具有竞争劣势，在 2005 年之前史是具有较强的竞争劣势。但是 2015 年之后，我国的该类产品由竞争劣势转为具有微弱的竞争优势。

　　车辆、航空器、船舶及有关运输设备，我国在 2004 年之前具有微弱的竞争劣势，2004 ~ 2012 年，我国具有微弱的竞争优势，而 2015 年至今，我国该分类产品又处于微弱的竞争劣势之中。运输类产品虽然增速快，出口额高，但该产业属于资本技术密集型产业，我国在这方面对比欧美发达国家仍旧存在一定差距。

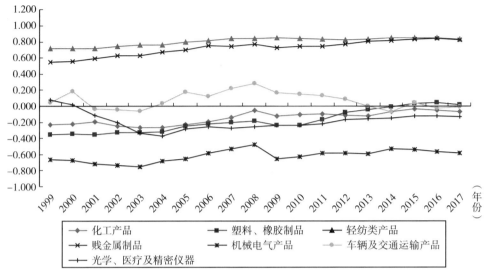

图 6 – 10   1999 ~ 2017 年我国主要出口制造业 TC 指数

资料来源：根据国家统计局相关数据整理得出。

化工产品、光学、医疗及精密仪器具有微弱的竞争劣势。该产业依赖一国的科技创新能力，体现了一国的综合科技水平，该结果表明我国在该产业相对需要依赖国外进口，我国仍需要加大对基础科学研究、教育的投入。

机械电气产品是我国相对来说最具有竞争劣势的品类，该品类产品 1999 ~ 2017 年的平均 TC 指数达到了 – 0. 62。说明我国对该品类产品的需求量较大，在 2017 年该品类的进口额达到了 6274. 55 亿美元，占我国进口额总数的 34% 。虽然该类产品我国的出口金额是最大的，但是 TC 指数结果说明我国仍需从国外大量进口此类商品，因此需加大对此类产品的政策与经济支持，未来该类产品的出口将有较大的增长空间。

通过 TC 指数分析结果可以了解，我国优势产业主要集中在劳动密集型产业，虽然当今我国劳动力价格持续上涨，但是在国际市场中我国的劳动密集型产品仍具有很强的竞争力。就资本技术密集型产业而言，我国目前处于相对竞争劣势的状态，未来我国对此类产品的需求仍将进一步加大，这不论是对进口贸易还是国内资本技术密集型产业的发展都是利好的信号，我国"中国制造 2025"的目标同样也是发展自主高新技术产业，期望将该领域的竞争劣势逐步转变为竞争优势。

通过表 6 – 10、图 6 – 11 可以看出，机电产品的竞争优势强于高新技术产品。2005 年之前，我国的机电产品国际竞争力薄弱，基本维持中间水平，而高新技术产品相对来说竞争优势更弱；2005 年之后，随着我国《产业结构调整指导目录》的颁布实施，我国制造业不断积极改革创新，使机电产品和高新技术产品的国际竞争力得到提升。从平均值来看，机电产品为 0.176，高新技术产品为0.077，可见二者都处于竞争力较弱地位。从变动趋势来看，高新技术产品指数总体保持平稳；相对而言，机电产品上升趋势较为明显，但是在 2008 年和 2015年两者的 TC 都有一定程度的下降。

表 6 - 10　　　　　　　机电产品和高新技术产品出口竞争力指数

年份	2004	2005	2006	2007	2008	2009	2010	2011	2012	2013	2014	2015	2016	2017
机电产品	0.034	0.098	0.125	0.168	0.209	0.184	0.171	0.181	0.202	0.202	0.211	0.238	0.221	0.215
高新技术产品	0.013	0.049	0.065	0.096	0.097	0.098	0.088	0.085	0.085	0.084	0.090	0.089	0.071	0.067

资料来源：根据国家统计局相关数据整理得出。

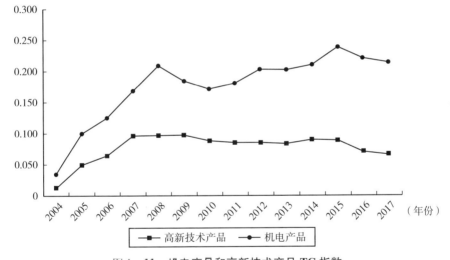

图 6 - 11　机电产品和高新技术产品 TC 指数

资料来源：根据国家统计局相关数据整理得出。

　　总体而言，在产业结构转型升级的大背景下，我国制造业出口产品结构有了一定的改善，机电产品和高新技术产品的出口额不断增加，国际竞争力逐渐增强，但从具体的 TC 指数来看，二者皆有很大的上升空间，特别是高新技术产品，近几年的国际竞争力基本维持稳定，这就需要政府在产品研发、技术人员投入、资金支持、政府政策扶持等多方面进行引导，以提高这类产品的国际竞争力，扩大出口。

二、中国主要制造业出口增长优势指数

出口增长优势指数是反映某种产品出口优势的变化情况，指某产品出口增长率与总的贸易增长率之差，反映该产品出口优势的变化。即某一产品出口增长率与国内全部产品的出口增长率之差。该指数越大说明，该产品的出口增长越快。

以 g_i 表示 i 产品出口增长率，g_t 表示一国总出口增长率，出口增长优势指数 Dt 用公式表示为：

$$Dt = (g_i - g_t) \times 100\%$$

以 2017 年为例，我国出口贸易额 22633.7133 亿美元，对外出口贸易额增长率达到了 10.76%，同年主要制造业部门的出口额增长率以及出口增长优势指数如表 6-11 所示。

表 6-11　　　　　　　　　2017 年主要工业制成品出口增长优势指数

产品品类	化工类制品	塑料、橡胶制品	纺织类产品	轻纺类产品	贱金属及其制品	机械电气制品	车辆运输产品	光学、医疗精密仪器	杂项类制品
出口增长优势指数	4.48%	1.01%	-9.16%	-7.96%	-3.84%	-1.33%	2.07%	-7.49%	-1.79%

资料来源：根据国家统计局出口贸易数据整理得出。

出口优势指数大于 0 的产品品类表示相对于总体出口贸易增长率而言，具有增长优势。从 2017 年的数据可以看出，化工类制品、塑料、橡胶制品、车辆及运输产品在 2017 年的对外出口贸易中表现出了增长优势，化工类制品增长优势较为明显。而纺织类产品、轻纺类产品、贱金属及其制品、机械电气制品、光学、医疗及精密仪器、杂项类制品相对具有增长颓势。其中纺织类产品相对来说增长颓势最大，说明其在 2017 年出口增速较为缓慢，增长乏力。相对于 2017 年的总体贸易增长率，我国主要工业制成品出口额增速不尽相同，总体没有呈现负增长。

从 2000～2017 年的主要出口制造业出口增长优势指数趋势图（见图 6-12）来看，不同品类的产品在此期间优势指数变化较大。其中，贱金属及其制品是波

动幅度最大的，在 2004 年高达 38.81%，而到了 2009 年却降低至 −28.16%，说明该产品在对外贸易出口中需求波动较大，极易受国际经济形势影响。

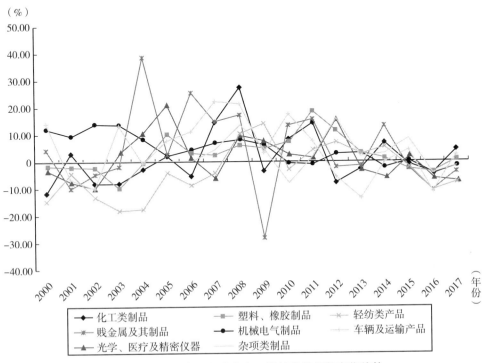

图 6 − 12　主要出口制造业出口增长优势指数变化趋势

资料来源：根据国家统计局出口贸易数据整理得出。

不同产品出口增长优势指数波动幅度较大，其影响因素十分复杂，既包括国际市场的供需情况，又与国际经济的整体形势密切相关，并且也与国内市场的需求与国内生产的主动性密不可分。

三、我国主要制造业出口贡献率

主要制造业出口贡献率是衡量某一制造产业对整体出口的贡献占比，也就是说该产业出口金额对总出口额的占比情况，具体计算公式为：

$$出口贡献率 = 某产品出口额 / 出口产品总额$$

由表 6 − 12 可知，我国的主要制造业中，第十六类机械电气产品占据最大的出口份额，其出口贡献率从 1999 年的 26.72% 上升到 2017 年的 43.37%。而占据出口贡献率第二的是轻纺类产品，其出口贡献率从 1999 年的 26.59% 逐年下降到 2017 年的 14.07%。而同样产品附加值较低的塑料、橡胶制品同样也是逐年降低，从 1999 年的 3.02% 下降到 2017 年的 1.46%。这种趋势说明我国出口货物趋势中初级产品以及工业附加值较低的产品在相对减少，而是更多地向具有技术加成的附加值较高的产品转变。同时可以看出贱金属及其制品、车辆及运输产品、光学、医疗及其精密仪器出口贡献率呈小幅增长，说明我国在资本技术密集型产业尤其是高端制造业仍需继续发力。

表 6 - 12　　　　　　　　　1999~2017 年我国主要制造业出口贡献率　　　　　　单位：%

年份	化工产品	塑料、橡胶制品	轻纺类产品	贱金属及其制品	机械电气产品	车辆及运输产品	光学、医疗及精密仪器	杂项制品
1999	5.13	3.23	26.59	6.45	26.72	3.38	3.53	—
2000	4.67	3.19	24.61	6.66	29.25	3.75	3.43	—
2001	4.81	3.13	23.34	6.05	31.90	3.53	3.18	—
2002	4.49	3.08	21.88	5.81	35.60	3.24	2.92	—
2003	4.23	2.86	20.30	5.73	39.33	3.56	2.99	—
2004	4.14	2.85	18.06	7.37	41.76	3.54	3.22	—
2005	4.18	3.06	17.12	7.49	42.26	3.73	3.73	—
2006	3.90	3.06	16.96	8.80	42.73	3.97	3.68	5.69
2007	4.19	2.99	16.10	9.47	43.34	4.51	3.34	5.66
2008	4.81	2.89	15.08	10.07	42.69	4.94	3.33	5.82
2009	4.50	2.99	16.30	6.42	44.69	5.00	3.54	6.02
2010	4.75	3.14	15.43	7.02	44.28	5.63	3.59	5.61
2011	5.11	3.49	15.43	7.63	42.12	5.75	3.48	5.47
2012	4.61	3.78	14.88	7.28	42.13	5.29	3.88	6.13
2013	4.42	3.84	15.30	7.06	42.75	4.53	3.70	6.13
2014	4.67	3.86	15.29	7.87	41.49	4.47	3.46	6.24
2015	4.67	3.78	15.03	7.77	42.16	4.72	3.57	6.85
2016	4.73	3.87	14.91	7.36	42.76	4.43	3.55	6.96
2017	5.06	4.01	14.07	7.29	43.37	4.63	3.39	7.03

资料来源：根据国家统计局出口贸易数据整理得出。

第七章

中国制造业发展面临的资源与能耗问题

第一节　中国资源环境现状

一、水资源情况

我国是一个水资源大国，2017 年我国水资源总量达到 28761.2 亿立方米，大约占全球水资源 6% 左右的比例。我国水资源总量虽然大，但总体上，我国水资源缺乏问题突出，由于我国人口众多，且水资源分布不平衡，导致我国约 1/4 的省份面临严重缺水问题。虽然我国淡水资源居全球第四，但是我国人均水资源拥有量仅为 2074.53 立方米（2017 年）①，是全球水资源贫乏的主要国家之一。我国人均水资源拥有量与人们日益增加的用水需求之间的矛盾日益加深，这一点在干旱的北方地区尤其明显。水资源对人民生活，农业灌溉，工业生产等活动都至关重要，保护并且合理利用水资源就尤为关键。通过我国对水资源的大力保护，

---

① 2017 年我国水资源总量、水资源构成结构及人均水资源量分析，中国产业信息网，2018 - 12 - 13，http：//www. chyxx. com/industry/201812/699582. html.

我国水资源总量目前保持的较为稳定。图7-1反映了我国水资源总量和人均水资源的状况。

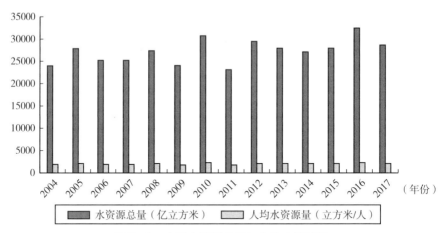

图7-1 中国水资源总量与人均水资源量

资料来源：根据国家统计局相关数据整理得出。

我国是一个农业大国，首先，可供应的水资源大部分用于农业灌溉，以2017年的数据为例，供水总量的62.32%用于农业供水。其次，工业生产也消耗了大量的可用水资源，总供水量的21.13%用于工业供水。最后，总供水量的13.87%用于生活用水，2.68%用于生态用水，见图7-2。

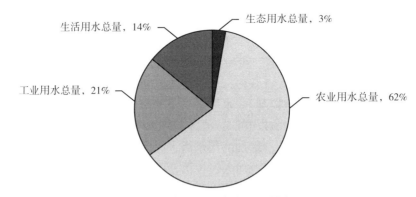

图7-2 中国2017年各部门用水量

资料来源：根据国家统计局相关数据整理得出。

　　工业生产需要大量的水资源，因此也会产生大量的废水排放，废水排放不仅污染环境，对生态环境造成破坏，还会对人体健康造成损害。图 7-3 显示了2004~2017 年我国废水排放总量，可以看出，废水排放量一直是趋于增长的趋势，2016 年和 2017 年排放总量，比高峰期的 2015 年稍微有些减少。在快速的经济社会发展中，我国产生了大量的工业以及生活废水，如何减少废水排放，对废水进行正确处理，都是未来重点关注的问题。

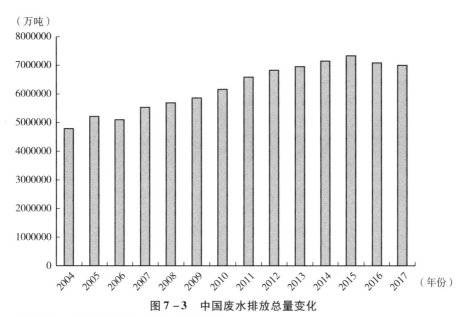

图 7-3　中国废水排放总量变化

资料来源：根据国家统计局相关数据整理得出。

二、空气污染情况

　　通常所说的大气污染源是指由人类活动向大气输送污染物的发生源，大气的人为污染源可以概括为以下四个方面。

　　（1）燃料燃烧：燃料（煤、石油、天然气等）的燃烧过程是向大气输送污染物的重要发生源。煤炭的主要成分是碳，并含氢、氧、氮、硫及金属化合物。燃料燃烧时除产生大量烟尘外，在燃烧过程中还会形成一氧化碳、二氧化碳、二氧化硫、氮氧化物、有机化合物及烟尘等物质。

　　（2）工业生产过程的排放：如石化企业排放硫化氢、二氧化碳、二氧化硫、氮氧化物；有色金属冶炼工业排放的二氧化硫、氮氧化物及含重金属元素的烟尘；磷肥厂排放的氟化物；酸碱盐化工业排出的二氧化硫、氮氧化物、氯化氢及各种酸性气体；钢铁工业在炼铁、炼钢、炼焦过程中排出粉尘、硫氧化物、氰化物、一氧化碳、硫化氢、酚、苯类、烃类等。其污染物组成与工业企业性质密切相关。

（3）交通运输过程的排放：汽车、船舶、飞机等排放的尾气是造成大气污染的主要来源。内燃机燃烧排放的废气中含有一氧化碳、氮氧化物、碳氢化合物、含氧有机化合物、硫氧化物和铅的化合物等物质。

（4）农业活动排放：田间施用农药时，部分农药会以粉尘等颗粒物形式扩散到大气中，残留在作物上或粘附在作物表面的仍可挥发到大气中。进入大气的农药可以被悬浮的颗粒物吸收，并随气流向各地输送，造成大气农药污染。此外还有秸秆焚烧等。

通过对空气污染来源的治理，我国的空气污染的物的排放量自 2011 年持续下降。大气污染的主要来源得到了有效地控制，其中主要污染物的二氧化硫，氮氧化物以及烟（粉）尘的排放量持续减少，见图 7 - 4。

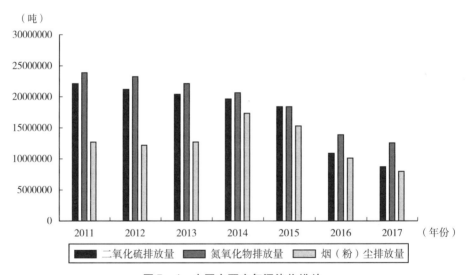

图 7 - 4　中国主要空气污染物排放

资料来源：根据国家统计局相关数据整理得出。

通过比较，可以看出，在二氧化硫，氮氧化物以及烟（粉）尘三种排放量物中，制造业生产产生的二氧化硫和氮氧化物数量大于烟（粉）尘的数量，由于国家对于环境污染的治理，从 2011 年以来，主要污染物呈现了下降趋势。

制造业作为排放大户，在国家宏观政策去产能的供给侧改革中减少了不必要的空气污染排放，依托绿色制造产业升级，在未来制造业部门对大气的污染将会进一步减少。

三、固体废弃物

排放的固体废弃物主要有城市生活垃圾、农业废弃物和工业固体废物。一般来说，城市每人每天的垃圾量为 1～2 千克，其多寡及成分与居民物质生活水平、习惯、废旧物资回收利用程度、市政建设情况等有关，如炉灰、以厨房垃圾为主的有机物、玻璃、塑料、废纸等。农业垃圾主要为粪便及植物秸秆类。工业固体废物指工业生产过程排出的采矿废石，选矿尾矿、燃料废渣、冶炼及化工过程废渣等，又称工业废渣或工业垃圾，依废渣的毒性又分为有毒废渣和无毒废渣，凡含有氟、汞、砷、镉、铅、氰等以及化合物和酚、放射性物质的，均为有毒废渣。

固体废物的堆存占用大量土地，其产生的重金属及其化合物、苯酚及酚类产品、放射物品等都会通过与呼吸空气、皮肤和污染食品等途径严重危害人体的健康。固体废物污染的二次污染还包括降低地表水、地下水的质量，对土壤和生态系统造成危害。表 7-1 显示了 2008～2017 年，我国工业固体废物的排放量，可以看出，工业固体排放物一直是增长趋势，表明我国制造业在减少污染足迹的进程中依然任重道远。

表 7-1　　　　　　　　**2008～2017 年我国工业固体废物排放量**　　　　　单位：万吨

年份	排放量	年份	排放量
2008	190217	2013	327701.9
2009	203943	2014	325620
2010	240944	2015	327078.7
2011	322772.34	2016	309210.3
2012	329044.3	2017	331592.1

资料来源：根据国家统计局数据整理。

第二节 中国出口制造业的能源消耗分析

一、全国能源消费结构

我国是经济总量大、经济增速较快、工业体系和工业规模大的发展中国家，正处于城市化和工业化的攻坚阶段，无论是能源消耗还是各地区每年的碳排放总量都处于上升趋势。我国经济社会发展对能源的需求量与日俱增。能源的生产与消费构成主要有以煤炭、石油和天然气为主的不可再生的化石能源，以及以在新技术基础上开发利用的新能源，如风能、太阳能、海洋能、地热能、氢能和核能等。

目前，我国能源消费主要来源于煤炭、石油、天然气等化石燃料，2018 年，这三种主要化石燃料的消费总量占能源消费总量的 85% 以上[①]。

2000～2018 年，我国的能源消费量稳步增长，目前我国能源消费呈现节节攀升的趋势，其中煤炭的消费要大于石油和天然气的总和，而且在未来相当长的时期内，我国仍将是以煤为主的能源结构。同时石油和天然气所占能源的消费比例也开始慢慢上升，出现了石油、天然气对外依存度逐步加大的趋势，见图 7-5。

我国同时也是一个能源进口大国，需要通过进口保证我国能源的需求。我国对进口能源的需求也在不断增长，2000 年我国只有 9.93% 的能源需要通过进口，2000 年开始，我国能源的进口量持续增加，增长速度也在不断加快，年均增长速度达到了 14.13%，到 2016 年，我国消费所需要的能源中 1/5 需要进口，进口量达到了 89730 万吨标煤，我国已经是国际上主要的能源进口国，并且根据目前的趋势，未来的能源进口需求将会进一步增加，见图 7-6。

我国一次能源消费总量较大，其中占比最大的是煤炭。其次是石油、一次电气及其他能源、天然气。煤炭作为我国主要的能源消费品在我国的经济发展中占据了重要地位，2010 年之前煤炭消费比例超过 70%。但是煤炭作为能源使用过程中会产生大量污染物，与天然气、一次电力等能源相比，属于非清洁能源。因此我国近年来重点提倡使用天然气等清洁能源，并大力发展水电、风电、核电等

[①] 中国报告网：http://market.chinabaogao.com/nengyuan/12234F5432019.html。

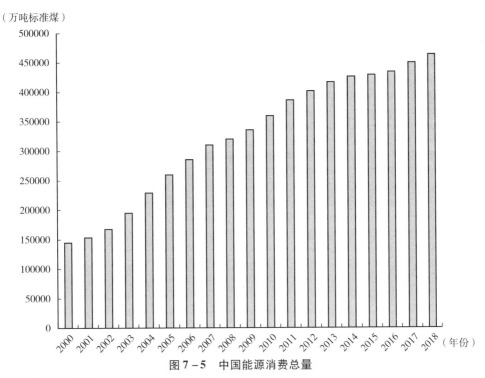

图7-5　中国能源消费总量

资料来源：根据国家统计局相关数据整理得出。

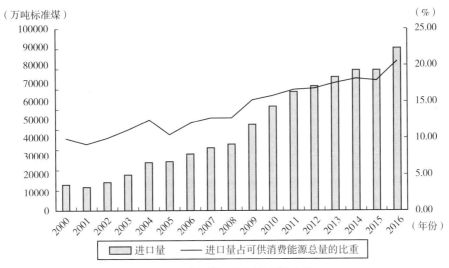

图7-6　中国进口能源总量及占比

资料来源：根据国家统计局相关数据整理计算。

清洁能源。煤炭在我国能源消费占比不断下降，到 2017 年为 60.4%，比 2005 年下降了 12 个百分点。相对地，天然气与一次电力及其他能源在我国能源消费结构中得到了大幅增长，天然气和一次电力等作为较为清洁的能源在 2005 年合计占比不超过 10%，由于产业转型以及国家整体进行可持续化发展的政策推动，清洁能源得到了快速的发展，天然气的消费量占比提升了一倍多，2017 年两者合计占比已经达到了 20% 以上，见表 7-2。

表 7-2 我国一次能源消费量及占比

年份	能源消费总量（万吨标准煤）	占能源消费的比例			
		煤炭（%）	石油（%）	天然气（%）	一次电力及其他能源（%）
2005	261369	72.4	17.8	2.4	7.4
2006	286467	72.4	17.5	2.7	7.4
2007	311442	72.5	17.0	3.0	7.5
2008	320611	71.5	16.7	3.4	8.4
2009	336126	71.6	16.4	3.5	8.5
2010	360648	69.2	17.4	4.0	9.4
2011	387043	70.2	16.8	4.6	8.4
2012	402138	68.5	17.0	4.8	9.7
2013	416913	67.4	17.1	5.3	10.2
2014	425806	65.6	17.4	5.7	11.3
2015	429905	63.7	18.3	5.9	12.1
2016	435918	62.0	18.5	6.2	13.3
2017	449000	60.4	18.8	7.0	13.8

资料来源：根据国家统计局相关数据计算。

虽然未来我国依旧较为依赖煤炭作为工业生产等行业的主要能源，但是清洁能源发展速度迅猛，在未来的能源消费市场中拥有巨大潜力。

我国化石燃料能源消费主要以煤炭为主，2005 年煤炭日均消费量达 666.8 万吨，随着经济发展能源消费量也逐渐提升，煤炭是许多产业例如采矿冶炼、发电等的主要能源供应，并且我国对煤炭的需求非常大。但是使用煤炭作为主能源会带来很大的污染以及排放问题。我国追求可持续与发展，付出了很大的努力，当前大力提倡绿色制造业的模式起到了成效，我国煤炭的需求量增长并不是很快，2006~2016 年的平均增长率只有 4.40%，并且 2014 年开始，我国煤炭消费量变为负增长，负增长速度逐渐加快，说明我国全国对于煤炭的需求在降低（见图7-7）。

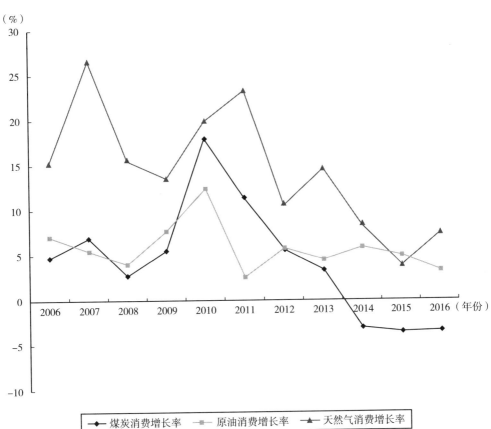

图7-7 我国一次能源消费增长率

资料来源：根据国家统计局能源消费数据整理得出。

结合表7-3化石能源消费量和图7-7显示的煤炭、原油和天然气三种能源消费增长率，可以看出我国的天然气使用量相对增速较快，与煤炭和石油相比，天然气作为一种更加清洁的能源备受推崇，由于技术的发展和更多天然气资源被开发，天然气被更多地使用于工业、生活的各个方面。我国2005年的天然气日均消费量只有1.3亿立方米，2016年增长至5.7亿立方米/天，增长幅度为392%。年均增长率也远高于原油消费和煤炭消费，平均增幅达14.57%。表明我国天然气需求在未来仍旧会有较大的增长空间。

表7-3   中国化石燃料能源消费量

年份	平均每天煤炭消费量 （万吨）	平均每天原油消费量 （万吨）	平均每天天然气消费量 （亿立方米）
2005	666.8	82.4	1.3
2006	698.8	88.3	1.5
2007	747.2	93.2	1.9
2008	768.0	97.0	2.2
2009	810.5	104.5	2.5
2010	956.2	117.5	3.0
2011	1065.6	120.5	3.7
2012	1124.9	127.5	4.1
2013	1162.8	133.3	4.7
2014	1127.7	141.2	5.1
2015	1087.7	148.2	5.3
2016	1050.7	153.1	5.7

资料来源：根据国家统计局相关数据计算。

近年来，我国原油、石油和天然气三大能源的进口量不断提高，原油在能源进口量中占很大比例，对外依存度较高，2017年我国超过美国成为最大原油进口国，2018年，原油对外依存度为71%[①]。原油不仅是工业生产的能源，更是一种被各个领域广泛使用的原材料，作为制造业大国，我国对原油的消费与需求一直保持着快速增长，2005年我国原油消费日均82.4万吨，到2016年的平均年增长率为5.82%，2016年达153.1万吨。

图7-8反映了不同行业的能源消费占比。从不同行业来看，我国能源消费最大的部门是工业生产，以2015年能源消费情况为例，在全部消费部门中，工业生产所消费的能源超过其他所有部门消费的总和，占比67.99%。根据2005~2015年的数据，工业部门平均每年消费能源占全国总能源供应的66.33%。能源消费比例第二的是生活能源消费，占比11.65%。第三是交通运输、仓储和邮政业能源消费，占比8.91%。

---

① 中国产业信息网，https：//www.chyxx.com/industry/201911/807027.html。

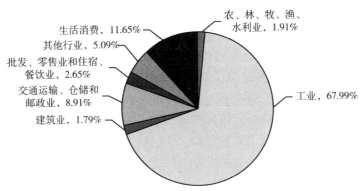

图 7 - 8　2015 年中国各部门能源消费占比

资料来源：根据国家统计局相关数据整理得出。

　　我国能源消费量增长很快，各部门能源消耗量保持相对较为稳定的增长，图 7 - 9 为各部门能源消费综合平衡表，显示了 2005~2015 年能源消费总量和各部

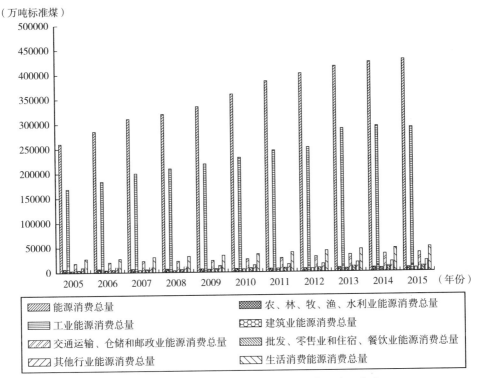

图 7 - 9　2005~2015 年中国各部门能源消费综合平衡表

资料来源：根据国家统计局能源消费数据整理得出。

门能源消费量的对比。从图 7 - 9 中可以清晰地看出，工业的能源消费量在所有行业中是最高的，而且与其他部门能源消费相比，呈逐年上升的趋势。

图 7 - 10 反映了能源消费的趋势。2005 年起我国各部门能源消费量持续增长，尤其是工业部门能源消费量有着较大增长。2005 年工业部门的能源消费量为 168723.53 万吨标准煤，占总体能耗的 64.55%，占据着大部分的能源消费。而其他部门消费量都在 30000 万吨标准煤以下。2005 ~ 2015 年，工业部门的能源需求增长了近一倍，达到 292275.96 万吨标准煤，能源消费占比也增长到 67.99%。到 2015 年，其他部门的能源消费需求增幅较低，仍旧在 50000 万吨标准煤以下。

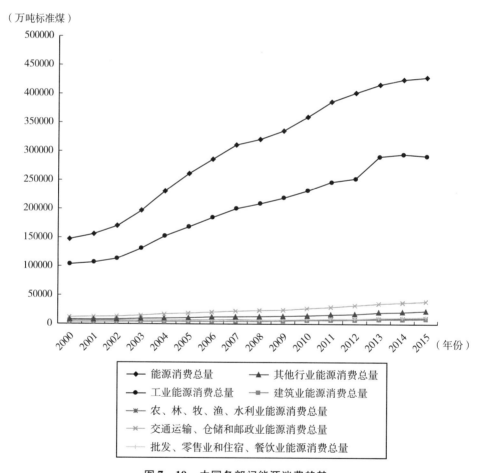

（万吨标准煤）

图 7 - 10　中国各部门能源消费趋势

资料来源：根据国家统计局相关数据整理得出。

二、制造业能源消费与结构

工业生产作为最大的能源消费部门，消费了全国最多的能源供应。工业生产部门主要分为采掘业、制造业及电力煤气和水生产供应业。其中制造业所消耗的能源远大于采掘业和煤水电供应业的总和。

制造业一直保持着对能源的较高需求，2000年起制造业消费的能源占比一直超过总能耗的50%，即使在2014年制造业消费量占比最低的一年，其比例也高达全国消费量的51.14%。制造业产值较高，对能源的需求量较大，未来的趋势仍旧会保持对能源旺盛的消费需求，见图7－11。

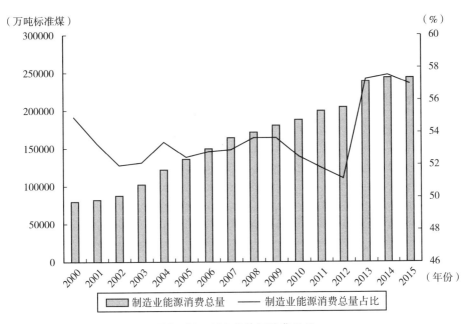

图7－11 制造业能源消费趋势

资料来源：根据国家统计局相关数据计算。

根据图7－12显示的数据可以得出，在制造业中能源消费较多的行业包括：黑色金属冶炼及压延加工业、化学原料及化学制品制造业、非金属矿物制品业、石油加工、炼焦及核燃料加工业、有色金属冶炼及压延加工业。这五个行业消费了整个制造业85.92%的能源。因此，在制造业中，加大清洁能源的应用比率，降低能耗与污染，提高能源使用效率，对于提升我国制造业生产的绿色国际竞争力的重要因素之一。

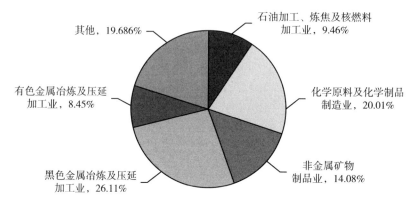

图 7 - 12　制造业各行业能源消费占比

资料来源：根据国家统计局相关数据计算。

第八章

中国制造业主要出口行业的碳排放与碳强度

第一节 碳排放测度评估方法

碳排放是关于温室气体排放的一个简称。温室气体中最主要的气体是二氧化碳，因此用碳（Carbon）一词作为代表。对于不同尺度的碳排放，有不同的评估方法，大致分为自下而上（bottom-up）的过程分析方法和自上而下（top-down）的环境投入产出分析方法。目前主要有生命周期法、投入产出法、IPCC 计算方法和网络计算器。

一、生命周期法

生命周期法（life cycle assessment，LCA）是评价和估算产品和服务在从原材料、制造、分销和零售、消费者使用、最终废弃或回收处理的整个周期内产生的二氧化碳及其当量对环境造成的影响，是从摇篮到坟墓的计算方法。碳基金（carbon trust）最早系统使用 LCA 方法进行核算，并与英国环境、食品和农村事务部（department for environment，food and rural affairs，Defra）和英国标准协会在 2008 年发布了《产品和服务生命周期温室气体评估规范》（PAS2050），这是

第一部通过统一的方法评价产品生命周期内温室气体排放的规范性文件，成为产品和服务碳排放评估和比较可以参考的标准化的方法。PAS2050 是建立在生命周期评价方法（由 ISO 14040&14044 确立）之上的评价产品和服务生命周期内温室气体排放的规范，针对某个企业的具体产品，从摇篮（原材料）到坟墓（产品报废进入垃圾场）整个生命周期所排放的二氧化碳总量。PAS2050 规定了两种评价方法：企业到企业和企业到消费者。前者指碳排放从产品运到另一个制造商时截止，即所谓的"从摇篮到大门"（from cradle to gate）；后者产品的碳排放需要包含产品的整个生命周期（"从摇篮到坟墓"）。PAS 针对温室气体评估的原则和技术手段主要包括：

（1）整个商品和服务温室气体排放评价中，部分 GHG 排放评价数据的企业到企业以及企业到客户的使用；

（2）温室气体的范围；

（3）全球增温潜势数据的标准；

（4）处理因土地利用变化、源于生物的以及化石碳源产生的各种排放的处理方法；

（5）产品中碳储存的影响的处理方法和抵消；

（6）特定工艺中产生的 GHG 排放的各项处置要求；

（7）可再生能源产生排放的数据要求和对这类排放的解释；

（8）符合性声明。

二、环境投入产出分析方法

美国经济学家瓦西里里·昂惕夫创立的投入产出分析方法被广泛应用于各领域，该方法也可用于估算企业、部门或城市和国家的碳排放数据。马修斯（Matthews，2008）将碳排放分为三个层次，并分别计算。第一层次为来自部门或组织本身的直接排放，如生产或运输；第二层次将边界扩大到组织使用的能源产生的碳排放；第三层次边界继续扩大，包含了其他间接活动的碳排放，及产业整个生命周期中的所有温室气体的排放。他将投入产出法（EIO）应用于整个产品生命周期中，形成了 EIO - LCA 方法。这种估算方法涵盖了产业供应链中从采购开始的所有过程，边界广泛，包括了经济中的所有活动。根据他的计算，碳排放的估算公式为：

$$b = R_i(I - A)^{-1}y$$

其中，b 为温室气体排放量，R_i 为二氧化碳排放系数矩阵，I 为单位矩阵，A 为直接消耗矩阵，y 为最终需求向量。

EIO 是自上而下的估算方法，并可以应用二手数据，将 I-O 表中的经济活动与环境指标结合，将整个经济系统作为边界，可以提供一种比较综合和稳健的碳排放估算数值。

三、IPCC 测度方法

该方法是 2006 年联合国气候变化专门委员会编写的国家温室气体清单指南，目前已经成为国际公认和通用的碳排放估算方法。它将碳排放的范围分为能源部门、工业过程和产品使用部门、农林和土地利用部门以及废弃物四个部门。其中，能源部门包含了能源产业、制造业和建筑业、运输业等燃料燃烧活动；工业过程和产品使用部门包含采矿工业、化学工业、金属工业、电子工业排放以及源于燃料和溶剂使用的非能源产品和臭氧损耗物质氟化替代物排放等；农林和土地利用部门包括林地、草地、农地、湿地、聚居地及其他土地的排放、牲畜和粪便管理过程排放和石灰尿素使用中的二氧化碳排放等；废弃物主要计算废弃物排放、生物处理焚化和燃烧以及废水处理与排放过程中产生的各种温室气体。IPCC 的测度方法是：碳排放量 = 活动数据 × 排放因子。

四、碳足迹计算器

就个人或家庭的碳足迹而言，英国环境、食品和农村事务部（department for environment, food and rural affairs, Defra）曾发布了二氧化碳计算器，可以根据个人或家庭户使用的能耗设备、家电以及出行工具计算二氧化碳的排放量；美国加州以及我国的一些网站也设计了一些碳足迹计算器，这些方法都是自下而上的方法。

以上几种计算方法各有优缺点，如采用生命周期评价法时需要考虑目标和范围、清单分析、影响评价和结果解释，要确保数据的质量（数据来源、准确性、一致性、可再现性等）达到 ISO14044 及 PAS2050 的标准，为数据的获得付出的成本较大；几种方法的适用范围及优缺点比较见表 8-1。

表8-1   碳排放测度方法比较分析

项目	LCA	EIO	IPCC	碳足迹计算器
适用范围	适用于微观系统的核算	适于宏观层面的温室气体计算	城市、区域、国家	个人、居民户、城市或国家
优点	自上而下；应用于产品和服务的碳排放	利用 IO 表的信息计算经济对环境的影响	详细全面考虑到温室气体的排放源	网络上简单的公式便于计算
缺点	系统边界的确定；获取数据成本高	采用行业数据，不能分析单一产品碳排放	从生产角度计算，无法从消费角度计算	计算项目和复杂程度不同；可采用二级数据，影响结果

第二节　中国制造业碳排放分析

一、分行业总碳排放分析

根据我国消费能源结构与数量进行一次能源碳排放核算。我国工业行业、农林牧渔及水利业、建筑业、交通运输仓储和邮政业、批发零售业和住宿餐饮业、其他行业及生活消费活动水平数据为分能源品种数据取自 2000~2017 年《中国统计年鉴》"按行业分能源消费量"部分。能源种类具体分为煤炭、焦炭、原油、汽油、柴油、燃料油、天然气、电力等。

根据 IPCC 温室气体排放清单核算方法：

（1）一次能源碳排放核算方法，其计算公式为：

$$C = \sum_{i=1}^{k} Q_{ph,i} \cdot NCV_i \cdot A_i \cdot O_i \cdot 44/12$$

其中，C 为核算的二氧化碳排放量，$Q_{ph,i}$ 为第 i 种能源消费实物量，i 为各种燃料品种，取值范围包括无烟煤、烟煤、焦炭、各种油品以及天然气等多个燃料品种；NCV_i 为第 i 种能源的平均低位发热量，A_i 为各种能源的单位热值含碳量，O_i 为碳氧化率。

（2）电力消费碳排放计算方法。其计算公式为：电力消费活动水平数据×电力排放因子

全国电力排放因子确定方法：第一，分别将 2007 年和 2015 年各区域排放因

子取算数平均数，作为 2007 年和 2015 年全国电力排放因子；第二，将得到的 2007 年和 2015 年的排放因子算数平均，作为 2000～2016 年统一的电力排放因子。核算方法按照省级温室气体清单标准煤数据法。计算公式为：

$$C = \sum Q_{st} \times EF_{st} \times 44/12$$

其中，C 为核算的二氧化碳排放量，Q_{st} 为城市能源消费标准量，EF_{st} 为能源消费标准量的排放因子。表 8-2 为 2007 年和 2015 年全国电网碳排放因子。

表 8-2　　　　　　　　　　全国电网碳排放因子

地区电网	2007 年	2015 年
华北区域电网	1.1208	1.0416
东北区域电网	1.2404	1.1291
华东区域电网	0.9421	0.8112
华中区域电网	1.2899	0.9515
西北区域电网	1.1257	0.9457
南方区域电网	1.0119	0.8959
海南省电网	0.9209	0.7812
全国电网	1.0931	0.9625
2007～2015 全国电网排放因子	1.0278	

资料来源：国家发改委中国区域电网基准线排放因子，http://www.tanjiaoyi.com/article-25420-1.html。

计算我国分行业的碳排放量，还需要按照《中国省级温室气体排放清单编制指南》将各种能源换算为排放因子，如表 8-3 所示。

表 8-3　　　　　　　　　碳排放核算所用排放因子

能源种类	单位热值含碳量（吨碳/万亿焦耳）	净发热值（万亿焦耳/千吨）或（千焦耳/立方米）	碳氧化率	排放因子（吨 CO_2/吨能源）
原煤	25.80	20.90	1.00	1.98
洗精煤	27.42	26.34	0.94	2.49
焦炭	29.50	28.20	0.93	2.84
焦炉煤气	12.10	16726.00	1.00	7.42

续表

能源种类	单位热值含碳量（吨碳/万亿焦耳）	净发热值（万亿焦耳/千吨）或（千焦耳/立方米）	碳氧化率	排放因子（吨 CO_2/吨能源）
天然气	15.30	38931.00	0.99	21.62
原油	20.10	41.82	0.98	3.02
汽油	18.90	43.00	0.98	2.92
煤油	19.60	44.10	0.98	3.11
柴油	20.20	43.00	0.98	3.12
燃料油	21.10	40.00	0.98	3.06
液化石油气	17.20	47.30	0.98	2.92

资料来源：根据《中国省级温室气体排放清单编制指南》数据整理。

2002～2016 年中国分行业碳排放量统计情况如表 8-4 所示。

表 8-4　　　　　　　　　2002～2016 年中国分行业碳排放量统计　　　　　单位：万吨

年份	农、林、牧、渔、水利业	采掘业	制造业	电力、煤气及水生产和供应业	建筑业	交通运输、仓储和邮政业	批发、零售业和住宿、餐饮业	其他行业	生活消费
2002	9596.9	33149.8	209765.5	138119.6	2560.3	21369.4	3978.0	8221.1	19529.0
2003	9734.8	42221.7	243644.6	165014.8	2701.5	24267.8	4506.3	8260.7	21094.0
2004	11753.0	31376.4	302375.0	199497.6	3058.8	28588.9	5043.9	9423.8	21744.3
2005	12071.4	37713.2	338814.5	221110.0	3272.3	31968.1	5406.1	9509.1	23572.3
2006	12610.2	39500.7	378623.8	250659.5	3434.6	35696.1	5780.6	9676.4	24027.0
2007	12445.0	44324.1	406705.3	273913.3	3514.0	39799.3	6248.8	9350.0	24833.0
2008	7982.8	49157.8	439008.4	282429.9	3498.8	43993.1	5953.2	12964.5	30876.8
2009	8260.1	53011.9	460642.4	299499.4	3849.2	45287.1	6727.1	13502.0	32062.9
2010	8800.4	59220.1	500534.1	313522.3	4414.6	49780.2	7071.3	14646.3	34440.2
2011	9204.8	62835.4	539222.4	352699.8	4748.1	54141.3	7986.0	16156.1	36972.4
2012	9454.5	66594.8	562011.6	360041.1	4723.5	60078.3	8685.0	17470.8	38809.6
2013	11206.8	89661.7	672055.8	391773.2	5273.5	63957.0	12207.2	22289.6	41356.9
2014	11557.3	86900.8	693459.3	364608.9	5476.4	66487.9	12092.4	21870.9	42555.0

续表

年份	农、林、牧、渔、水利业	采掘业	制造业	电力、煤气及水生产和供应业	建筑业	交通运输、仓储和邮政业	批发、零售业和住宿、餐饮业	其他行业	生活消费
2015	11766.3	71324.7	700740.5	344873.1	5651.9	69902.7	12662.5	24042.8	44903.7
2016	12129.8	59334.7	691394.5	354470.7	5620.3	71676.1	12757.2	24018.6	46864.8
总量	10912393.5	719579.9	6383212.5	3809601.2	53477.1	632767.1	103577.3	195496.4	421274.6
ER	126.4%	179.0%	329.6%	256.6%	219.5%	335.4%	320.7%	292.2%	240.0%
AR	8.4%	11.9%	22.0%	17.1%	14.6%	22.4%	21.4%	19.5%	16.0%

注：AR：近15年碳排放增长倍数；ER：近15年碳排放年均增长率。

资料来源：根据国家统计局各年统计年鉴计算整理。

如表8-5所示，由于社会经济水平的不断发展，我国总体碳排放量呈上升趋势，2002~2016年的平均增长率为7.60%，2002~2005年是碳排放快速增长的时期，也是我国制造业快速发展、对外贸易量快速增长的时期。排放增长较大的时间点是2013年，当年全年的碳排放总量达1309781.6万吨，增长率达16.13%。这是我国碳排放量的最高值，2013年后由于国家对资源利用以及生产排放加大了政策监管力度，由于在能源利用效率、排放控制技术等方面的改进，我国自2013年后碳排放量有所下降，碳排放总量的整体趋势如图8-1所示。

表8-5　　　　　　　　2002~2016年中国碳排放量及增速统计

年份	碳排放总量（万吨）	碳排放增长率（%）	年份	碳排放总量（万吨）	碳排放增长率（%）
2000	405424.9	—	2009	922842.2	5.36
2001	414302.5	2.19	2010	992429.5	7.54
2002	446289.6	7.72	2011	1083966.1	9.22
2003	521445.9	16.84	2012	1127868.5	4.05
2004	612861.7	17.53	2013	1309781.6	16.13
2005	683436.8	11.52	2014	1305008	-0.36
2006	760008.8	11.20	2015	1285868.1	-1.47
2007	821132.7	8.04	2016	1278266.8	-0.59
2008	875865.2	6.67	平均增速		7.60

注：采用《中国省级温室气体排放清单编制指南》给定测算方法，能源消费活动水平数据取自近十年《中国统计年鉴》数据，排放因子取自《中国省级温室气体排放清单编制指南》。

资料来源：根据国家统计局各年统计年鉴计算整理。

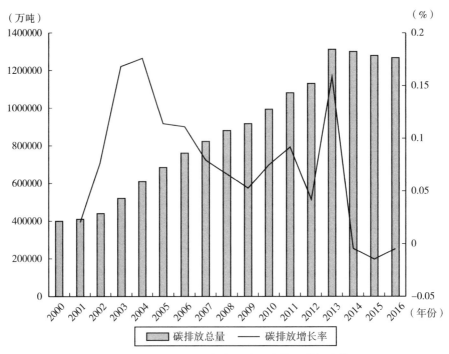

图 8 – 1 2000 ~ 2016 年中国碳排放量及增长趋势

资料来源：根据国家统计局各年统计年鉴计算整理。

如图 8 – 2 所示，2000 ~ 2016 年，制造业和电力、煤气及水生产和供应业碳排放量较高，从行业看，农、林、牧、渔、水利业碳排放量增长低。2015 年前，制造业碳排放量一直呈增长趋势，2015 ~ 2016 年略有下降。

十几年间，中国各行业碳排放量占比基本保持稳定。从行业部门的碳排放量观察，工业的碳排放量占碳排放总量的 85% 左右，是最主要的碳排放来源；生活消费的碳排放量位居其次，为 5% 左右；交通运输、仓储和邮政业、其他行业、批发、零售业和住宿、餐饮业、农、林、牧、渔、水利业分列第三至第六位；建筑业的碳排放量最少，占比不足 1%。

碳排放量最多的是制造业部门，制造业碳排放量远高于其他部门碳排放量。我国是制造业大国，在产业结构上，劳动密集型的产业如轻纺产品和资源消耗较高型的产业如机械电气设备制造业占有很大比例，并且增长速度很快，这些都是消耗自然资源以及能源的大户，在生产制造上都会产生大量的碳排放。在 2000 年制造业的碳排放是 195961.49 万吨，占总排放量的 48.33%。加入 WTO 以后我国对外贸易量的快速增长以及我国经济发展刺激国内消费水平的提升都极大地

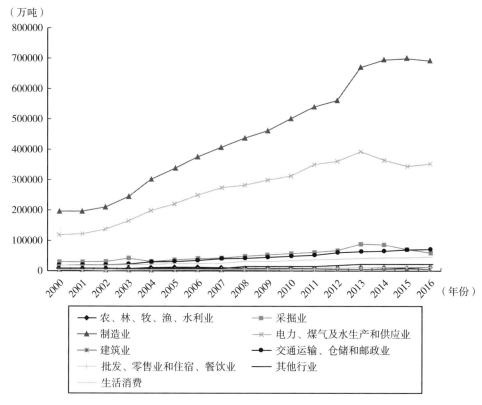

图 8 - 2 分行业碳排放量增长趋势

资料来源：根据国家统计局各年统计年鉴计算整理。

促进了制造业的发展，在中国制造业飞速发展的同时也带来了碳排放的快速增长。到了 2016 年，制造业部门的碳排放量达 691394.54 万吨，是 2000 年排放量的 352%，占比提升到 54.09%，超过了其他部门排放的总和。

排放量第二位的是电力、煤气及水生产和供应业，作为生活基本保障产业的电力煤气水供应具有非常重要的地位，我国人口基数大、密度高的特点决定了该部门需要消耗大量的能源以及产生较多的碳排放。

根据表 8 - 4 的数据，可以得出 2005~2016 年中国分行业碳排放量增长倍数和年均增长率，如图 8 - 3 所示。

从图 8 - 3 可以看出，中国各行业碳排放量整体上呈现上升趋势。从增长倍数和增长率看，采掘业排放量增长最少，2016 年碳排放量为 2005 年碳排放量的 1.57 倍，年均增长率为 13.11%；其次为农、林、牧、渔、水利业碳排放量增长

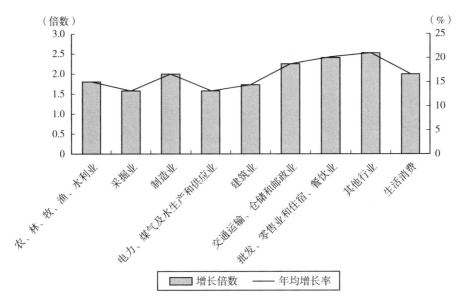

图 8 - 3　2005～2016 年中国分行业碳排放量增长倍数和年均增长率

资料来源：根据国家统计局各年统计年鉴计算整理。

量，2016 年碳排放量为 2005 年碳排放量的 1.34 倍，年均增长率为 3.3%；制造业以及交通运输、仓储和邮政业的碳排放量分别增长 2.04 倍和 2.24 倍，年均增长率在 17.01% 和 18.68%；建筑业碳排放量增长 1.72 倍，年均增长率在 14.31%；其他行业碳排放量增长最多，2016 年碳排放量为 2005 年碳排放量的 2.53 倍，年均增长率为 21.05%。

二、工业各行业碳排放量构成分析

工业行业可以进一步分为采掘业、制造业以及电力、煤气及水生产和供应业三个中类，每个中类又可以进一步细分为不同的小类。分别计算 2005～2016 年中国采掘业、制造业以及电力、煤气及水生产和供应业的碳排放量占工业碳排放总量的比例，从各行业占比来看，采掘业的碳排放量占工业碳排放总量的比例稳定在 5% 左右；制造业的碳排放量占比稳中有升，超过工业碳排放总量的 60%；电力、煤气及水生产和供应业占工业碳排放总量的比例稳中有降，基本保持在 30% 以上（如图 8 - 4 所示）。

图 8 - 5 显示了采掘业、制造业、电力、煤气及水生产和供应业的碳排放增长倍数和增长率，可以看出采掘业增长倍数和增长率最高，但是结合图 8 - 4 各行

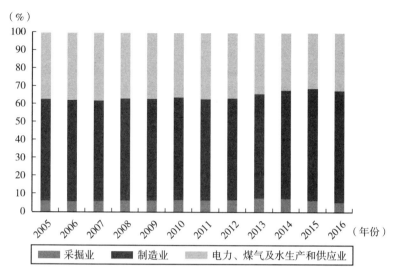

图 8 - 4　2005～2016 年中国工业各行业碳排放量占比

资料来源：根据国家统计局各年统计年鉴计算整理。

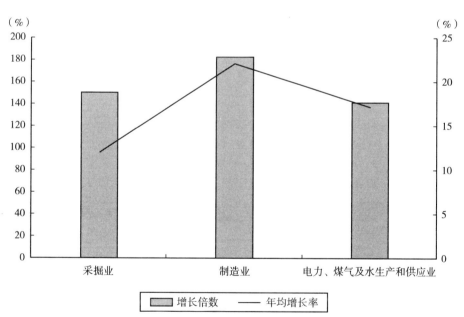

图 8 - 5　2005～2016 年中国工业各行业碳排放增长倍数和年均增长率

资料来源：根据国家统计局相关数据整理得出。

业碳排放占比分析，采掘业碳排放在总量中占比不高，为5%左右。制造业是我国碳排放第一贡献者，而且其增长倍数和增长率与采掘业不相上下。

制造业可以进一步细分为30个子行业。根据图8-6数据显示，废弃资源综合利用业的碳排放增长倍数和碳排放量年均增长率最高，分别为5.71和21.36%，远远超过其他行业。家具制造业、有色金属冶炼及压延加工业以及

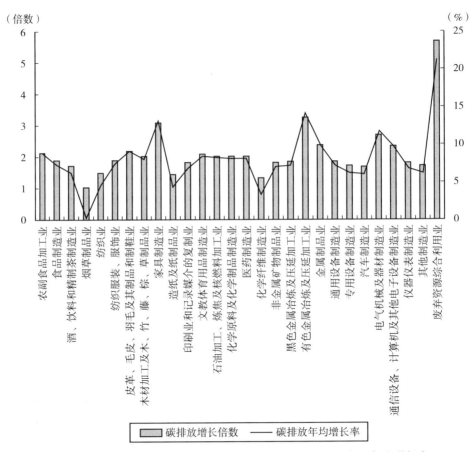

图 8-6 2005~2016 年中国制造业分行业碳排放量增长倍数和年均增长率

注：由于橡胶制品业和塑料制品业 2 个行业的数据不完整，故不在图中显示。
资料来源：根据国家统计局相关数据计算。

电气机械及器材制造业的碳排放量年均增长率均超过两位数，相应的碳排放增长倍数为3.08、3.29和2.71。农副食品加工业、皮革、毛皮、羽毛及其制品和制鞋业、木材加工及木、竹、藤、棕、草制品业、文教体育用品制造业、石油加工、炼焦及核燃料加工业、化学原料及化学制品制造业、医药制造业以及通信设备、计算机及其他电子设备制造业的情况比较相似，碳排放年均增长率均在8%～9%，其增长均超过2倍，是中国制造业碳排放量增长的主要贡献者。而烟草制品业的碳排放量增长全行业最低，其增长倍数为1.02，增长率为0.24%。

第三节　主要出口制造业的碳排放和碳强度

一、主要出口制造业碳排放测度

中国各行业的出口碳排放使用核算数据来源为2006～2015年《中国工业统计年鉴》。核算方法为以下几方面。

（1）按照省级温室气体排放清单方法，先计算各行业碳排放。工业行业活动水平数据为分能源品种数据，具体分为煤炭、焦炭、原油、汽油、柴油、燃料油、天然气、电力。农林牧渔及水利业、建筑业、交通运输仓储和邮政业、批发零售业和住宿餐饮业、其他行业及生活消费活动水平数据由于无分能源品种数据，采用综合能源平衡表中所列标准煤数据。（2）利用中国2005～2017年各行业总产值（按销售产值计算）和出口额数据，计算各行业出口额占总产值比例。（3）各行业碳排放总量乘以出口额占总产值的比例系数，即为各行业出口碳排放。

如表8-6所示，2006～2015年中国工业出口碳排放量呈现出整体下降的趋势。十年间中国工业出口碳排放量减少了一半以上，绝大多数行业持续下降，年均增长率为-8.68%。其中采掘业的出口碳排放量降低的最多，2015年仅为2006年的0.04倍，其中煤炭开采和洗选业、石油和天然气开采业、有色金属矿采选业以及非金属矿采选业的降幅明显，行业年均降低29.79%；电力、煤气及水生产和供应业的出口碳排放量降低也很明显，其中电力、热力的生产和供应业以及

表8-6　2006~2015年中国制造业行业出口碳排放量统计

单位：万吨

行业	2006年	2007年	2008年	2009年	2010年	2011年	2012年	2013年	2014年	2015年	AR1	ER1
工业	170801.2	175417.7	164812.0	140236.0	149417.9	150696.3	152266.0	164911.4	162079.1	75452.3	0.44	-8.68
采掘业	1611.0	1051.6	838.1	436.1	464.6	311.2	188.4	380.4	375.7	66.8	0.04	-29.79
煤炭开采和洗选业	1106.5	738.3	482.4	209.9	321.0	117.0	118.0	323.9	173.8	21.2	0.02	-35.55
石油和天然气开采业	283.1	199.0	276.1	178.1	102.1	63.5	31.4	17.4	46.3	17.9	0.06	-26.42
黑色金属矿采选业	16.5	13.8	4.7	3.7	0.2	5.3	2.3	0.1	0.8	7.3	0.44	-8.7
有色金属矿采选业	86.6	21.2	11.9	6.2	9.1	4.9	10.2	10.9	10.4	5.9	0.07	-25.78
非金属矿采选业	110.5	77.3	59.2	38.2	32.2	30.5	26.5	28.1	19.1	14.5	0.13	-20.2
其他采矿业	7.8	1.9	3.6	—	—	89.9	—	—	125.2	—	—	—
制造业	47711.9	49345.4	46666.7	33402.5	38177.6	38327.8	36725.5	40053.2	42887.2	30150.4	0.63	-4.97
农副食品加工业	636.5	566.6	510.9	461.0	452.4	429.6	446.7	633.2	538.3	462.5	0.73	-3.49
食品制造业	363.1	352.1	347.1	275.4	298.1	281.3	303.6	368.7	318.3	227.4	0.63	-5.07
饮料制造业	116.0	99.4	88.4	67.2	60.6	55.0	57.2	80.1	73.4	51.0	0.44	-8.73
烟草制品业	5.3	4.1	2.8	2.9	3.0	3.4	2.9	2.9	2.6	2.5	0.48	-7.94
纺织业	3887.4	3656.8	3145.4	2683.9	2937.8	2782.5	2139.1	2285.3	2029.7	1639.6	0.42	-9.15
纺织服装、鞋、帽制造业	770.4	802.5	681.7	586.1	589.2	527.4	644.9	687.3	641.9	488.3	0.63	-4.94
皮革、毛皮、羽毛（绒）及其制品业	448.7	440.9	380.2	321.4	328.6	287.4	446.5	470.2	449.1	361.9	0.81	-2.36
木材加工及木、竹、藤、棕、草制品业	447.3	398.6	339.3	295.4	269.0	259.0	237.5	254.8	224.7	182.8	0.41	-9.47

续表

行业	2006年	2007年	2008年	2009年	2010年	2011年	2012年	2013年	2014年	2015年	AR1	ER1
家具制造业	181.1	171.3	173.4	140.7	161.5	143.2	133.8	149.2	221.2	187.3	1.03	0.38
造纸及纸制品业	1091.4	1003.1	871.6	711.5	899.7	758.0	690.7	725.1	682.3	389.4	0.36	-10.82
印刷业和记录媒介的复制业	81.9	92.4	91.6	85.7	91.8	88.1	84.3	82.9	84.1	68.8	0.84	-1.92
文教体育用品制造业	331.8	342.0	335.3	286.4	257.9	302.1	256.6	307.1	353.9	270.5	0.82	-2.25
石油加工、炼焦及核燃料加工业	2601.7	2935.5	2549.0	2708.6	2452.3	1942.5	2069.9	3336.9	3412.2	828.1	0.32	-11.94
化学原料及化学制品制造业	6457.2	6922.9	6635.6	4871.5	5285.9	5473.9	5394.9	6316.8	6828.8	6053.2	0.94	-0.72
医药制造业	348.0	334.2	331.5	277.9	317.0	290.6	294.5	333.2	332.4	287.9	0.83	-2.08
化学纤维制造业	298.0	411.3	364.9	277.4	281.1	300.1	332.0	389.1	395.3	305.9	1.03	0.29
橡胶制品业	869.3	896.0	847.1	709.7	776.6	809.8	—	—	—	—	—	—
塑料制品业	1025.0	1007.6	1043.9	870.2	978.4	849.6	—	—	—	—	—	—
非金属矿物制品业	6007.2	5486.6	4888.8	3705.6	3639.1	3434.0	3336.9	3391.3	3410.9	2573.2	0.43	-8.99
黑色金属冶炼及压延加工业	10134.4	11261.5	10720.5	3975.1	6159.3	6947.4	7277.5	7543.1	9910.4	6183.1	0.61	-5.34
有色金属冶炼及压延加工业	2207.4	2009.7	1860.4	1232.6	1693.3	1905.7	1563.0	1749.3	1848.8	1199.2	0.54	-6.55
金属制品业	1825.3	1923.1	1762.8	1163.0	1473.0	1359.5	1292.6	1491.8	1501.0	1115.9	0.61	-5.32
通用设备制造业	1036.5	1127.3	1068.6	828.4	888.2	1052.7	1279.4	1193.2	1174.9	901.1	0.87	-1.54
专用设备制造业	513.8	525.8	551.8	397.1	480.6	472.8	501.2	488.8	516.4	366.5	0.71	-3.68

续表

行业	2006年	2007年	2008年	2009年	2010年	2011年	2012年	2013年	2014年	2015年	AR1	ER1
汽车制造业	—	—	—	—	—	—	431.2	412.4	415.6	326.3	—	—
电气机械及器材制造业	887.0	1004.6	1082.2	989.5	1122.9	1333.4	1219.5	1228.2	1214.8	904.9	1.02	0.22
通信设备、计算机及其他电子设备制造业	3049.3	3632.8	4068.9	3866.6	4599.5	4614.6	4955.8	4799.2	4849.4	3878.5	1.27	2.71
仪器仪表及文化、办公用机械制造业	307.4	328.1	331.5	273.7	317.4	267.5	141.5	145.1	139.1	118.4	0.39	-10.06
工艺品及其他制造业	1782.2	1607.7	1590.8	1337.5	1363.1	1354.6	1191.4	1187.5	1316.9	769.6	0.43	-8.91
废弃资源和废旧材料回收加工业	1.4	1.0	0.7	0.3	0.5	1.9	0.5	0.7	0.9	6.5	4.64	18.59
电力、煤气水生产和供应业	1398.3	964.1	712.4	1100.6	703.1	739.7	587.5	1197.2	613.8	116.6	0.08	-24.12
电力、热力的生产和供应业	1279.6	808.8	601.5	978.4	598.2	595.1	472.5	1090.0	519.8	47.2	0.04	-30.7
燃气生产和供应业	37.0	82.6	37.1	47.0	23.8	59.7	27.5	24.2	15.5	6.2	0.17	-18.06
水的生产和供应业	81.7	72.7	73.8	75.2	81.1	84.9	87.6	83.1	78.5	63.3	0.77	-2.8

注：AR1：近十年碳排放增长倍数；ER1：近十年碳排放年均增长率。

资料来源：根据历年《中国工业统计年鉴》计算整理。

燃气生产和供应业降幅超过两位数，行业年均降幅为 24.12%，位列第二；制造业的出口碳排放也有所降低，2015 年的碳排放量是 2006 年的 0.63 倍，造纸及纸制品业、石油加工、炼焦及核燃料加工业以及仪器仪表及文化、办公用机械制造业降幅居前，通信设备、计算机及其他电子设备制造业和废弃资源和废旧材料回收加工业有一定的增长，行业年均降低 4.97%。

进一步，图 8-7 显示了制造业各行业出口碳排放量增长倍数和年均增长率。整体上看，2006~2015 年中国制造业各行业出口碳排放负增长趋势明显，只有五个行业实现了正增长。十年间，废弃资源和废旧材料回收加工业的碳排放增长了 4.64 倍，年均增长率达到 18.59%，为中国制造业各行业出口碳排放量增长第一。通信设备、计算机及其他电子设备制造业、家具制造业和电气机械及器材制造业的出口碳排放量增长均为 1 倍左右。造纸及纸制品业、石油加工、炼焦及核燃料加工业以及仪器仪表及文化、办公用机械制造业的出口碳排放量均实现了年均两位数的负增长，十年内增长量不足 0.5 倍。其余各行业的出口碳排放量增长率都为负数，增长倍数在 1 倍以内。

二、主要出口制造业碳强度分析

我国在经济社会发展中秉持可持续发展原则，减少对环境的污染和对大气的排放，不断努力降低碳强度。碳强度是指单位 GDP 的二氧化碳排放量。一般情况下，碳强度指标是随着技术进步和经济增长而下降的。碳强度是用来衡量某产业碳排放与产值的关系，能够用较少的碳排放产出较大的经济效益是符合可持续发展原则的。碳排放强度的下降从侧面说明了技术进步、效率提高。制造业是碳排放大户，根据制造业各行业出口额和出口碳排放量进行测算，我国主要对外出口制造业碳强度排放如图 8-8 所示。农副食品加工业、食品制造业、饮料制造业与烟草工业属于较低碳强度的产业，2006~2016 年其碳强度呈整体下滑趋势，2016 年皆低于 0.17。食品、饮料制造业碳强度降低最为明显，减少幅度都高于 60%，烟草行业 2016 碳强度只有 0.02。

轻纺产品也属于碳强度较低的行业，除纺织业在 2014 年以后碳强度有所回升外，纺织鞋帽、木制品加工、皮毛制品业都保持着持续的碳强度降低，并在 2016 年低至 0.6 以下，如图 8-9 所示。

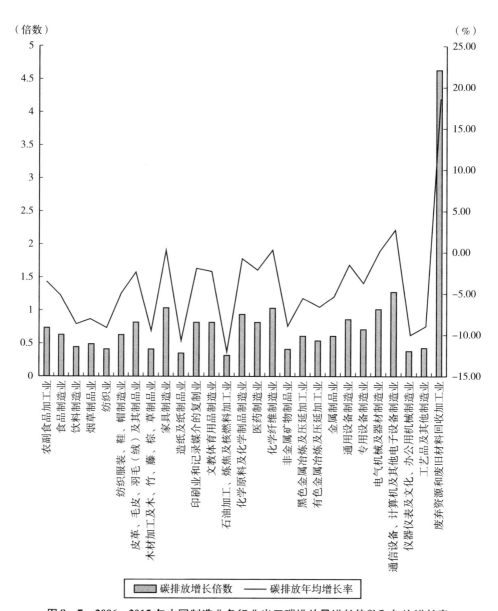

图 8 - 7　2006~2015 年中国制造业各行业出口碳排放量增长倍数和年均增长率

注：由于橡胶制品业、塑料制品业以及汽车制造业 3 个行业数据不完整，故不在图中显示。

数据来源：根据国家统计局相关统计数据计算整理。

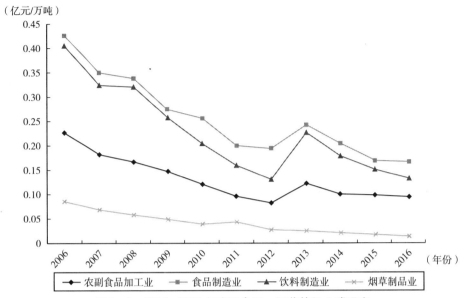

图 8 - 8　2006 ~ 2016 年我国食品、烟草等行业碳强度

资料来源：根据历年《中国统计年鉴》计算整理。

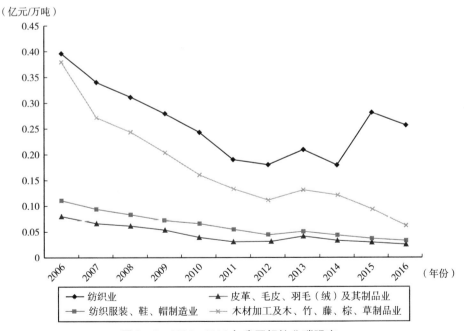

图 8 - 9　2006 ~ 2016 年我国轻纺业碳强度

数据来源：根据国家统计局相关数据整理得出。

橡胶、塑料制品是我国出口额较大的产品门类，也是劳动、资源密集型产业，橡胶制品业的碳强度下降较为明显，2006~2011 年其碳强度下降了一半，塑料制品业碳强度小幅下降，如图 8-10 所示。

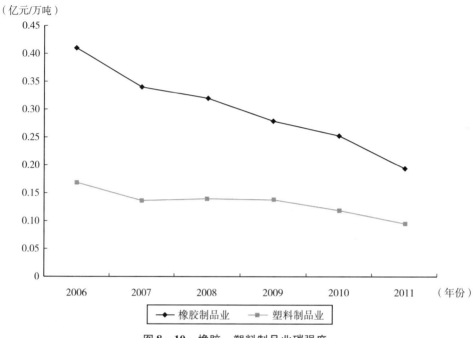

（亿元/万吨）

图 8-10　橡胶、塑料制品业碳强度

资料来源：根据历年《中国统计年鉴》计算整理。

如图 8-11 所示，化学品原料及制品业碳强度变化幅度较小，总体保持着缓慢下降的趋势。石油加工、炼焦及核燃料加工业属于耗费能源与资源较大的重工业制造业，该行业生产活动碳强度较高，在 2011 年以前总体呈下降趋势，但 2011 年以后其碳强度又触底反弹。2016 年该产业碳强度 7.49，属于碳排放较高的产业，其未来的节能减排潜力较大，向绿色产业转型升级所面临的压力也较大。医药制造业属于高附加值产业，也是资本技术密集型产业，因此其产值较大，碳强度较低。

如图 8-12 所示，黑金冶炼及压延加工以及有色金素压延及加工都属于污染较大，耗能较多，排放较高的产业。黑金制品业在 2012 年以前保持着碳强度下降的趋势，在 2012 年后有所回升。非金属矿物制造业碳强度总体保持良好的下降趋势。

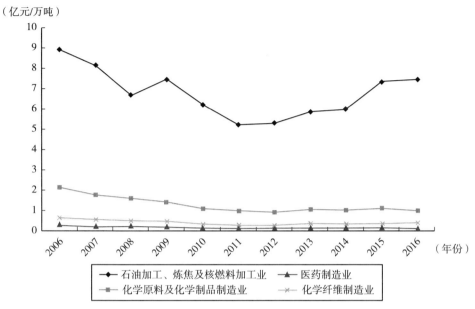

图 8-11 化学、医药制品业碳强度

资料来源：根据历年《中国统计年鉴》计算整理。

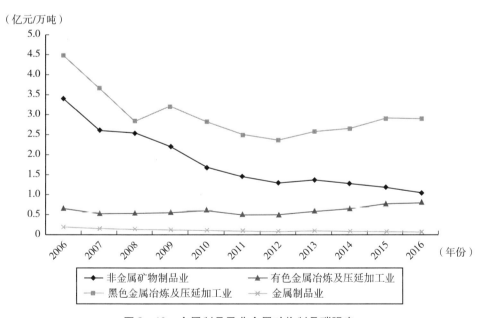

图 8-12 金属制品及非金属矿物制品碳强度

资料来源：根据历年《中国统计年鉴》计算整理。

如图 8-13 所示，通用设备制造业与专用设备制造业的碳强度下降程度较大，两者 2006～2016 年的碳强度降幅分别达到了 60% 和 80%，按照目前的趋势两者在未来仍有较大的降幅空间。汽车制造业等交通运输制造业呈良好的下降趋势，运输制造业近年来随着我国自主创新能力的提升其发展势头良好，作为资本技术密集型产业其产品附加值较高。电气设备、通信设备总体碳强度变化幅度较小，总体呈下降趋势，其碳排放强度随着技术的进步会进一步降低。

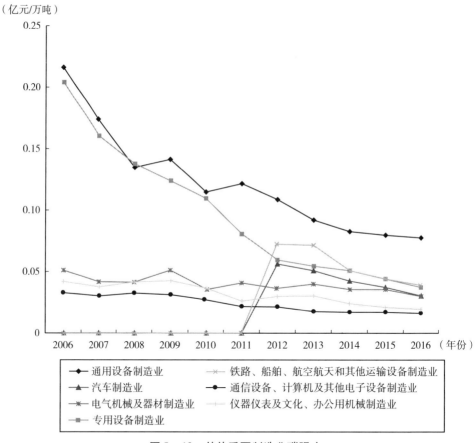

图 8-13 其他重要制造业碳强度

资料来源：根据历年《中国统计年鉴》计算整理。

中国政府一贯重视环境保护，以积极的态度推动构建公平合理、合作共赢的全球气候治理体系，并采取了切实有力的政策措施应对气候变化，展现了推进可持续发展和绿色低碳转型的决心。同时在调整产业结构、优化能源结构、节能提高能效、控制非能源活动温室气体排放、增加碳汇等方面取得了积极成果，根据国务院发布的《中国应对气候变化的政策与行动 2018 年度报告》显示，2017年我国单位国内生产总值二氧化碳排放（以下简称碳强度）比 2005 年下降约46%，已超过 2020 年碳强度下降 40% ~ 45% 的目标，提前 3 年实现。碳排放快速增长的局面得到初步扭转，非化石能源占一次能源消费比例达到 13.8%，森林蓄积量已经增加了 21 亿立方米，超额完成了 2020 年的目标。这些目标的实现，为实现 2030 年二氧化碳排放达到峰值，并争取提前完成，奠定了非常好的基础。

第九章

中国制造业绿色国际竞争力评价指标体系构建

第一节 一般性评价指标体系的构建

一、评价指标的设计目标

虽然我国已成为制造业大国，但生产方式仍需改进，能源效率有待提高，同时产品的附加值相对较低，处于价值链的中低端，缺乏真正的绿色国际竞争力。我国制造业的竞争力分析，可以从制造业的盈利能力、市场占有率、创新能力、发展潜力等角度进行测度。同时，基于越来越严格的资源环境约束，还需要考虑生态环境方面的影响因素。如果要对我国制造业的绿色国际竞争力作出指标分析和评价，要站在制造业企业整体的角度来进行，需要同时对制造业绿色国际竞争力的显示性指标和绿色国际竞争力的决定因素以及影响因素进行对比研究。

因此，我国制造业绿色国际竞争力评价指标体系的构建必须要综合全面地考虑技术、研发、生产成本、环境污染、碳排放、投入产出等各方面相关因素的影响，评价指标体系的构建应该达到以下目标：

第一，从整体系统的视角评价制造业体系的绿色国际竞争力，整个制造业体系的竞争力由各个细分行业的绿色国际竞争力累加形成，两者的关系是非线性的，各细分行业之间的关联也十分重要，不容忽视。

第二，指标衡量的动态性问题。制造业绿色国际竞争力的发展过程是一个动态的过程，一般状态指标体系是相对静止的，比较静态的分析只能解释其变化结果，但难以描述其发展变化过程。我国制造业绿色国际竞争力是不断变化发展的，建立指标体系的目的是反映其绿色国际竞争力的形成与变化的过程。

二、评价指标体系的设计原则

评价指标体系的构建是我国制造业绿色国际竞争力评价过程中的核心问题，它的选择与确定直接影响评价结果的合理性、科学性、正确性与系统性。因此，客观、正确、科学地构建评价指标体系是开展我国制造业绿色国际竞争力评价的必要前提。

本书所构建的中国制造业绿色国际竞争力指标体系是在整理相关文献、对比绿色国际竞争力的常用指标的基础上建立的。构建该评价指标体系时应遵循以下原则：

一是系统全面性。制造业的绿色国际竞争力评价指标体系首先应该体现完整性，并且需要从多角度，如经济效益、环境效益和社会效益反映出绿色国际竞争力。制造业的绿色国际竞争力不是单一指标就能够完全衡量的，要从不同层面衡量和比较来体现竞争力的大小。它们彼此之间的关系既是相互独立，又是相互关联，相辅相成。

二是简要性。该指标体系应该是分层次的，简洁、清晰并相对独立。尤其是在最后一层评价指标的选取上，应该尽量用较少的指标来大体反映上一层指标因素的内涵。

三是可操作性。虽然从理论上来讲，指标设计的因素越多，就越能全面、具体地反映我国制造业绿色国际竞争力的真实情况，但在实际的评价过程中存在很大的困难。因此构建完整具体的评价指标体系的同时，也需要考虑实际操作的可行性。由于评价指标体系涉及的一些数据很难完整或者正确地获取，一些动态性的指标也具有不确定性，在某种程度上会影响最后竞争力的准确性与可靠性。

第二节 基于技术创新视角下的评价指标体系构建

一、技术创新视角的评价指标分析

与贸易有关的环境技术措施，或者称为绿色壁垒的出现对进口产品有着较高的环保要求。要求出口企业生产商在生产、管理、运输等环节提高环保标准，其存在也刺激了制造业产业的绿色技术创新。绿色技术是提升制造业国际竞争力的关键，技术创新是提高我国制造业绿色国际竞争力的重中之重。绿色技术创新主要以保护环境和人类健康为目标，进行技术创新和管理创新。绿色技术的产生与发展对竞争力的提高起着关键性的作用，是一种节约资源、减少甚至避免环境污染及恶化的技术。它不仅包括生产前端的硬件设施，如污染控制设备、生态监测仪器、清洁生产技术等，还包括末端处理，如物料循环和废物利用等。因此，在当今严重枯竭的能源资源背景下，各行各业都在积极采用绿色新技术，深度强化新能源和替代能源的开发利用，大幅度提升能源效率。

技术创新包括新产品和新流程，以及现有产品和流程的重大技术变革。学术界对技术创新的界定也不完全一致。学者们有着不同的研究侧重点，有的侧重于技术本身，有的强调技术改变的整体过程，有的则研究技术创新的商业化价值。随着研究的深入和扩展，越来越多的学者认为技术创新不仅仅局限于技术本身的改进与升级，而是创新理念的产生与培养。理论与实践的相互结合与作用是技术创新发展的重中之重。

二、基于技术创新视角的评价指标分析

在评价中国制造业的绿色国际竞争力时，通过绿色技术创新的视角确立该评价指标体系，需要层层递进、逐层分析。在梳理研究文献以及必要的总结归纳和筛选之后，可以构建以下几类要素指标：绿色技术的研究和开发能力、绿色技术的创新能力和碳排放的技术创新能力等，这些要素指标都在一定程度上影响着中国制造业的绿色国际竞争力。这些因素的指标可被细分为一系列特定单一指标，包括企业在绿色研发的支出、绿色研发设备投入和数量、绿色研发人员比例、

绿色技术专利拥有率、绿色设备的先进水平、绿色核心技术的先进水平、材料使用效率和清洁能源的利用率。

三、绿色技术创新的评价指标构建

（一）绿色技术的研究和开发能力

1. 绿色研发经费的支出比例

一般是指科研和实验开发活动中绿色研发支出占 GDP 的比例。它是反映科技活动规模的国际公认指标，反映了科技投入水平和一个国家或地区的技术创新能力。在一定程度上，也反映了一个国家或地区的经济发展。

2. 企业绿色研发投入强度

企业绿色研发投入强度是指企业在绿色技术投入的研究经费、试验与检测材料费用等有关绿色技术的开发和发展经费占该企业主营业务销售收入的比例。

3. 绿色研发设备的价值

研发设备的价值指完全用于绿色研发和试验的设备价值，加上部分用于研发与试验的设备价值折算值。这些研发设备一般是与生产部门共同使用，部分会按照研发与试验的实际使用时间比例折算。

4. 绿色技术研发人员比率

该指标是企业中绿色技术研发人员占企业员工总数的比例。研发人员，尤其是环境友好型技术或绿色技术的研发人员是制造业企业技术创新的源泉和载体，是企业将创新决策理论转化为实践的基础和保障。研发人员保证了绿色技术创新的发展与进步，能保证有效开展绿色技术创新。研发人员的积累与存储决定了绿色创新的效率与结果，是资源环境约束下绿色技术创新的重要支撑力。

5. 每万名研发人员设计新产品数量

该指标是按照制造业行业计算的每万名研发人员设计开发的新产品数量，与绿色技术有关的新产品的数量代表着绿色技术的发展程度，间接影响着整个制造业行业的绿色技术进步与发展水平。

（二）绿色技术的创新能力

1. 绿色设备的先进水平

绿色设备的先进水平是指企业拥有的绿色设备数量与年底设备总数的比率。该指标反映了制造企业现有技术创新硬件水平，也反映了企业技术创新的基本条件。先进的科研设备在绿色技术创新中也是十分必要的，现代制造业中采用先进机器设备对提高行业企业的加工效率能产生很大的影响，机器设备的先进程度也决定了创新能力的大小与未来的更多可能性。

2. 绿色核心技术的先进水平

我国绿色制造技术水平还处在一个待优化的阶段，整个制造业行业要实现绿色创新升级尚需一个长期的发展过程。发展绿色制造技术可以加速中国制造业的转型与升级，是绿色发展的必由之路。绿色核心技术的先进程度也在一定程度上影响着制造业发展的增长速度，体现着制造业的发展潜力。

3. 专利所有权率

制造企业技术创新的产出能力反映了企业各种因素组合产生的实际结果。因此，专利所有权率是评价制造业行业技术创新能力最重要、最直接的指标。这里的专利所有权率即制造业拥有自主发明专利的数量占全国产业拥有发明专利数量的比例，该指标反映了公司在生产过程中的自主程度以及公司在技术层面依赖外部世界的程度。

（三）碳排放的技术创新能力

1. 低碳技术的使用效率

可以从制造业企业是否有较强的融资能力及风险承担能力促进低碳技术的应用和顺利实施的角度考虑，反应低碳技术的基础研究与应用开发在产品成品、半成品收入以及低碳技术咨询与转让收入的比例、材料的使用效率。

2. 清洁能源的利用效率

使用清洁能源的效率是指制造企业在生产过程中有效地利用新的清洁能源占总能源消耗的百分比。该指标反映了制造企业对新型清洁能源的利用程度，也反映了制造企业清洁新能源的适用性。

（四）基于技术创新视角下的评价指标体系的确立

在制造业转型升级发展的过程中，技术创新扮演着很重要的角色。技术创新是制造业企业快速稳健发展的根本动力，也逐渐成为经济和社会发展的主导力量，成为生产力发展的主要标志。制造业企业要想在市场竞争乃至国际竞争中占领话语权，必须增强我国制造业行业的技术创新。只有不断地创新发展，才能尽快地转型升级，在国际竞争中获得竞争优势。

根据上述各项单指标分析，初步可以建立一个基于创新视角下的制造业绿色国际竞争力评价指标体系，见表9－1。

表9-1 基于技术创新视角下的制造业绿色国际竞争力评价指标体系

评价总目标层	评价视角层	评价要素层	评价指标层
中国制造业绿色国际竞争力	B_1 绿色技术创新视角	C_1 绿色技术的研究和开发能力	D_1 绿色研发经费的支出比例
			D_2 企业绿色研发投入强度
			D_3 绿色研发设备的价值
			D_4 绿色技术研发人员比率
			D_5 每万名研发人员设计新产品数量
		C_2 绿色技术的创新能力	D_6 绿色设备先进水平
			D_7 专利所有权率
		C_3 碳排放的技术创新能力	D_8 低碳技术使用效率
			D_9 清洁能源的利用效率

资料来源：改编自江心英，周嫒嫒. 基于循环经济背景下的制造业企业竞争力评价指标体系的构建 [J]. 科技管理研究，2012（15）. 季良玉. 技术创新影响中国制造业转型升级的路径研究 [D]. 东南大学博士论文，2016.

第三节 基于环境约束视角下的指标体系构建

为了使利润最大化并实现核心优势，制造业可通过发展坚实的低碳体系和规划低碳经济战略来提升其绿色国际竞争力，未来制造商要想在竞争中谋求发展，保持长期的竞争优势，就必须在发展中考虑低碳因素，在低碳市场领域进行研发。就发展战略而言，制造商应该把环保和低碳经济作为未来的发展方向，淘汰落后的机器设备，开发新的清洁能源，提高能源效率，提升资源和能源的回收利用率，以及绿色低碳产品的市场占有率。通过控制高污染产品规模，减少和降低社会经济活动对生态环境的负面影响，促进良性循环，从不同程度上提高制造商的整体竞争力，打造绿色循环经济。

一、基于环境约束视角下的评价指标分析

在评价中国制造业的绿色国际竞争力时，通过环境约束的视角来确立该评价指标体系，同样需要建立几个要素指标，包括温室气体排放、环境污染指标、环境的

治理与环境规制等。再对这些要素指标进行细分，可分为一系列具体的单项指标。

1. 温室气体核算的有关指标

温室气体主要包括二氧化碳、甲烷、氧化亚氮、氢氟碳化物、全氟碳化物和六氟化硫。制造业在生产过程中由于使用煤炭及其他化石能源，电力、热力会在生产过程中直接产生温室气体排放，包含了制造商企业使用的燃烧设备如锅炉等造成的固定燃烧排放；制造商使用车辆等运输工具造成移动温室气体排放以及在制造加工过程中产生的化学变化造成的工艺温室气体排放。除直接排放外，制造业还产生温室气体间接排放，如员工出差、采购水、其他原材料和产品以及使用服务等由其他组织产生的温室气体。

由于间接排放难于测算，一般情况下，使用排放因子方法计算固定燃料燃烧排放量，计算温室气体，主要是二氧化碳排放量。该数值反映了制造业在生产过程中的碳排放量，也可反映出制造业企业在实际生产过程中的温室气体管理水平。

2. 环境污染指标

（1）万元制造业产值废气排放量：指制造业企业每生产 1 万元的制造业产值产生的废气（二氧化碳除外）的排放数量。

（2）万元制造业产值废水排放量：指制造业企业每生产 1 万元的制造业产值所排放的废水的数量。

（3）万元制造业产值烟（粉）尘排放量：指制造业企业每生产 1 万元的制造业产值所排放的烟尘的数量。

（4）万元制造业产值二氧化硫（SO_2）排放量：指制造业企业每生产 1 万元的制造业产值所排放的 SO_2 的数量。

（5）万元制造业产值固体废弃物排放量：指制造业产业每生产 1 万元的制造业产值所产生排放的固体废弃物数量。

这些制造业的排放指标反映了制造业企业对于环境的污染程度。

3. 环境的治理指标

（1）万元制造业产值废水排放达标率。万元制造业产值排放废水达标率指制造商排放的废水符合国家或地方废水标准的采样百分比率，同时也是排放废水符合标准的程度。该指标反映了工业废水处理的程度及其对气候的影响程度。

（2）重复用水率。重复用水率是指净化后再利用的废水量与生产过程中所产生的废水总量之比。

（3）万元制造业产值废气排放达标率。万元制造业产值废气排放达标率是指行业制造商每万元产值所排放的废气，是否满足满足国家或地方的废气排放标准的百分比率，同时也是废气的顺应性标准程度。该指标反映工业废气处理及其对环境的影响程度。

（4）能源利用率。能源利用率是指能源利用的效率和程度。提高能源效率是节约能源的一种方式，即有效利用能源和降低损失率。该指标是制造业企业消耗的能源总量与供给制造业行业制造商的总能源量的比值，同时也是综合考察国家能源有效利用程度的指标。

（5）固体废弃物综合利用率。固体废弃物综合利用率是指重新投入的工业固体废物与生产所产生的固体废物总量的比率。

（6）二氧化碳的捕捉和封存程度。二氧化碳的捕捉和封存程度是指制造业产业对于排放的二氧化碳进行捕捉和封存的数量占二氧化碳总体生成量的百分比。该指标反映了制造业企业对于二氧化碳的处理程度，也反映了制造业排放管理废气的程度[①]。

4. 环境规制指标

（1）碳排放管理制度的完备性。碳排放管理制度的完备性也是碳管理系统的完整性，是指将《京都议定书》中相关的碳减排量与制造业行业现有的碳管理系统进行比较，得到完整性的百分比值。从生产、运输、能源和废物处理的角度来看，它可以反映出制造业企业碳排放管理的深度和有效性。

（2）碳排放权交易。碳排放权交易是《京都议定书》为促进全球减少温室气体排放，采用市场机制，建立的以《联合国气候变化框架公约》作为依据的温室气体排放权（减排量）交易。二氧化碳、甲烷、氧化亚氮、氢氟碳化物、全氟碳化物及六氟化硫为公约纳入的 6 种要求减排的温室气体，其中后三类气体氢氟碳化物、全氟碳化物及六氟化硫造成温室效应的能力最强，但由于二氧化碳含量最多，所占的比例最大，温室气体交易往往以每吨二氧化碳当量为计量单位，统称为"碳交易"，其交易市场称为"碳交易市场"。

制造业企业将能源消费过程中排放的温室气体总量减排指标放到市场上进行交易的行为，可分为可供给的碳排放权和所需的碳排放权两类。《京都议定书》内清洁发展机制（CDM）可提供这方面的排放指标规定。碳排放权许可证交易形式是各国为履行《京都议定书》规定的义务而采用的一种普遍方法，即减少碳排放，以减少（减轻）未来的气候变化。碳排放权交易是市场经济国家重要的环境经济政策，它的概念最早是来自 20 世纪 90 年代的美国经济学家戴尔斯在 1968 年提出的"排放权交易"，它确立了合法排放污染物的权利，并以排放许可的形

---

① 主要环境指标改编自江心英，周媛媛（2012）. 基于循环经济背景下的制造业企业竞争力评价指标体系的构建［J］. 科技管理研究，2012（15）：84 – 87；李荣生. 低碳经济下我国制造业企业核心竞争力研究［D］. 哈尔滨工程大学，2011.

式表达，环境资源也可以像商品一样买卖。在碳交易中，一个国家或污染者的碳排放量越多，他就可以购买更多的排放权，而排放量越少的国家或实体就可以把碳排放权卖给其他国家或实体，碳排放需求较高的国家或污染实体因此满足了它们的需求。因此，许可证交易市场是最具成本效益的碳减排方法。对于任何给定的碳减排支出，市场机制都会促进最大的减排。

众多国家签署的《京都议定书》规定了发达国家的减排义务，并提出了多种灵活的减排机制。碳排放权交易就是其中之一。欧盟排放交易体系是最初多国参与的排放交易体系。它将《京都议定书》下的减排目标分配给各成员国，参与 EU-ETS 的每个国家，都必须符合欧盟温室气体排放交易指令的规定，并以履行京都议定减量和分担协议作为承诺目标来执行。再由各成员国根据国家分配计划分配给各企业，以实现"2008~2012 年温室气体排放量较 1990 年减少 8% 的目标"。各企业通过技术升级、改造等手段，达到了减少二氧化碳排放的要求，可以将用不完的排放权卖给其他未完成减少排放目标的企业。整体 EUETS 所覆盖范围包括 12000 多座电站、工厂及其他工业设施，几乎占欧盟二氧化碳排放总量的一半，是全球最大的碳排放总量控制与交易体系。美国国家环保局将其运用于大气污染和河流污染的管理，之后，德国、澳大利亚、英国等也相继实施了排污权交易的政策措施。

（3）排污权交易。许多国家、地区和企业集团都采用了这种贸易体系，尤其是为了减缓气候变化。排污权交易是一种基于市场的治理污染的方式，在排放交易系统中，政府设定排放总体限制，并定义排放许可（也称为限制）或有限排放授权，直至达到总限额。在不影响技术和经济发展的同时，排放权交易可以灵活地减少污染排放。一般而言，在主要的排放交易市场中，政府将使用招标和拍卖方法将排放权转让给污染者。购买后，污染物排放权可以在二级市场上买卖。

（4）环保投资率。环保投资率也叫环境投资率，是指制造企业在环境保护方面的投入占制造业企业总投资的比率。该指标反映了公司重视环境保护的重要性及其在环境治理方面的积极程度，并从一定程度上反映了制造业企业的低碳经济水平。

二、基于环境约束视角下的评价指标体系的确立

在制造业的转型升级发展过程中，除了要注重技术创新来提升制造业行业的经济效益，也要考虑生态环境对经济发展的承载能力、资源的有限性以及未来的可持续绿色发展。在环境约束下发展低碳经济、循环经济就显得尤为重要。"十三五"规划的重要主题包括资源循环利用、环境保护重点项目、工业污染源综合排放标准、大气环境水环境治理、危险废物污染防治等。根据上述各项单指标分

析，初步可以建立一个基于环境约束视角下的制造业绿色国际竞争力评价指标体系，如表 9 - 2 所示。

表 9 - 2　　　基于环境约束视角下的制造业绿色国际竞争力评价指标体系

评价总目标层	评价视角层	评价要素层	评价指标层
中国制造业绿色国际竞争力	环境约束视角 B_2	C_4 温室气体排放	D_{10} 万元制造业产值二氧化碳排放量
		C_5 环境污染	D_{11} 万元制造业产值废气排放量
			D_{12} 万元制造业产值废水排放量
			D_{13} 万元制造业产值烟尘排放量
			D_{14} 万元制造业产值 SO_2 排放量
			D_{15} 万元制造业产值固体废弃物排放量
			D_{16} 万元制造业产值废水排放达标率
			D_{17} 重复用水率
			D_{18} 万元制造业产值废气排放达标率
			D_{19} 能源利用率
			D_{20} 固体废弃物综合利用率
			D_{21} 二氧化碳的捕捉和封存程度
			D_{22} 碳管理制度的完备性
			D_{23} 碳排放权交易
			D_{24} 排污权交易
			D_{25} 环保投资率

资料来源：改编自李荣生．低碳经济下我国制造业企业核心竞争力研究 [D]．哈尔滨工程大学，2011；于翔．江苏制造业绿色竞争力评价研究 [D]．南京信息工程大学，2018．修改，整理。

第四节　制造业绿色国际竞争力指标体系的构建

一、制造业一般性评价体系指标分析

制造业的国际竞争力可以通过出口产品的市场占有率、显性比较优势指数和贸易竞争专业化程度等指数测算出来，竞争力可表示为一个国家的工业产品的市场份额，该份额越大，表明国际竞争力越强。此外，提高绿色竞争力的因素，除了产品和产业、开放市场、获得利润优势之外，还可以资源、生态环境和产品的生产过程和生产方法（PPMs）等角度阐释。

（1）出口市场份额。这一指标也称为市场占有率，是衡量特定国家某一产品出口总值相对于世界该类产品出口总值的百分比。在这里该指标为中国制造业出口总值相对于世界各国制造业出口总值的百分比，比值越高，该产品所处的产业国际竞争力越强，这一指标用来衡量产品国际竞争力比较直观。

（2）显示性比较优势指数（revealed comparative advantage index，RCA）。显示性比较优势指数是美国经济学家巴拉萨在 1965 年提出的，从比较优势的角度来说，观察一个国家某类产品的出口比例与该产品全世界总出口比例的比值。RCA 表现为一个国家某种产品出口额占其出口总额的比例与世界出口总额中该类产品出口额所占比例的比率，用公式表示：

$$RCA_{ij} = (X_{ij}/X_{tj})/(X_{iW}/X_{tW})$$

其中，X_{ij} 表示国家 j 出口产品 i 的出口值，X_{tj} 表示国家 j 的总出口值；X_{iW} 表示世界出口产品 i 的出口值，X_{tW} 表示世界总出口值。

RCA 值越大，表明该类产品在世界贸易市场中比较优势越大，当显示性比较优势指数大于 2.5 时，表示该类产品在国家中的出口比例大于在世界的出口比例，表明某国某类产品具有极强的比较优势或者国际竞争力；当指数在 0.8~1.25，说明该类产品具有较高的比较优势；1 为中性值，说明该类产品在国际市场没有比较优势或者劣势；若指数小于 0.8，表示该类产品在国际市场不具备比较优势。因此使用该指数，用来判断我国的制造业在国际贸易中的比较优势。

（3）贸易专业化系数指标。该指标也称为贸易竞争力指数。它是制造业行业产品净出口值与行业产品净出口总额的比率。如果该系数大于零，表示该国是该产品净出口国，其生产率高于世界总体水平，具有贸易竞争优势，其数值越大表明竞争优势越大，国际竞争力越强。反之，如果该系数小于零，则表示该国是该产业产品净进口国，其生产率低于世界总体水平，并不具有贸易竞争优势，其数值越小表明竞争劣势越大，国际竞争力越弱。

贸易专业化系数指标或贸易竞争力指数（TC 指数）为某一产业或产品的净出口与其进出口总额之比，公式为：

$$TC = (X_{ij} - M_{ij})/(X_{ij} + M_{ij})$$

其中，X_{ij} 为 i 国 j 产品的出口，M_{ij} 为 i 国 j 产品的进口，$X_{ij} - M_{ij}$ 为 i 国净出口，$X_{ij} + M_{ij}$ 为 i 国 j 产品的进出口总额。指数越接近于 1 竞争力越大，等于 1 时表示该类产品只出口不进口；指数越接近于 -1 竞争力越弱，等于 -1 时表示该类产品只进口不出口；等于 0 时表示该产业竞争力处于中间水平。

（4）固定市场份额模型（the constant market share model，CMS 模型）。CMS 模型最初是由泰森斯基于 1951 年提出，反映各国因素在一国贸易或地区变化中的影响方向和程度。后经里莫和斯特恩杰马以及米兰雷达表反复修订和完善，成为研究外贸增长来源和工业产品国际竞争力的主要模型之一。该模型通常从市场需求效应、出口商品结构效应、市场结构效应和产业竞争力效果四个因素来定量分析，若 CMS 值大于 0，表明该国某类产品的出口竞争力相对于世界市场的其他出口国有所提升，若小于 0，表明该类产品一定时期内出口竞争力相对于其他出口国有所下降。因此可以使用 CMS 模型分析我国制造业出口产品的贸易增长来源及国际竞争力变化情况。

二、评价指标体系的确立

根据绿色竞争力的相关理论，一国的制造业绿色国际竞争力可通过设定的指标反映出来，绿色国际竞争力最终体现在市场份额的增加和利润回报的增加上。提高绿色竞争力的关键在提高绿色技术的自主创新能力，促进外部制度变革。其中，自主创新能力是提升绿色国际竞争力的有力推动者。外部制度改革主要是政府制定和完善有利于促进可持续发展的政策法规。由此，制造业的绿色国际竞争力是基于经济与生态环境整体绩效的视角、可持续发展的原则和制造业的绿色国际竞争优势而形成的。除了制造业市场的经济表现，绿色技术创新是提升经济效益和竞争力的动力；在考虑环境与生态的约束下，加强环境规制和环境友好型技术及产品的研发，是绿色竞争力中的重要因素。

本章建立了中国制造业绿色国际竞争力评价指标体系（见表 9-3），该指标体系设置了总目标层——中国制造业绿色国际竞争力；评价视角层——国际竞争能力绩效视角、绿色技术创新视角、资源环境约束视角。国际竞争能力绩效视角表现为制造业的出口贸易竞争能力。绿色技术创新视角由绿色技术的研究和开发能力、绿色技术的创新能力和碳排放的技术创新能力 3 个评价要素层构成。资源环境约束视角下由温室气体排放、环境污染、环境的治理和环境规制 4 个评价要素层构成。由此，整个评价指标体系由 1 个总目标层，3 个评价视角层，8 个评价要素层，29 个评价指标层构成。将制造业出口贸易的比较优势和竞争优势等因素考虑进去，形成包含资源环境约束、环保能力、绿色技术创新与研发和国际竞争优势的制造业绿色国际竞争力系列指标体系。

表 9 - 3 　　　　　　　　　　　　中国制造业绿色国际竞争力评价指标体系

评价总目标层	评价视角层	评价要素层	评价指标层
中国制造业绿色 国际竞争力	B_1 国际竞争 能力绩效视角	C_1 制造业出口 贸易竞争能力	D_1 出口市场份额
			D_2 显性比较优势指数
			D_3 贸易专业化系数指数
			D_4 固定市场份额模型指标
	B_2 绿色技术 创新视角	C_2 绿色技术的 研究和开发能力	D_5 绿色研发经费的支出比重
			D_6 绿色研发的投入强度
			D_7 绿色研发设备的价值
			D_8 研发人员比率
			D_9 每万名研发人员设计新产品数量
		C_3 绿色技术 的创新能力	D_{10} 绿色设备经费
			D_{11} 专利所有权率
			D_{12} 低碳技术使用效率
		C_4 碳排放的技 术创新能力	D_{13} 清洁能源的利用效率
	B_3 资源环境 约束视角	C_5 温室气体排放	D_{14} 万元制造业产值二氧化碳排放量
		C_6 环境污染	D_{15} 万元制造业产值废气排放量
			D_{16} 万元制造业产值废水排放量
			D_{17} 万元制造业产值烟尘排放量
			D_{18} 万元制造业产值 SO_2 排放量
			D_{19} 万元制造业产值固体废弃物排放量
			D_{20} 万元制造业产值废水排放达标率
			D_{21} 重复用水率
			D_{22} 万元制造业产值废气排放达标率
			D_{23} 能源利用率
			D_{24} 固体废弃物综合利用率
			D_{25} 二氧化碳的捕捉和封存程度
		C_8 环境规制	D_{26} 碳管理制度的完备性
			D_{27} 碳排放权交易
			D_{28} 排污权交易
			D_{29} 环保投资率

第十章

提升绿色国际竞争力的动力与效应分析

第一节 国际可持续发展和绿色贸易的推动

面对全球气候变化，世界各国经济的发展已不能单单依靠资源消耗型产业，而应承担起节能减排绿色发展的责任。在可持续发展理念获得广泛认可和绿色贸易大潮推动的背景下，国家或企业提升绿色国际竞争力迫在眉睫。

一、与贸易有关的可持续发展政策动因

（一）国际社会可持续发展与气候变化政策

1. WTO 原则中的可持续发展与环境政策

WTO 一直致力于倡导贸易和投资自由化，作为实现贸易自由化的主要国际组织，从 20 世纪 70 年代开始，就开始关注与国际贸易有关的环境问题。自 1992 年联合国环境与发展大会之后，环境问题成为各国关注的新焦点。在此背景下，WTO 对环境问题的关注表现得更为明显，于 1995 年成立了"贸易与环境委员会"，先后引入了涉及环境的各种贸易协定，以确认、监督和评估与贸易和环境

有关的问题，旨在促进可持续发展的贸易与环境保护之间的关系。该委员会的授权范围主要包括：为促进可持续发展，应澄清贸易措施和环境措施间的相互关系；是否有必要制定规范，以增加贸易和环境措施之间的相互促进作用，促进可持续发展，并顾及发展中国家，尤其是最不发达国家的特殊需要；如何使多边贸易体制能对《21 世纪议程》和《里约环境与发展宣言》中制定的环境目标做出响应；如何监督为环境采取的贸易措施及其相关贸易活动，并管理多边规则的有效执行。

WTO 的宗旨为"提高生活水平，保证充分就业，大幅度和稳定地增加实际收入和有效需求，扩大货物和服务的生产与贸易，坚持走可持续发展之路，各成员应最优运用世界资源，保护环境"。与 GATT 相比，这一表述更具科学性，它明确提出维护和保护世界环境问题与可持续发展的观念，并将原 GATT 宗旨中的充分利用（full use）资源改为最优运用（optimal use）资源，这表明 WTO 强调各成员方应注重资源利用效率的提高，在发展生产、扩大贸易的同时，考虑资源利用与环境保护、经济发展的关系，应以可持续发展为目的来利用资源，而非对资源利用量的无限扩大。考虑发达国家和欠发达国家在经济发展、科技水平等方面的差距，应该顾及"不同经济发展水平下"的国家和地区，可以采取区别对待的方式，在实现可持续发展的同时不应以牺牲发展中国家为代价，失去代内公平。

2. GATT/WTO 条款中有关环境与可持续发展内容

世界贸易组织的环境政策分散在各协议条款中，具体体现如下：

1994 年 GATT 第 20 条一般例外的 b 款和 g 款规定："只要不对情况相同的成员方构成武断的或不合理的差别待遇，或构成对国际贸易的变相限制，各成员方可以采用以下措施：（b）为保护人类、动植物的生命或健康实施所必需的措施；（g）为有效保护本国可能用竭的自然资源，可以与国内限制生产与消费的措施相配合实施有关措施"。第 20 条表明了保护本国环境的必要性和使用具有贸易影响措施的必要性；如果必须使用贸易措施，则须保证使其贸易限制作用最小。这两项条款被作为最惠国待遇原则和国民待遇原则的例外而被经常引用，也是 WTO 处理与环境有关的贸易争端的主要依据之一。

1994 年 GATT 第 2 条关于对进口产品征收税费的规定允许成员方征收环境税。该条规定各成员方可以在不违反国民待遇的前提下，对进口的相同产品，按照本国环境计划自行决定征收环境税；成员方可以对那些大量消耗本国资源的，但对输入国环境污染极轻或者无污染的初级产品或半成品征收资源出口税或环境附加税，用于资源的补充和更新。

WTO 有关货物贸易的多边协议中《技术性贸易壁垒协议》（TBT）包含了可能构成贸易的非关税壁垒措施，包括进口产品或出口产品须满足的产品技术性能标准以及在产品生命周期中要符合的环境、健康、劳工等其他标准；并说明这些非关税壁垒实施的条件（如通知、透明度要求等）。TBT 遵循五个原则，即避免不必要的贸易壁垒原则、非歧视原则、协调原则、等效和相互承认原则以及透明度原则，其中非歧视原则和透明度原则是基石，五项原则涵盖了各成员方技术标准和评定程序的方方面面。

《实施动植物卫生检疫措施协议》（SPS）涉及为保护人类、动植物健康免受国际贸易中动植物、食物的跨境交易可能带来的灾害而采取的必要措施。这些灾害包括：随贸易产品进入一国境内的有害物、疾病和与疾病相关的生物有机体；食品、饮料或动物饲料中可能含有的化学品、化肥、杀虫剂、除草剂、毒素和兽药。根据 SPS 协议，各成员可以采取环保措施，但措施应建立在科学基础上。如无充分的科学依据则不可实施，但可以实施预防措施，即在有关科学依据不足时，根据现有信息临时采取卫生检疫措施，采取这些措施时，成员方应确保这些措施对贸易不造成过分的限制，还要考虑技术和经济可行性。这使协议保证了环境措施对贸易不构成不公正的障碍。

WTO 与环境有关的补贴规定主要体现在《农业协议》和《补贴与反补贴协议中》。《农业协议》中国内综合支持总量（AMS）用来衡量政府对国内农业生产者、农产品生产者的支持水平，包括预算支出和从消费者向生产者转移的收入，其结果将导致市场价格扭曲。凡是列入该总量之内的农业支持措施和开支均要削减，发达国家在《农业协议》生效 6 年内削减 20%，发展中国家在 10 年内削减 13.3%，最不发达国家可不承担削减义务。但无论是发达国家、发展中国家，还是最不发达国家，凡是属于"绿箱"政策范畴之列的国内支持措施则不在削减之列。"绿箱"措施主要包括对保护自然资源提供的支持和对环境保护提供的援助，政府对与环境规划项目相关研究和基础工程建设给予的服务和支持，以及按照环境规划给予农业者的直接支付等等。这些均可认为是以保护环境为主要目的的措施。这些支持措施不在削减之列，意在减少农业现代化的发展对环境的危害，由此可以看出《农业协议》对环境保护问题的重视程度。《补贴与反补贴措施协议》（SCM）第 8 条规定，在某些特定情况下，环境法规可能对现有企业产生制约和经济负担，成员方可视情况对其进行补贴。SCM 还规定成员方为消除严重环境压力应采取最合适的环境手段，可以接受环境补贴，并将政府对科研、环境和落后地区等方面提供的补贴（包括按照新的环境要求，对企业促进现有设备改造，减少废料和污染直接和适当的关联的补贴）定为不可诉的补贴。

《服务贸易总协定》（GATS）载明成员方同意成立服务贸易与环境工作组（Working Party on Trade in Service and Environment），对服务贸易、环境与可持续发展之间的关系进行研究并提交报告或建议。《与贸易有关的知识产权协定》制定了一些贸易措施，防止不正当商业行为与知识产权的滥用，阻止有害于环境的发明和生物学方法的商业应用，同时鼓励环境技术的研究、创新、技术转让和使用，提高所有国家，特别是发展中国家保护环境的意识和水平。

基于上述政策，可以看出 WTO 对世界可持续发展和环境问题的立场：成员方有权采取或加强必要措施，维护人类、动物和植物的健康和保护生态环境。WTO 的原则立场和政策规定以保护人类生存环境为根本宗旨，反映了 WTO 在追求世界可持续发展方面的积极努力。

3. IPCC 国家温室气体清单指南

除 WTO 外，联合国政府间气候变化专门委员会（IPCC）也致力于国际可持续发展和环境保护。联合国政府间气候变化专门委员会由世界气象组织和联合国环境规划署于 1988 年联合成立。它旨在总结世界气候变化的科学研究，评估气候变化对人类社会、世界经济的潜在影响，并整理发布应对、缓解气候变化的对策。联合国政府间气候变化专门委员会不是为了进行具体的科学实验，而是收集每年出版的气候变化研究论文，从而为全球气候变化问题提供材料，例如每五年出版一次的温室气体清单指南评估报告，以数据和资料形式支持《联合国气候变化框架公约》。

IPCC 分别在 1990 年、1995 年、2001 年、2007 年、2013 年和 2019 年完成了六次评估报告，这六次报告已成为国际社会理解气候变化问题的主要科学依据。《2006 年 IPCC 国家温室气体清单指南》作为较为详细的报告，总结了之前温室气体清单指南的内容，并进行了修订和更新。

《2006 年 IPCC 国家温室气体清单指南》序言部分指出该《指南》可为各国家给予指导性意见，做出了清单领域的划分以及提供了排放因子数据库（EFDB）。《2006 年 IPCC 国家温室气体清单指南》分为五卷内容，第一卷解释了编制清单的基本步骤，并提供了关于温室气体排放和清除估算的一般指导。第二卷至第五卷为不同经济部门能源行业，工业工程和产品使用、废弃物以及农林产业和其他土地利用的排放估算提供了指导①。

2013 年报告补充和修订了《2006 年 IPCC 国家温室气体清单指南》，内容上增加了湿地温室气体排放和吸收清单编制指南。最新版的《2019 年 IPCC 国家温

---

① 根据《2006 年 IPCC 国家温室气体清单指南》内容整理编写。

室气体清单指南》主要在精细化方面进行了更新，向精细化方向转变，正式进入了新的改进阶段。精细化工作分为三类：提供新方法，更新现有内容以及对已有内容的补充和解释。2019 新版《指南》涵盖所有环境领域或部门，如能源活动、工业流程、农林业和其他土地利用、废弃物等[①]。《2019 年 IPCC 国家温室气体清单指南》与《2006 年 IPCC 国家温室气体清单指南》相互补充、合并使用。

（二）国内可持续发展政策

当前，世界经济格局呈现低碳和可持续发展的趋势，中国作为一个制造业大国，积极倡导并践行着这一生态文明理念。在发展过程中，中国越来越注重经济发展与环境保护的协调性统一，不断探索如何恰当处理经济发展与生态环境的平衡关系。

改革开放以来，中国以实行"五年计划"的方式规划未来发展战略，在"第十个五年计划"结束时基本完成了经济总量增长的目标，然而高耗能高污染的粗放式发展模式，已无法适应未来的发展。

我国从"十一五"规划开始确定了六项节能减排目标，包括全国单位 GDP 能耗下降 19.1%，全国二氧化硫排放量减少 14.29%[②]。在"十三五"规划中，我国强化了低碳发展的任务，表现在：到 2020 年国碳强度相比 2015 年要下降 18%，单位 GDP 能耗要下降 15%，非化石能源占一次能源消费的比例达到 15%，森林覆盖率达到 23.04%，主要污染物的排放总量要大幅减少，生态环境的质量总体得到改善。同时，强调了促进绿色低碳转型，建立健全绿色低碳循环发展的经济体系。在具体实施过程中，以推动低碳发展模式和技术创新为关键点，积极利用市场机制推进低碳发展，合理利用碳排放权交易达到有效控制温室气体排放[③]。

党的十六届三中全会提出了科学发展观，强调全面、协调、可持续的发展，统筹人与自然和谐发展，处理好经济建设与生态环境之间的关系。之后党的十八大、十九大都对生态文明建设提出了更严格的要求，不断丰富、完善着中国关于环境保护与可持续发展的理论体系和政策措施[④]。党的十八届五中全会提出的五大发展理念，强调了绿色发展是当前经济发展不可或缺的重点，实施最严格的生

---

① 根据《2019 年 IPCC 国家温室气体清单指南》内容整理编写。

② 《中华人民共和国国民经济和社会发展第十一个五年规划纲要》中第三篇推进工业结构优化升级和第六篇建设资源节约型、环境友好型社会内容整理。

③ 《中华人民共和国国民经济和社会发展第十三个五年规划纲要》中第十篇加快改善生态环境内容整理。

④ 胡锦涛在 2003 年 7 月 28 日的讲话中提出科学发展观，由科学发展观具体内容整理。

态环境保护制度，目标形成节约资源和保护环境的空间格局、产业结构、生产和生活方式。这意味着我国在国家层面上高度重视绿色低碳对我国经济发展的正向引导作用。

根据《国际气候变化组织国家温室气体清单指南》的国际标准，中国结合自身国情和现实状况，提出了《中国国家温室气体清单》和《中国省级温室气体清单编制指南》，以这两部更适合于我国国情的清单指南来进行我国碳排放的统计和推动经济建设与城市规划向低碳化发展。与此同时，中国发布了《国家应对气候变化规划（2014—2020年）》，在气候变化的国际议题谈判中运用中国智慧，积极提出我国自主减排方案。在工业生产领域，国务院2015年颁布的《中国制造2025》指出，全面推行绿色制造，加快绿色改造升级推进资源高效循环利用，构建绿色制造体系①。《中国21世纪议程》的制定也是将环保作为可持续发展的核心内容之一，并提出开发绿色产品，推广清洁生产技术，实现产品生命周期全过程的"绿色化"②。工信部在此基础上于2016年颁布了《工业绿色发展规划（2016—2020年）》以落实工业绿色化发展，提出到2020年，能源利用效率显著提升，清洁生产水平大幅提升；重点行业主要污染物排放强度下降20%。到2025年，制造业绿色发展和主要产品单耗量达到世界先进水平，基本建成绿色制造体系③。

无论在国际还是国内，各国政府或组织都在积极推行环境保护和低碳发展的政策，可持续发展是全球发展趋势。

二、贸易绿色化

当前的全球国际贸易格局正朝着绿色化的方向发展，贸易绿色化（或称绿色贸易）将成为各个国家倡导和践行的主要贸易方式。

国际贸易绿色化，或称国际贸易生态化，是指将环境保护或生态学的原则渗透全部贸易活动中，将环境要素禀赋纳入国际贸易的全过程，在贸易的各个领域（包括原材料、产品、技术、劳务、知识产权等贸易活动）和各个环节（贸易政策法规、合同、运输、贮藏、检验、销售、贸易信息交流及贸易纠纷处理等）都

---

① 李克强于2015年3月25日组织召开国务院常务会议，部署加快推进实施"中国制造2025"，实现制造业升级，国务院常务会议审议通过了《中国制造2025》。

② 1994年3月25日，《中国21世纪议程》经国务院第十六次常务会议审议通过。

③ 中华人民共和国国家发展和改革委员会发布《工业绿色发展规划（2016—2020年）》内容整理。

考虑降低能源消耗和排放以及环境保护因素。贸易绿色化，是解决环境问题、资源危机的需要，是实现可持续国际贸易、提升产业绿色国际竞争力的需要。

绿色贸易要求在进出口贸易中预防和阻止威胁人类生存环境和生命健康的活动，从而实现环境保护、可持续发展。绿色贸易所强调的环境保护，资源节约，以人为本的宗旨契合了当代绿色环保和可持续发展的理念，因此绿色贸易也开始成为衡量一个国家或地区国际竞争力的重要标志。

绿色化概念主要是随着环境问题日益突出产生的概念，其核心在于让经济社会与自然协同发展。自20世纪60年代，西方兴起绿色化运动，绿色、可持续的观念不断深入发展，也逐渐影响到国际贸易领域，绿色贸易也由此而来。从国际贸易实践的角度看，世界呈现出经济一体化和贸易区域化、集团化的趋势。经济一体化不仅促进了世界贸易总量的增长，也加剧了各国、各地区间国际贸易的竞争。区域贸易集团化在促进集团内部贸易便利发展的同时，还设置贸易壁垒以实行保护主义维持自身利益，这些也在从客观角度助推了绿色贸易的发展。

绿色贸易主要由以下几个要素构成：绿色原料、绿色技术、绿色设计、绿色包装、绿色营销、绿色服务、绿色消费。绿色贸易的发展，从参与主体角度看，国家对绿色产业及技术的扶持，企业对绿色生产的日益重视，个人对绿色消费概念的深刻理解，都无不凸显绿色贸易日益重要的地位。贸易的最终完成还要依靠产品买卖活动的发生，各国对绿色产品的需求以及环境水平方面的差异，使绿色贸易成为不容忽视且广泛探讨的议题。

第二节　绿色创新和绿色生产的内部驱动力

一、绿色创新

（一）绿色技术创新

1. 绿色产品创新

（1）绿色设计。绿色设计，又被称为"生态设计"，是指产品设计要做到物尽其用，从生态友好的角度考虑，使用标准化方法制造产品，尽量减少或不使用有毒有害的原材料，以达到产品使用寿命结束时，还可翻新、回收利用或是被安全、绿色地处理。

绿色设计为绿色产品的生产奠定了基础，因此绿色设计成为当前设计研究的热点之一。从环境保护角度考虑，在设计成本不变的情况下，制造产品对生态环境带来的破坏会导致社会总成本的增加，这进一步突出了绿色设计的重要性。当前工业化发达国家在产品设计阶段遵循的原则是小型化、多功能以及可回收利用，这既实现了减少生产用料、一物多用进而节约资源的目的，还达到了减少浪费和污染排放进而保护环境的目标。

绿色设计与传统设计方法之间存在显著差异。绿色设计不仅要满足设计需求，即要实现产品的功能、性能、质量以及生产成本的各项要求；还要做到绿色化的标准，充分以环境效益和生态指标为依据，将资源节约和环境保护作为产品设计的最终目标，在产品设计初期将可能出现的环境要素以及可预防污染的保障措施和细节纳入设计蓝图中。通过绿色设计可为社会带来以下好处：一是绿色设计有效降低了不可再生资源的消耗速度，二是绿色设计缓解了大量垃圾处理问题，三是绿色设计在源头上减少了废弃物的产生。

（2）绿色制造。可持续和高质量发展的需求使企业在生产过程中追求绿色制造方式，绿色制造是在传统制造的基础上发展而来的，与传统制造相比，它具有能耗低、污染小的特点。绿色制造，也称为环境意识制造，是一种现代化的全系统的经济综合生产模式，使用对环境负面效应小的资源，高效生产，旨在减少和消除在设计、制造、使用等过程的所有废弃物，减少温室气体排放，减少环境污染。

一个制造系统主要由资源的开发、资源采用、产品和废弃物四部分构成，是一个物质转化、输入输出的过程。输入的是能源和原材料，输出的是产品和生产过程的废弃物。在输入输出环节的两方面都可能会对生态环境带来污染和危害。针对制造的系统性，绿色制造就是在输入输出环节上进行绿色化改造，用较少的输入和较高的输出提高制造效率，用清洁化的输入和最小化的污染物排出保证对环境的保护，实现高经济效益和良好生态效益的结合。因此，绿色制造是制造、环境保护和资源优化利用的结合。

绿色制造的特点有如下几个方面：

一是预防性。绿色制造强调以预防为主，在产品制造过程中采取综合性预防污染策略。采取对污染源的控制和回收再利用，做到生产流程中减少或消除废弃物。

二是系统性。制造产业不仅具备传统制造的系统性功能，它还注重对环境的保护，最大限度地减少制造过程造成的环境污染。

三是合理性。绿色制造不仅仅考虑绿色技术的应用，还要把技术与企业的产品特点和工艺要求做到恰当结合，绿色制造的目标不仅要满足企业发展生产和管理的需要，还要保持生态环境和资源的可持续性。

四是市场性。绿色制造是以市场为导向的。绿色制造在原材料和能源的消耗，废弃物处理技术上通过技术发展，降低生产成本，并加强其产品的市场竞争力。绿色消费品在国际国内市场上越来越成为新的消费热点。

五是时效性。绿色制造并不是一味不变的，伴随着科学技术发展，绿色制造也在制造内容、生产目标等方面产生相应发展，不断完善绿色制造体系，提高绿色制造水平。因为绿色制造的本质就是将生产、市场以及经济发展的效益与保护生态环境动态结合，这就要求在确保产品满足市场需求的前提下，用生态可持续的生产方式，降低生产要素消耗，减少或消除废弃物，使企业制造过程无损于生态环境。

（3）绿色包装。绿色产品除了设计环节、制造环节做到"绿色"之外，产品在包装环节上同样应当注重绿色化程度。在商品差异化的今天，产品包装对产品整体形象、品牌竞争力等方面的作用愈发突出，它的重要性不亚于产品的基本功能等属性。由于对产品包装的要求不同，产品包装已成为国际贸易中设置贸易壁垒的重要因素。

绿色包装是指使用对环境和人类无毒、无污染、可回收或可再生的原材料进行产品包装的行为。绿色包装的特征：一是出于节约能源资源的角度，采用最少的材料做到最少的废弃物丢弃，即适度包装；二是绿色包装要做到易回收和可复用，在不污染环境的基础上实现充分利用资源；三是绿色包装使用的材料可自行降解，且降解周期短，有利于减少垃圾的形成和堆积，同时包装材料的分解和腐烂有利于土壤的改善，起到保护生态的作用；四是绿色包装材料从原材料加工到废物回收利用整个环节都不会污染环境，在回收利用或者焚烧产生新能源也不造成二次污染；五是包装材料对人类及生存环境不具有毒害性或其他不良影响，不使用含有重金属或者毒性材料作为包装原材料。

包装工业不仅在产品制造和加工中发挥着重要作用，而且其工业份额也是国民经济的重要组成部分。过去 20 年里，中国包装工业的发展已经形成了比较完整的体系和规模。但是包装行业距离实现绿色包装还有很长的距离，无论是在包装产品的生产、储存、使用，还是在处理过程中，依然存在对人类和环境造成的负面影响和污染的问题。发达国家起步较早的绿色消费习惯促使了绿色包装的发展，也通过绿色包装的严格规定设置新型绿色壁垒，这表明绿色包装不仅是国际环境发展趋势的需要，也是实现产品国际营销的有力手段。因此，倡导绿色包装的行为从自身和外部两方面都成为提升国际绿色竞争力的驱动力。

2. 绿色工艺创新

工业革命以来，工业化发展为人类社会带来了丰富的物质文明，然而高能耗、高污染的生产方式导致能源和资源的大量消耗以及对生态环境的严重破坏，甚至造成了诸如气候变化、臭氧层空洞和酸雨等全球性环境问题，直接威胁着人类的生存。

面对严重的环境问题，人类试图积极寻求生产工艺上的创新以实现既能保证先进生产方式的优势又能够缓解生态环境污染的问题。自然环境的日益恶化让人们对造成工业污染的原因有了更深刻的认识，这就加快了生产工艺创新发展的速度。人们首先提出了"先污染，后治理"的想法，但取得的效果并不理想。此后，工艺创新阶段又发展出"末端治理"的方式。"末端治理"是指工业生产过程中产生的污染物在排放前进行处理的方式，手段包括物理、化学和生物等治理方法。"末端治理"的主要任务是去除废弃物对人和环境的毒性，实现环境保护、减少污染的目标。

虽然"末端治理"与"先污染，后治理"阶段稀释排放的方法相比具有很大进步，但其局限性随着工业化的进一步扩展在实际应用中逐渐显现。首先，由于"末端治理"并没有控制工业生产中污染物的产生环节，导致解决废弃物污染环境的问题缺乏根源性；其次，"末端治理"的应对方式一方面要花费大量资源去治理现有的污染问题，另一方面对新产生的污染源不能从根本上解决，难以进入良性循环。因此人们认识到解决工业污染的方法还必须治标与治本相结合，不仅要对"末端治理"技术进行创新，还要采用"污染预防，全程控制"，也就是运用清洁生产创新的方法，解决工业生产对环境污染的问题，使工业制造走上清洁、可持续发展的道路。

（1）"末端治理"技术的创新。"末端治理"技术主要通过建立相关制度和提高污染物降解技术的方式实现，包括对企业排放物实行标准限额，对污染物浓度和数量超标征收费用；针对严重污染行业或老旧企业，采取包括限期治理、企业关停、合并、企业转移、搬迁等强制手段；对新建或重建项目进行环境影响评估系统审核，以控制新污染源的产生；设立环境许可证制度，控制企业排放的污染物总量；通过研究和开发先进的生物化工技术，达到中和、减少污染物的目的，提高资源利用率。

"末端治理"技术虽然通过上述方式得以实现，但在实际情况中废弃物处理的整体状况并不如人意。原材料和能源资源的低转化率，极大地造成了资源浪费；用于"末端治理"的大型机械设备投资金额巨大，但大多数企业用于环境保护的资金支出有限，这样的矛盾给企业带来了沉重的经济负担；污染控制技术的局限性也阻碍了污染物的有效降解，甚至在废物处理过程中对人体和环境造成二次伤害，存在一定的风险。因此，对末端处理技术的创新就要针对当前存在的不足作为着力点。

一是要研发治理成本小、实际作用突出的处理技术。开发符合我国国情的"末端治理"技术，在确保实际效果的同时注重降低企业使用成本，实现经济效益与环境效益协调不冲突。这也有利于中小企业技术推广，有效降低中小企业的经济压力。

二是要进一步制度创新并给予政策扶持和专项补贴。相关部门积极进行制度和政策创新以限制高污染企业，用行政手段干预使企业自觉改进技术，降低污染物排放量，同时设置专项补贴及税收优惠，提高企业进行"末端治理"的积极性，并减少了企业用于处理污染物排放的经济负担。

三是对末端治理设备及其维护管理的创新。针对末端治理设备价格高昂的问题，进行攻关试验，研制高性价比的"末端治理"设备。同时在设备的使用以及日常的维护管理上进行创新，降低使用维护费用，增强利用效率，延长使用寿命，提高可回收利用水平，从而进一步降低企业环保成本。

（2）清洁生产技术。清洁生产现行说法众多，存在多种定义，而我国广泛采用的是联合国环境规划署和《中国21世纪议程》中关于清洁生产的定义。

联合国环境规划署认为，清洁生产是对工艺和产品运用综合预防性的环境战略，用于减少对人类和环境的风险；对于生产工艺，清洁生产涉及节约原材料和能源，消除有毒原料，并在废弃物排放前减少所有排放物和废物的数量和毒性；对于产品本身，战略重点是减少产品整个生命周期中从原材料采购到产品的最终处置的各种阶段对环境的不利影响。

《中国21世纪议程》对清洁生产的定义如下：清洁生产是指既可满足人们的需要，又合理地使用自然资源和能源，并保护环境的实用生产方法和措施，其实质是一种物料和能耗最少的人类生产活动的规划和管理，将废弃物减量化、资源化和无害化，或消灭于生产过程之中①。

清洁生产技术是为清洁生产服务以实现清洁目标的技术手段。与原来生产同类型产品的生产模式相比，通过清洁生产技术所造成的污染物产量更少，毒性较小。衡量清洁生产技术有效性的主要指标是在改进技术后，对比原始生产过程，

---

① 《中国21世纪议程》第12章工业与交通、通讯业的可持续发展，其中 B 节开展清洁生产和生产绿色产品中对清洁生产的定义。

技术革新是否实现了减少或消除污染物产量和有毒有害性的目标。

清洁生产技术的创新在深入保障和支撑清洁生产开展方面发挥了重要作用。实现清洁技术的创新离不开以下几个方面：

一是提供相应财政支持以鼓励、激发技术创新热忱。政府部门应该鼓励清洁生产和工艺的实施与应用，设立政策性补贴或设置鼓励性税收以扩大对清洁生产技术的优惠政策，相关金融机构可设置专项低息贷款或利用其他金融产品从而鼓励社会各界及企业改进清洁生产工艺，达到分摊、缓解企业因清洁技术创新而负担的巨大成本压力。

二是完善法律法规，促进清洁生产技术的健康发展。建立法律形式规范清洁生产制度，在法律角度界定清洁生产，为其奠定法律基础，加强技术创新在实践中的可操作性。此外法律制度也有益于清洁技术创新发展具体化，保证清洁生产技术在明确的规范下合理地创新。

三是积极推进产学研模式开发、示范、推广新型清洁生产技术。企业应加强与高校、科研机构等开展清洁生产技术创新合作，构建相关工艺创新支撑平台，充分发挥社会各方对清洁技术创新的助力作用。要实现高效、有益的技术创新，必须积极推广技术交流，建立清洁技术信息系统，发布清洁生产技术政策相关信息，加强信息沟通，促进中小企业进行清洁技术创新的参与感。

四是加强清洁生产的宣传教育，通过扩大宣传范围，提升社会各界包括各政府部门和企业对清洁生产概念的深刻认知。普及相关基础知识概念从而增强社会对清洁生产的支持力度，以此加强社会各界对清洁生产合作、清洁技术开发的热情。

（二）企业绿色制度创新的要求

企业绿色制度创新不仅表现在技术层面的科技创新，也表现在制度层面上的创新行为，这也是现代企业可持续发展的主导趋势。为适应当前的市场环境，现代企业应建立以知识为核心和以生态环境为基础的绿色制度创新体系，企业的绿色制度创新表现为满足市场化与生态化有机统一的要求。

首先，要加强绿色产权制度。强有力的产权制度培养了企业自觉承担生态经济责任，确保了企业发展遵循可持续、绿色化的路径，从而满足企业经济和绿色的协调发展。其次，要形成绿色经营机制，绿色经营体系完善与否决定了经济与生态一体化程度的高低。实行企业绿色激励约束机制、资源配置机制和经济生态协调发展机制有利于在企业生产的全过程环节对生态环境进行保护，使企业的生存和发展具有内在的环保要求，为企业可持续、绿色发展提供有力保障。最后，建立绿色管理制度，在企业考核绩效中涵盖生态环境保护与经济可持续发展这两项标准，这样，企业绿色系统创新内部化、市场化和生态化的和谐统一将得以实现。

二、实施绿色生产促进竞争力提升

绿色生产的目的是为了更好地实现可持续发展和环境保护，绿色生产与绿色消费相对应。绿色生产包括产品设计、原材料采购、生产工艺流程、加工制造设备、产品包装、物流营销等环节，涉及企业在生产活动中协调经济效益、环境效益和社会效益三者的关系，在生产全过程中注重资源节约和环境影响。

实施绿色生产的目的在于有效减少、消除产品与服务本身和在其生产过程中对环境造成的不利影响。在生产过程中，绿色生产要求节约能源与原材料，最大限度减少使用重金属或有毒性材料，从而在减少有毒废弃物的排放量。就产品与服务本身而言，无论是在前期采购、加工原材料还是最终处理回收报废产品都要在环境保护方面将损害降到最小。绿色生产提供的绿色产品在未来将赢得市场，赢得消费者的青睐和信任；通过降低能源消耗，节省原材料以及加强产品的可回收利用，减少处理废弃物的成本，有利于企业在财务方面获得收益；创造了新的盈利机会，用绿色技术创新做到"变废为宝"，将原本可用性低的产品加工改造为有价值的新产品，通过多种方式提升绿色竞争力。

第三节　提升绿色竞争力的效应分析

一、提高企业核心竞争力

绿色竞争力是构成企业核心竞争力的重要因素，提升绿色竞争力为企业核心竞争力带来的正面作用表现在以下两方面。

（一）优化企业的生产条件

衡量绿色竞争力水平主要在于企业的绿色生产程度和绿色创新能力。企业改进生产模式转向绿色生产方式，加强绿色创新有利于企业优化自身生产条件。

一是对自然资源的最优利用。企业生产转向依赖可再生的能源或清洁能源，通过调整能源使用结构并改善生产流程与工艺以达到提高能源使用效率的目的。同时促使企业加强集约化生产能力，确保产品绿色化水平，增强企业产品的市场竞争力。

二是对人力和知识资源的优化。劳动力价格的优势是不可持续的，面对人口红利逐渐消失的情况，企业要想提升自身的绿色竞争力，在人才领域的需求要向高层次进行转变，对知识创新的需求向高水平进行转变。人才素质和知识水平的提高，意味着对科技创新与推广和知识产权保护的投入力度加大，对提高生产技术、研发低碳绿色技术产生正面效应，同时也会反哺高科技人才的培养选拔，促进良性循环。此外，提升绿色竞争力的要求会推动制定与实施绿色教育政策，对公众进行绿色生活方式的宣传，提高全社会对绿色竞争力的认知。

（二）扩大企业的市场需求

绿色竞争力的提升对扩大我国产品市场需求及出口贸易具有重要的作用。绿色化的新技术及标准能够引发新的有效需求，在大力倡导绿色国际竞争力的呼声下，代表低碳、绿色经济发展趋势，具有先进技术和标准的新产品将大幅增长。绿色化新产品份额的扩大将推动了我国宏观经济中消费比重向绿色方向转变，工业制成品的绿色技术含量和附加值也将带来提升。同时，产品、消费等环节的绿色化会带来的一系列让人可以切身体会的结果，如生存环境及空气质量的改善，人们平均寿命和健康水平的提高等等，这将有利于社会形成对"绿色"的支持态度，为绿色化的进一步发展奠定基础，公众对环境保护和绿色产品的消费习惯的形成也增加了社会和市场对绿色化的需求。

针对国内市场而言，获得消费者的认可和需求是企业持续经营的动力，绿色化要求企业进行技术升级与创新并将产品推向市场。绿色竞争力有利于在消费领域培养节能减排和可持续的消费观念。国际市场是国内需求的延伸，也是国际贸易的平台。我国产品绿色化水平不断提高的同时，既起到完善国内绿色市场的作用，也提升了我国对外贸易绿色产品的品质，使我国绿色竞争力在国际上与发达国家相比具备了一定的优势。产品的绿色程度越高，在国际市场上尤其是经济发达地区会更受欢迎，遇到的贸易摩擦与贸易壁垒也会相应减少，出口量和出口额会得到大幅提高，促使绿色生产、绿色贸易形成新的全球经济增长点。

二、有助于破解绿色贸易壁垒

绿色贸易壁垒，无论国际经济组织还是国际上有关贸易与环境措施的条约，均无明确的提法和定义解释，它是中国学者针对在国际贸易中出现的严格的技术标准、规定等现象创造的新名词。一般认为绿色壁垒是发达国家实施的环境壁垒，是发达国家凭借自身的科学技术优势，以保护环境和人类动植物生命健康为由借助 WTO 规则的例外条款，通过立法或制定严格的强制性技术措施标准，故意设置一些严格的环境标准，对进口产品加以限制，是对发展中国家的不公平待遇。这种分析大多是从发展中国家的经济发展和科技、环境管理水平现实出发，强调绿色壁垒名义的合法性、内容的广泛性和实施中的不公平性和伪装性，认为发达国家是借环境保护之名，行贸易保护之实，损害了发展中国家的利益。

绿色贸易壁垒主要由出口国和进口国两方面的原因引起。一般而言，受绿色贸易壁垒影响较大的国家往往存在环境意识滞后、环保技术相对较低的情况。由于缺乏对环境保护的重视，没有处理好环保与发展的关系，使贸易和生产对环境带来很多负面影响。这些国家也往往因为环境保护政策制定的不合理，在实际操作上并没有实现政策效果，未达到环境保护的目的。同时，科技水平的相对落后，环保专业人才的匮乏，用于环保的财政支出微薄以及缺乏各类生态环保、绿色生产的技术与设备，这些原因综合起来，导致一个国家提供出口的商品或服务绿色水平低。而以绿色贸易壁垒为借口限制进口商品的国家，主要出于贸易保护主义的考虑和政治经济因素的影响。发达国家设立严格的标准、法规，以保护环境和人类、动植物生存健康的借口为由，限制性地对待一些环境敏感型和高碳、高排放产品，将这些外国优势产品排斥在发达国家市场之外。此外，不同的国家有不同的环境和不同的技术标准，对产品的检测方法也缺乏统一指标，这种任意性也造成绿色贸易壁垒的存在。

然而，如果我们站在更高的层次上，从可持续发展的角度来看，就会发现仅仅把绿色壁垒认为是不公平的待遇是非常狭隘的，因为没有看到人类思想和认识的巨大进步。事实上，与贸易有关的环境技术措施或绿色壁垒的产生和实施是与全球可持续发展相适应的。发达国家较早地认识到片面追求经济增长给环境带来的危害，随着环保时代的来临，清洁生产、绿色产品、绿色消费等理念日益深入人心，与贸易相关的环境措施也纷纷出台，为此，在资源、环境等方面，制定了很多技术标准，不仅要求末端产品符合环保要求，而且规定从产品的研发、生产到包装、运输、使用、循环利用等各环节都要符合环保要求。由此，国际贸易中的绿色壁垒也应运而生。

因此，引进国际环境管理标准，提升国家和产业的绿色竞争力是破解绿色贸易壁垒的途径。提升绿色竞争力可通过发展循环经济、提升绿色贸易的品质、形成绿色贸易体系三个方面，扩大市场准入，突破绿色贸易壁垒。

（一）发展循环经济

提升绿色竞争力就要改变原来的经济生态，发展循环经济，实现国际贸易生态化，强化绿色贸易的基础环节。循环经济主要表现在以下两方面：一是对资源的利用方面。在开采阶段减少对不可再生资源的依赖；在使用阶段最大效率地利用资源，使用可替代、清洁能源；在排污阶段最大限度地减少废弃物的排放。二是利用技术创新提高环保能力，用技术手段发展减排、废弃物的回收以及"零污染"。这就要求高新科技与环境保护、绿色可再生产业相结合，为绿色环保提供强大的技术支持和动力源泉，以达到改善环保技术发展、调整优势产品的目的。

针对外向型企业而言，须将循环经济作为生产运营的指导思想，应用先进的环境保护技术，采用清洁能源，使原料、资源循环利用。从能源与原材料选用、产品研发、生产、工艺技术采用、运输、储藏、流通、销售到回收处理、再利用的各阶段，进行全过程全方位的环境管理，按循环经济的要求组织生产，充分考虑自然生态系统的承载能力，提高自然资源的利用率，力争达到零污染或将污染降到最低程度。

（二）提升绿色贸易品质

提升绿色竞争力需要的是全面绿化从而增强绿色贸易品质。加强对低碳、绿色宣传教育，使全社会关注绿色贸易，认识其在未来国际贸易中具有无可取代的地位。同时加快绿色贸易立法的步伐，也契合了国际社会绿色贸易立法的潮流，在充分结合自身实际的前提下，制定与国际接轨、获国际市场认可的法规标准，既严格了国内企业绿色生产的标准，又在一定程度上破解了设置绿色贸易壁垒的借口。绿色竞争力促使企业生产模式向绿色生产发展，加强对环保可持续领域的科技创新，完备的绿色生产体系使企业能够进行产品的绿色设计，开展绿色营销，开发绿色市场，大大增强了产品的绿色化水平。这种全方位提升绿色贸易品质的方法有利于开创新的绿色贸易局面。

（三）形成绿色贸易体系

建立绿色体系促进贸易发展，有利于积极应对绿色贸易壁垒。建立绿色体系首先依靠的是绿色保障制度体系，设定绿色标准和绿色奖励机制相互配合，共同指导绿色产品的发展；其次绿色体系的建立需要绿色技术支撑体系，从科学技术的角度加强绿色化水平，用自主研发的绿色前沿技术带动绿色产品的升级转型，促进上下游产业绿色化，如生态农业、有机农业等。这既能在面对绿色贸易壁垒时扭转被动状态，又能促进绿色贸易的健康发展。

三、促进产业转型升级

（一）提高绿色竞争力可以优化和提升我国产业结构

国际竞争力的提高将有助于国家的产业结构从不同方面进行战略性发展。

第一，提高整个产业的可持续性。出于提升绿色竞争力目的所带来的产业结构调整，有助于企业可持续发展能力的增强。首先，市场导向下绿色化企业数量将不断增大，各产业出现越来越多的新型绿色化企业，使企业向集约化方向发展，对能源消耗依赖度降低、污染排放量减少。其次，促进了整体产业链的耦合、延伸优化，工艺技术不断得到改进，生产要素的生产率提高。此外，绿色化倡导的绿色消费和资源回收为推进可持续发展提供了清晰的路径支持。

第二，增强创新意识与创新能力。在国际贸易绿色化高涨和各种环境保护政策相继出台的约束下，面对这种巨大的压力企业要想赢得市场竞争，应着眼于科学技术和经营方式的升级和创新。提升绿色竞争力就是提升全行业的创新意识与创新能力，转变原有的不合理的、低能效的发展方式，实现向高质量、高科技、高素质水平的跨越，在意识层面和实际操作中淘汰原有产业结构中落后的部分，激发先进的部分。

第三，有利于提高增长动力。绿色竞争力的提升激发了绿色制造业型企业的增长动力，绿色化的能源结构有利于制造业企业做大做强，促进产业结构调整更加完善合理。

第四，有益于市场形成良性竞争的局面。提升绿色竞争力要求各行各业都注重绿色发展，这相当于在本质上设置了产业发展竞争的目标模式。这一新的符合未来趋势且考虑长远利益的要求，会促进产业新一轮的优胜劣汰。在这种良性竞争态势下，留存企业的竞争力在面临国际竞争时更加突出，面对绿色贸易也更游刃有余。

（二）提升绿色竞争力可以促进我国相关绿色产业链的优化和发展

大力提升绿色竞争力在调整优化产业结构的同时，还有利于绿色产业链的整体发展，强化绿色贸易上下游产业的竞争表现，提升绿色竞争力从产业链的角度来说能够直接促进未来能源产业和垃圾回收产业的发展。

传统能源行业主要使用化石能源进行加工生产，而化石能源的一个主要特征是不可再生性，包括煤、石油和天然气等化石燃料都面临着枯竭的危机。传统能源行业存在的问题是对能源的挖掘、开采和利用过度化，利用率低造成污染严重的问题，这些问题根本性地限制了制造业的可持续发展。

要提升绿色竞争力就要遵循低碳、循环、绿色的发展思路，随着绿色技术的创新，能源开发深度不足和能源利用率不高的问题将迎刃而解。绿色技术的创新一方面是积极寻找可替代的清洁能源，调整原本的能源利用结构，另一方面旨在解决如何对不可再生能源进行清洁、高效利用和高附加值转化的问题。通过技术突破，中国新能源产业可以实现快速发展和转型升级，实现产业链上游的可持续发展；我国的工业制造业生产优质的绿色产品，研发前沿的绿色技术，有利于提高整体绿色化水平。

固体废弃物炼制回收是工业生产的下游环节产业，提高绿色竞争力和可持续发展都与资源循环回收利用密不可分。将固体废弃物回收产业做到绿色化经营，就能减少资源、能源的消耗；将回收可再次利用的资源进行炼制、处理，不仅做到了"变废为宝"，开拓了产品新的生命周期，而且还能保护环境、节约能耗，减少二氧化碳及工业废弃物的排放。因此，制造业绿色竞争力的提升从能源源头、生产过程到末端处理，对优化产业链具有正效应。

第十一章

发展低碳经济提升竞争力的国际经验借鉴

近年来，全球的资源约束趋紧、环境污染程度严重，生态系统退化明显。如何在保护资源环境和提升产业国际竞争力二者之间达成平衡就成为一个世界性的难题。各个国家都竭尽所能地从不同角度采取措施，通过加速绿色发展来确保本国的发展速度以及在国际分工体系中的地位。

第一节　英国发展低碳经济的经验借鉴

一、温室气体交易经济计划

2002 年 3 月，英国排放交易体系（the UK emission trading scheme，UK ETS）正式建立，成为全球首个广泛交易温室气体的经济计划，并奠定了英国在温室气体交易领域的世界领导地位。为了更有效减少温室气体排放，鼓励低碳技术发展，英国政府提议排放交易体系可以与其他交易机制结合，如可再生能源义务和能源效率承诺等，并保证不同机制之间互相兼容。

2003 年英国政府首次以政府文件的形式正式提出低碳经济概念，从低碳技术研发推广、政策法规建设到国民认知姿态等诸多方面，都处在领先位置。2008

年，英国宣布了"气候保护计划"，成为世界上第一个立法实施温室气体减排目标的国家。根据法律，英国成立了气候变化委员会。英国设定到 2050 年将温室气体排放量减少至少 80% 的目标，在《气候变化法案》中，设定了 2022 年前的五年"碳预算"。

2009 年 7 月英国能源与气候变化部公布了能源与气候变化白皮书《英国低碳过渡计划》（the UK lowcarbon transition plan），该计划标志着英国正式向低碳经济转型。计划承诺到 2020 年末英国将在 2008 年的基础上减排温室气体 18%，在能源部门和重工业部门，减排 22%，到 2020 年 40% 的电力将来自低碳能源，如可再生能源、核能、清洁煤等。其中 30% 来自可再生能源，10% 来自核能及清洁煤。具体措施包括：英国将投资 600 万英镑，开发智能电网；向地方政府拨款 1120 万英镑，加快对可再生能源项目的审批程序；批准在提赛德（Teesside）建立全国最大的生物发电厂；在能源与气候变化部内设立专门的可再生能源部门，以加快英国可再生能源的发展。海上风能是英国最有潜力的可再生能源，2011 年，英国公布《可再生能源路线图》，目标为充分发挥陆地和海上风能发电、海洋能、生物发电与供热、地源热泵、空气源热泵和可再生能源在交通方面的应用潜力，2013 年英国发布《海上风电产业战略》，政府投资 10 亿英镑成立绿色投资银行，通过投资补贴、支持技术研发、免税等措施，支持和促进海上风能等清洁能源项目。

二、实施低碳经济支持绿色制造

为达到《英国低碳过渡计划》的目标，英国政府要求各主要部门公布各自的低碳预算方案并必须按方案实施。按照计划，到 2020 年末，英国选择 15 个城镇首批试点住宅保暖改建工程，使每年碳排量减少的 15% 来自家庭节能及小规模可持续能源项目；从《低碳过渡计划》实施到 2020 年，英国每年碳排量减少的 10% 来自工作单位提高的能效，到 2050 年，英国的工厂、办公室、医院、学校等要力争实现零排放。

低碳过渡计划首次提出了农业减排概念，每年碳排量减少的 5% 来自农业及垃圾处理方面。为此，政府将通过无息贷款支持低碳农业，并引导私人资本投资植树造林，并推广厌氧分解法，鼓励农民把废物和粪便转化成可再生能源。同时颁布的支撑低碳过渡计划的还有《英国可再生能源战略》《英国低碳工业战略》《低碳交通计划：绿色未来》。

英国政府为促进低碳经济发展，加强了激励措施，适度干预和指导纠正市场失灵问题。如政府直接投资支持低碳经济的研发项目，提出了气候变化税、碳基金、气候变化协议、排放权交易机制和低碳技术创新[1]等激励措施，如果企业使用可再生能源、清洁能源或生物能源将获得税收减免。在财政扶持方面，英国2009年财政预算案宣布了4.05亿英镑的资金计划，用以支持英国发展世界领先的低碳能源产业和绿色制造业。能源与气候变化部发布了发展清洁煤的框架书，提出通过碳捕获与埋存技术（carbon capture and storage，CCS）把耗能排放的二氧化碳"捕捉"起来，并储藏在沉积盆地或海底。英国政府拨巨款支持碳捕获与埋存技术研究，在英格兰和威尔士建立新的煤炭基地。

第二节　欧盟发展低碳经济的经验借鉴

欧盟把低碳经济确立为未来发展方向，将低碳经济视为新的工业革命，采取了一系列有力措施，来推进低碳产业发展，期望能够带动欧盟经济向高能效、低排放的方向转型。欧盟一直致力于低碳技术与产品的研发投入，提升温室气体二氧化碳减排技术优势。从企业层面，欧盟成员国制造商和科技企业，大力开发新能源，尤其是荷兰的风能技术开发，以及北欧、德国等国家的节能建筑，太阳能、水电开发等广泛使用，大大提高了能源利用效率。各国政府对于环境保护技术与项目、节能技术等均提供绿色基金、环保贷款，一方面降低了企业开发节能减排技术与产品的成本，另一方面提升了企业的社会责任，有利于经济社会的可持续发展。通过这种方式，促进了欧盟国家的低碳经济体系建设，提升了欧盟国家和企业的低碳经济国际竞争实力。

一、立法保障和政策支持

目前欧盟共制定了300多个相关的法律文件来实施其环境政策，这些政策涵盖了环境管理的诸多方面，包括研究及技术开发活动、监督和实施活动、法律活动和环境信息协调活动等。欧盟有关应对气候变化的法律以及碳排放权交易的计划于2004年开始制定。在碳排放和碳交易方面，欧盟排放机制（EUETS）于2005年1月1日正式启动，被视为欧盟成员国履行《京都议定书》承诺的一个

---

① 王钰. 低碳经济政策的中外比较研究 [J]. 北方经贸，2013（5）：13 - 14.

非常重要的措施。该机制涉及欧盟成员国内炼油、供热、有色金属冶炼和加工、建材工业（如水泥、玻璃或陶瓷生产）、纸浆、造纸和纸板生产等行业，对其二氧化碳排放实施上限限制，约占欧盟 2010 年二氧化碳排放总量的 46%。按照这一机制，各成员国应制订每个交易阶段二氧化碳排放的"国家分配计划"，为有关企业提出具体的减排目标，并确定如何向企业分配排放权。该机制共分为三个交易阶段，即 2005～2007 年、2008～2012 年和 2013～2020 年。根据规定，从2005 年开始，钢铁厂、石油精炼厂和发电厂需要持有特殊许可证才可以排放二氧化碳和进行二氧化碳排放权交易。欧盟委员会对 8 个成员国批准了废气排放计划，对各国二氧化碳的排放量进行配额限制。在高效利用能源和节能环保方面，相应的政策指令也涉及广泛，如统一建筑物能耗标准的《建筑物能源指令》，规定了新修建筑物的最高能耗，也统一了建筑物能源消耗的计算方法。

2006 年 3 月，欧盟委员会发表《欧盟能源政策绿皮书》，提出制订欧盟共同能源政策，鼓励能源的可持续性利用，发展可替代能源，加大对节能、清洁能源和可再生能源的研究投入。2007 年 3 月，欧盟委员会提出的"一揽子能源计划"得到了欧盟各国政府的通过。该计划包括：碳捕获和储存的法律框架、欧盟排放权交易机制修正案、可再生能源指令、汽车二氧化碳排放法规、燃料质量指令和欧盟成员国配套措施任务分配的决定等 6 项内容，使欧盟区域能源供应商多元化和温室气体减排得以有效实施。方案还包括了提供 12 个碳捕获和存储试点项目——利用创新技术收集电厂排放的二氧化碳并将其埋入地下，这些试点项目资金均来源于碳交易收益。欧盟承诺到 2020 年底将温室气体排放量在 1990 年的基础上减少 20%，在 2050 年将温室气体排放量在 1990 年的基础上减少 60%～80%；将煤、石油、天然气等一次性能源消耗量减少 20%，将可再生清洁能源占总能源消耗的比例提高到 20%；将生物燃料在交通能源消耗中所占比例提高到10%。

2007 年 11 月，欧盟委员会通过的"欧盟能源技术战略计划"明确提出加大在能源工业领域的人力与财力投入，加强能源研究和创新能力；建立欧盟新能源技术资料系统同时改造和完善原有能源基地设施；加强大学、研究院所等专业机构的科研合作；成立欧盟战略能源技术小组。能源技术战略计划将鼓励推广包括风能、太阳能和生物能源技术在内的"低碳能源"技术，以促进欧盟未来能源可持续利用机制的建立和发展[1]。"一揽子能源计划"和"欧盟能源技术战略计划"

---

[1] 欧盟委员会通过欧盟能源技术战略计划，新华网，http：//finance. sina. com. cn/j/20071123/12154209613. shtml。

鼓励推广"低碳能源"技术，建立起欧盟未来能源可持续机制，以此推动欧盟经济向低碳经济的方向转变，并引领全世界进入"后工业革命"时代。同时，欧盟国家利用其在可再生能源和温室气体减排技术等方面的优势，积极推动应对气候变化和温室气体减排的国际合作，力图通过技术转让为欧盟企业进入发展中国家能源环保市场创造条件。

二、碳税制度

"碳税"，以保护环境为目的，针对产品二氧化碳排放量征收，目的是减少以二氧化碳为主的温室气体排放，应对全球变暖的气候变化。碳税主要通过对煤炭燃烧、电力应用和汽油、柴油、航空燃油、天然气等化石燃料，按含有碳量的比率进行征收，实施后效果比较显著。碳税在欧盟成员国如瑞典、丹麦、芬兰、荷兰、挪威先行实施，并逐步推广，如意大利、奥地利、德国等国，都采取了碳税和环境税、能源税措施。

在激励低碳经济和约束高碳经济发展方面，以碳税、环境税为主的财税政策是行之有效的方法之一。欧盟碳税制度有两大特点。一是遵循阶梯式变动的理念，先少后多。即征税实验阶段，协商给定一个相对较低的碳税税率，再阶梯式提高，逐渐达到预想的水平。二是差别对待，"奖惩配套"。主要是根据不同的行业、部门碳排放量的多少，以及因行业差异生产出来的产品含碳量的多少，分别设置差异化的税率。这种制度有助于欧盟在总体上实现减排计划，同时兼顾各成员国差异性，有效地平衡各成员国和欧盟的利益。通过引入排放交易机制、气候变化协议、碳信托基金、气候变化税等多项财税政策，推动欧盟低碳经济的发展。

三、碳排放权交易制度

2005 年欧盟正式启动了"欧盟地区排放权交易制度"（EUETS），以协助各成员国履行《京都议定书》的一系列承诺。欧盟排放交易体系的具体办法是：根据欧盟委员会颁布的规则，欧盟各成员国为本国设置一个排放量的最高上限，确定将指标纳入排放交易体系的企业或产业，给予这些企业一定数量的排放许可权——欧洲排放单位（EUA）。此项交易制度规定：若是企业可使其实际二氧化碳排放量低于其最高排放许可量，则该企业可以将剩余的排放权出售到排放市场上，从而获取利润。反之，则必须向其他企业购买排放权，否则将会受到严重惩罚。在此制度的影响下，各国的碳排放权演变成一种在一定条件和环境下市场上的稀缺商品。

欧盟碳排放交易体系，创建了温室气体排放的稀缺性，实施总量控制的方式限制了最高温室气体排放量，因而产生了市场机制——碳排放权交易。整个体系形成了监测、报告与核查；限额分配；交易与市场监管；履约与处罚一整套治理模式。

四、德国及其他国家的措施

德国作为发达的工业国家，能源开发和环境保护技术处于世界前列。2007年，德国借鉴英国的削减碳排放温室气体有关的《英国气候变化法案》，颁布了《热电联产法》《可再生能源法》《节能表示法》和《建筑物节能法》等，由相关部门监督实施。德国政府实施气候保护"高技术战略"，先后出台了5期能源研究计划，以能源效率和可再生能源为重点，为"高技术战略"提供资金支持，将气候保护、减少温室气体排放等列入其可持续发展战略中，并通过立法和约束性较强的执行机制制定气候保护与节能减排的具体目标和时间表。2007年，德国联邦教育与研究部又在"高技术战略"框架下制定了气候保护技术战略。该战略确定了未来研究的4个重点领域，即气候预测和气候保护的基础研究、气候变化后果、适应气候变化的方法和与气候保护的政策措施研究，同时通过立法和约束性较强的执行机制制定气候保护与节能减排的具体目标和时间表。

德国将生态产业作为发展低碳经济的重点，生态工业政策主要包括6个方面的内容：严格执行环保政策；制定各行业能源有效利用战略；扩大可再生能源使用范围；可持续利用生物智能；推出刺激汽车业改革创新措施及实行环保教育、资格认证等方面的措施。同时德国大力发展和利用可再生能源，政府通过《可再生能源法》对可再生能源发电进行补贴，一定程度上弥补了可再生能源较高的生产成本，使可再生能源得到了快速发展。为提高能源使用效率，德国自1994年起分阶段对石油、天然气和电力征收生态税，促进了能源节约和结构优化。在减少二氧化碳排放方面，德国制定了有关碳捕捉和封存技术的法律框架，用以保证发展 CCS 技术，建立示范低碳发电站；通过开展二氧化碳排放权交易实现二氧化碳排放的最佳配置，间接实现了低排放。

德国最具国际竞争力的产业分布在机械制造、汽车制造、飞机制造、电气设备制造到化工、钢铁、采矿等。德国具有雄厚的航空工业基础，航空工业发展水平高且复杂，属于研发密集型产业。在清洁环保的要求上，欧盟提出要打造高效、清洁、环保的航空运输体系——"航线2050"计划。到2020年底，航空业二氧化碳和氮氧化物排放量要分别比2000年同类型飞机减少50%和80%；噪声要比2000年同类型飞机减少99%。预计到2050年，二氧化碳和氮氧化物排放量要比2020年同类型飞机减少75%和65%；噪声要比2020年同类型飞机减少90%。确保实现这一战略目标就要求航空技术能够做到高效、环保、清洁健康，同时，产品零部件的创新与升级也显得尤为重要。德国制定了长期研发战略，有针对性地联合科研机构、高校与企业的参与；及时快速地取得关键技术的突破，对环保产品不断地检测与升级，在安全健康的基础上再对其他方面进行改进；积极参与欧盟层面的研究联盟和共同技术创新项目，强化对环境友好的技术开发及其应用的导向性支持。飞机发动机是环境污染排放的直接组成部分，因此更有效的燃料燃烧能够降低飞机的燃料消耗，同时在减少温室气体排放方面也尤为明显。此外，欧盟大多数国家都开发了高度清洁高效的发动机，并实施了绿色民用发动机的技术发展计划。德国在航空器及其零部件制造上处于世界领先的地位，在航空的各个方面都在改进和升级绿色航空技术，包括先进的飞机设计技术，绿色燃料技术，绿色推进燃烧技术，绿色制造技术，绿色维护技术。与此同时，空客和欧直公司还通过开发和改进空中交通管制技术来减少污染，提升燃油效率和环境效率。为有效对抗全球变暖趋势及避免2050年全球能源危机，2009年，以西门子、德意志银行，德国能源业巨头RWE能源集团等著名10余家计划投资4000亿欧元，在撒哈拉沙漠建设世界规模最大的太阳能电厂，预计2050年可满足欧洲15%的电力需求。

意大利本身缺乏资源，因此十分重视可再生能源和新能源的开发利用，自1992年起以保证购买价格的方式支持可再生能源发电厂的建设。政府为鼓励减少能源消耗出台了能源效率证书（TEE），称白色证书，主要针对节约电能、天然气和其他燃料三种类型发放，企业申请该证书表明其制定了最低节能目标，政府对节能达标的企业进行奖励，如果节能效果超过目标，企业可以出售其多余的白色证书。另一种绿色证书是指通过利用可再生能源向国家电网输送电力并由国家电网管理局认可后颁发的证书。

法国计划在2020年把有机农业所占土地面积比例从现在的1%提高到20%，并在控制交通运输业的碳排放方面不断出台新政策。

第三节 日本创建低碳社会的经验借鉴

日本资源和能源匮乏，其经济发展和生活所需的煤炭、石油、天然气等化石燃料主要依靠进口，如果不能解决能源问题，将对其经济发展产生巨大阻碍。加之近年来温室气体排放加大，全球气候变暖，导致冰川和冻土消融、海平面上升等现象，不仅破坏了生态系统的平衡发展，还将威胁到人类的生存安全。如果全球变暖现状不能得到有效控制，将会使日本的经济遭受严重损失，因此为保证能源供应，减缓温室气体排放和环境污染问题，日本是较早开始发展"低碳经济"战略的国家之一，也是亚洲第一个宣布建设低碳社会的国家。

受到地理因素的制约，气候变化对日本的冲击远远高于其他国家，环境将会成为未来阻碍日本经济发展的重要因素，十多年来日本政府一直致力于发展低碳经济，制定了一系列低碳经济政策并形成了以能源技术革新和发展新能源为核心的日本低碳经济政策体系。日本是《京都议定书》的发起国和倡议国，《京都议定书》是《联合国气候变化框架公约》的补充条款。其目标是"将大气中的温室气体含量稳定在一个适当的水平，以保证生态系统的平滑适应、食物的安全生产和经济的可持续发展"。

一、低碳法规制度创新

日本在推进技术创新的同时也制定了相关制度法规为之保驾护航。自 1979 年起，日本政府陆续出台了《节能法》《合理用能及再生资源利用法》《环境保护法》《促进建立循环社会基本法》《绿色采购法》等一系列法律制度用于规范政府、企业和民众的责任与义务，其中 2000 年颁布的《绿色采购法》规定中央政府所属的机构都必须制定和实施年度绿色采购计划，并向环境部长提交报告；地方政府要尽可能地制定和实施年度绿色采购计划。同时推出了富有特色的政策手段，包括碳排放权交易制度、"碳足迹"标示制度、特别折旧制度、补助金制度、"领跑者"制度、节能标签制度等，这些制度的创新，推动了低碳经济的变革。

二、低碳技术与可再生能源创新

日本在发展低碳经济的战略过程中始终注重技术创新，并保证其处于世界低碳技术发展的领先地位，目前日本已经拥有温室效应气体测量技术、低碳新型材料制造技术、可再生能源制造技术和绿色能源储存技术四项全球领先的低碳创新技术。

日本政府致力于降低化石燃料的二氧化碳排放量，加强对煤炭气化复合发电、二氧化碳回收与储藏技术等清洁煤技术的研发，开发太阳能、潮力、风力、水力、废弃物和低热等可再生能源。2012 年 7 月起日本政府建立可再生能源固定价格买入制度，要求电力公司定期按照固定价格购买太阳能、风能、水能、地热、生物发电的电力，用于调整能源结构，提高可再生能源占能源总量的比例，加快可再生能源普及，改善能源结构。

汽车尾气会排放大量的二氧化碳等温室气体，日本政府决定开展绿色交通建设，开发混合动力汽车、纯电动汽车、燃料电池汽车、氢发动机汽车及其他新能源汽车，为了推动低碳汽车的发展，日本政府相继采取了排放标准升级、政策扶持和税收优惠等措施鼓励新能源汽车的研发和市场推广。丰田公司通过不断提升混合动力技术水平率先在节能减排方面取得突破，加大投资力度研发使用电力、氢气为动力的新能源汽车，得到消费者的普遍认可。

三、低碳财税政策创新

由于化石能源中碳含量高，燃烧时二氧化碳、二氧化硫等污染排放高，2007 年 1 月，日本政府正式根据对环境造成的负荷征收环境税。2012 年 10 月 1 日起，日本开始对石油、天然气等化石燃料征收"地球温暖化对策税"，所征税额将主要用于节能环保产品补助、可再生能源普及等方面。虽然环境税的征收在一定程度上加重了消费者的税负，但是环境税的价格效应也加速了日本消费结构升级。环境税的征收迫使企业引进或者自行研发节能减排设备，加大对环保设备的投资力度，较早实现了消费结构转型的目标。征收环境税的同时，日本对于节能汽车、家电产品、节能设备设施、节能建筑等均有税率减免或者不同程度补贴的优惠政策。2009 年日本推出的"环保积分制度"规定消费者购买一定标准的节能环保家电将享受国家给予的补贴，即对于购买冰箱和空调按照 5%、数字电视按照 10% 的比例返还"环保积分",可以在下次购买家电时获得抵免优惠。"环保积分制度"的实施不仅在促进节能减排方面做出了巨大贡献,同时拉动了消费需求,推动日本企业不断进行技术研发,节能产品比例不断提高,每年可以减少百万吨的二氧化碳排放量,节能效果显著提升。

四、促进低碳产品出口提升国际竞争力

2010 年,日本开始启动通过环境低碳技术产品扩大国际市场,并在国际市场建立低碳技术贸易双边补偿机制的方案,以此促进世界低碳产品和产业的国际贸易和扩张。政府通过一系列措施积极推动低碳技术产品和高能源效率产品的出口,这些措施包括:(1)财政激励措施。通过财政资金支持、税收减免、融资优惠贷款等方式,为低碳技术研发、制造生产、贸易等企业提供财政资助,推动在对外贸易领域推广和应用低碳技术,促进日本低碳产品出口,以此提升低碳产品在全球市场的国际竞争力。(2)设立碳足迹认证体系。由于认识到欧美等国家开始实施碳足迹标签和认证,并且逐渐形成了国外产品的进入壁垒,日本政府 2009 年着手制定碳足迹碳排放产品的指导方针和分类指南,成立碳排放测算专门委员会及认证体系,对在产品生命周期中符合控制碳排放水平和温室气体排放条件的产品,在包装上标识碳排放信息,引导国内外消费者使用带有碳足迹标签的产品。此外政府还注重搜集世界低碳技术、产品的贸易与投资市场最新资料,为日本出口企业提供潜在目标市场的信息。

微观层面,日本的制造企业主动调整产品出口结构,引进低碳、节能环保技术,淘汰高碳产品,从产品研发到回收处理的生命周期中,注重降低碳排放和各类污染指标;同时研发低碳技术密集型高附加值的低碳基础设施设备和成套低碳系统设备,增强产品的出口竞争力;同时注重运输和物流环节的低碳化,尽量降低温室气体排放。

五、设立绿色金融支持体系

日本通过引导金融机构通过贷款等方式支持企业实现二氧化碳减排目标,并对企业低碳技术研发与创新、新能源开放等项目进行支持。日本政府依据《地球变暖对策推进法》,强制要求企业在《有价证券报告书》中披露各行业二氧化碳排放量以及为减排采取的措施。更多的融资倾向于低碳减排成效明显的企业,通

过绿色金融融资方式，鼓励全社会的制造业和其他企业采用低碳技术和产品，节能减排。同时，政府通过与各类金融机构发行绿色基金等方式，扩展投融资需求渠道，降低民间资本对低碳技术创新和可再生能源开发等投资风险，支持对低碳经济的投资。日本政府加大建设面向低碳经济的金融资本市场，力求拓展低碳经济的融资规模和渠道。

此外，政府引导并加快企业和机构的碳会计制度，公布生产和经营场所和活动中的温室气体排放量，制定在经营活动中排放二氧化碳量和减排数据信息的会计准则，对企业的社会责任进行评价。

第四节　美国发展低碳经济的经验借鉴

一、立法约束逐渐强化

1990 年美国实施《清洁空气法》，2005 年表决通过《能源政策法》，后又通过《2007 年能源独立安全保障法》。根据《清洁空气法》和《能源政策法》，美国政府提出了清洁煤计划，旨在充分利用技术进步，提高效率，降低成本和减少排放。通过技术创新，将逐步减少用于发电的煤炭比例，同时也在可再生能源开发、能源的节约和财税政策上都做出了相应规定。2007 年 7 月份美国参议院推出《低碳经济法案》，将环境友好型能源安全作为一项长期发展战略，并将低碳经济发展战略视为美国的重要战略选择，保障了低碳经济的发展。

2009 年 1 月，时任美国总统奥巴马推行了"美国复兴和再投资计划"，将低碳经济的发展上升到国家重点发展战略。同年 6 月，美国众议院表决通过了《美国清洁能源安全法案》，第一次针对气候变化制定了法律法规，内容包括碳排放限额、降低碳排放量和碳排放交易机制等，确立了"总量管制和交易"制度，对高碳排放产业征税来补贴新能源，通过配额交易更好地发展低碳经济，此外《法案》还提出对于不接受污染物减排标准的国家或地区征收碳关税。

二、政策激励低碳科技研发

美国陆续推出了一些节能降耗、发展清洁能源、购买节能建筑和鼓励消费者使用节能设备方面的财税政策。政策主要通过减税和补贴措施来鼓励民众更高效率地使用能源。政府鼓励增加低碳科研预算、研发经费，从 2006 年开始，陆续提出美国竞争力计划、先进能源计划、气候变化技术项目战略计划等，增加联邦低碳科研预算，发展绿色经济。通过技术创新，逐步减少用于发电的煤炭比例，国家支持企业与政府建立伙伴关系，共同建立示范洁净煤电厂，通过税收优惠和补贴推广具有市场价值的先进技术，促进高效清洁煤炭技术的商业化。2009 年，美国出台《美国复苏与再投资法案》，投资 7870 亿美元用于新能源开发和利用，包括发展智能电网、碳储存、可再生能源和高效电池等，这些都为美国低碳经济的发展提供了政策激励和制度保证。

三、发展区域性碳贸易市场

美国对于各州温室气体减排没有强制的指标要求，不像欧盟的 EU‐ETS 碳贸易体系，没有规定限额。2003 年美国芝加哥气候交易（CCX）所建立了碳排放权交易体系，是全球较早的自愿参与性质的限额交易体系，逐步形成了以自愿减排市场为主的多元化和多层次的碳交易市场。

芝加哥气候交易所于 2005 年成立了芝加哥气候期货交易所（CCFE），从事碳排放权的衍生品交易，作为世界第一个以二氧化碳减排为目标和贸易内容的交易平台，发展非常迅速，其形成的碳排放权交易体系虽是自愿参与，但具有法律约束性质。芝加哥气候交易所将区域性碳交易作为核心来发展低碳融资，目前已比较成熟。2008 年，纽约商品交易所推出"绿色"交易平台，主要交易涉及环境保护、节能减排的期货、期权产品，包括与碳排放有关合约、联合国清洁发展机制规定的碳信用额度、欧盟排放交易体系的碳排放量以及与气候变化、环境挑战和可再生能源等相关的期货、期权和掉期合约。

另外美国还有区域强制配额市场，如美国区域温室气体自愿减排计划、中西部地区温室气体减量协议和西部气候倡议。区域温室气体行动也是美国的首个碳排放限额与交易计划，对超过 25 万千瓦发电量的火电发电机组进行管制。

四、加强可再生能源生产

美国煤炭存储量占世界总存储量的 1/4，燃煤发电致使二氧化碳等排放量大，其产生的温室气体排放量当前占总排放量的 1/3，而且还有二氧化硫及大量粉尘，对空气质量破坏力度大。因此必须推行碳回收和碳储存技术，使发电厂在燃煤的同时将排放的二氧化碳储存到底层，减少发电导致的温室气体排放量。美国通过投资可再生能源和新型煤炭能源、开发碳捕捉和碳回收技术，通过调整生产结构、减免税收和绿色贷款等政策，促进可再生能源投资；2017 年，美国能源部宣布了煤气化热、电和化学品生产的指导方针。根据美国国情与大量未开发的能源资源存量，提倡充分发挥优势，最大限度地利用国内资源，解除对外国石油的依赖；提出"拥抱页岩油和页岩气革命"，发展清洁煤技术并重振美国煤炭工业的倡议，并要求环保署将核心职能聚焦于保护水和空气。

世界各个国家都十分重视低碳绿色技术的研发和推广，其主要是从技术和政策两个方面进行突破，基本上实施以市场机制为主导的低碳产业和经济发展模式，取得了一定的成果。这些措施与政策对提升各个国家制造产业绿色国际竞争力有着深远的影响，在未来，制造业绿色国际竞争也会发展成为动态性的、竞争合作共存的发展模式，最终在世界各国之间出现高度的发展联动性。

第十二章

提升中国制造业绿色国际竞争力路径分析

第一节　建立绿色技术与提升竞争力的联动机制

一、绿色技术创新的激励机制

（一）为绿色技术创新进行制度安排

首先，建立适当的知识产权保护制度。绿色技术创新具有外部经济性，其成果容易造成"搭便车"。因此建立与绿色技术创新相关的知识产权保护机制，能够产生有效和持久的激励效果，使绿色技术创新主体能够补偿其创新成本并获得创新利益。

其次，将现代企业组织制度作为绿色技术创新的支撑。创新的主体是企业，绿色技术创新是各种生产要素和条件的组合，需要有产权明晰的现代企业制度支持，使企业真正成为环境技术创新决策、投资、研究升发、生产和承担风险和获得利润的主体。因此要通过完善企业组织制度，提高创新资源的利用效率，使企业能够将资源投入绿色技术创新领域。

（二）强化绿色技术创新的内部动力机制

根据波特假设，由于环境法规和标准的提高而增加的成本，必须要由技术创新和工艺改进来弥补和抵消，否则企业优势将难以为继。在利润最大化目标推动下，企业必然采取先进的工艺来降低能耗，减少排放成本。随着国际贸易的"绿色化"，绿色产品已经成为企业在国际市场竞争的重要手段之一。提高自身竞争力，提升企业形象，成为企业进行技术创新的内部动力。绿色技术创新不仅有助于国内企业提高产品质量和科技含量，优化出口结构，同时通过技术外溢效应，可提升行业的技术水平，同时，还带来社会效益，由于资源投入的减量化和废弃物循环再利用率的提高，降低了整个社会的环境污染程度，提高了本国的环境标准，从而缩小与发达国家环境技术标准的差距，提升了本国的环境标准和应对环境技术措施或壁垒的能力。

（三）加强政府的外部激励和支持力度

政府部门可推出鼓励企业实施创新的政策，如对新技术授予专利保护、通过研发合同或研发信贷补贴 R&D 行为，使其从事保护环境的研发活动、技术创新，既保护环境又能够提升企业的绿色际竞争力。其他外部激励还包括比如制定和颁布严格的环境标准和法律法规、对绿色技术项目实行补贴和优惠贷款、收取排污费、进行排污许可证交易等方式等。这些措施是政府激励绿色技术创新的直接手段，收取排污费和征收环境税等则是企业进行绿色技术创新的重要外部动力来源。

二、构建低碳产业与技术发展机制

（一）构建低碳产业发展机制

第一，加强政府的引导规划和培育。政府要加大公共财政资金支出和扶持，支持开发低碳技术，可建立有效的财政政策与制度为企业提供间接性的财政补贴或奖励，有利于吸收和保护低碳产业上下游供应链投资。通过减免税收、提供优惠贷款担保等方式，重点支持高新技术产业、先进制造业、现代服务业、生态农业、林业和渔业，以减少企业开发低碳技术和环境保护技术及处理的成本，引导产业结构由高碳向低碳的转移。

第二，强化政府的监督和管理。首先从源头上提高市场准入门槛，拒绝高能耗、高污染和温室气体排放量大的项目和产品进入市场，依据法律法规对企业的生产行为进行监督。其次对实施过程管理，加强对现有高污染高耗能企业生产过程的监管，对于排放和污染不达标的企业，关停并转。另外，对于某些产品在消费和使用过程中会产生大量排放温室气体或产生高能耗的，同样要采取限制措施。

第三，推进低碳产业集群机制。传统产业主要问题是高能耗、高排放、高污染，通过发展循环经济，使用新材料新工艺，淘汰落后产能，发展生态型工业等措施，实现高碳产业向低碳产业的转移。同时，在高新区，将节能设备制造业、太阳能光伏发电、风力发电、生物制药、航空航天制造等战略性新兴产业聚集，促进关联产业集群和发展，共享基础设施和优惠政策，依据循环经济理念和生态学原理，将工业园区向低碳产业园区转型，使高新工业区成为低碳产业聚集地。

（二）加大低碳技术引进和创新

绿水青山就是金山银山。发展低碳经济是保护绿水青山的有力途径。为推动绿色低碳发展，确保实现我国控制温室气体排放行动目标，国家发展改革委分别于 2010 年、2012 年和 2017 年组织开展了三批低碳省区和城市试点，前两批确立的 6 个省区低碳试点和 36 个低碳试点城市，第三批确定了 45 个试点城市，2020年起，逐步在全国范围内推广试点地区成功经验。

中国在低碳技术的研发和应用方面与发达国家存在较大差距。技术是产业竞争力的一项重要指标，拥有技术的国家为了保持本国在技术上的比较优势，一般不会把技术进行转让。虽然《京都议定书》规定了清洁发展机制（CDM）鼓励发达国家把低碳技术转让给发展中国家，但是至今仍没有明确的转让案例。因此，低碳技术主要依靠我国自主研发。

低碳技术可以分为三种。第一种是减碳技术，这种技术难度高，研发周期长，成本高，无法快速解决当前高碳排放的情况，优点是如果减碳技术成功应用到企业，会有助于企业的长远发展，从根本上解决高碳问题。第二种是去碳技术，即把排放到大气中的二氧化碳捕捉并埋存起来。此技术成本很高，有待商业化。第三种是无碳技术，即利用风能、潮汐能等清洁能源代替传统能源进行生产，此方法现在应用较多。

全国各低碳试点城市拥有一批高等院校和科研机构，依托高校资源和专业人才把低碳技术的研究重心放在减碳技术和去碳技术的研发上。教育部在积极推动教育改革，加强科技成果转移转化建设，鼓励大学生以及高科技人才走创新发展道路，让科研成果真正造福于社会，这有助于有效地促进高校师生以及科研工作者研发新科技，加快科技发展速度[①]。2017 年初，西安交通大学成功把"煤炭超临界水气化制氢发电多联产技术"产业化。该技术具有完全自主知识产权，是一项变革性技术，也是能够根除雾霾形成源的有效技术，可实现煤炭向电力、载能工业品及化工产品等高附加值产品的"三个转化"，这对于我国能源结构的转变、能源效率的提高具有变革性的意义[②]。

低碳技术除了引进和创新之外，推广和商业化非常重要，企业注重的是盈利，只有质优价廉的技术和设备才能让企业愿意做出改变。政府可以给制造业企业合理地技术补贴，减少企业在技术资金方面的后顾之忧，利用市场机制，让资金真正用到实处。制造业企业将碳技术成功应用于生产，对于应对国际市场的贸易与投资相关的低碳规制会产生重要影响，大大提升制造业绿色国际竞争力。

（三）推进低碳产业集群机制

传统产业主要问题是高能耗、高排放、高污染，通过发展循环经济，使用新材料新工艺，淘汰落后产能，发展生态型工业等措施，实现高碳产业向低碳产业的转移。同时，在各地高新区、科技园区、工业区，将节能设备制造业、太阳能光伏发电、风力发电、生物制药、航空航天制造等战略性新兴产业聚集，促进关联产业集群和发展，共享基础设施和优惠政策，依据循环经济理念和生态学原理，将工业园区向低碳产业园区转型，使高新工业区成为低碳产业聚集地，形成辐射效应。

第二节 实施贸易绿色化及产业绿色发展战略

从宏观角度，制造业产业想要提升自身竞争力，需要根据新形势和新变化及时调整贸易战略，优化制造业产品进出口结构，促进加工贸易升级，推动制造业相关服务业贸易创新发展。从微观的角度来讲，制造业企业需要培养绿色发展的意识，从企业设计、生产、销售的各个环节实现可持续发展，减少二氧化碳排放量。

---

① 《教育部、科技部关于加强高等学校科技成果转移转化工作的若干意见》。
② 史俊斌. "超临界水蒸煤"技术迈向产业化［N］. 科技日报，2016－12－26（001）.

一、贸易绿色化的途径

绿色贸易的特殊之处在于它考虑了环境成本和社会成本。对于制造业来说，当产品的制作过程对人类生活的自然环境产生不利影响时，贸易者就需要付出环境成本。产品生产者为了追求更高的利润水平，在制作产品的过程中排污，过量的废气、废水、废物进入大气、河流和土壤，严重污染了环境。这便是人们为厂商分担了不合理的社会成本。因此，越来越多的国家追求贸易绿色化。

贸易绿色化要求制造业企业减少污染排放，首先提升环保意识，建立低碳文化。针对外向型企业而言，首先把循环经济作为生产运营的指导思想，其次应用先进的环境保护技术，采用清洁能源和原料、资源循环利用为主要措施的清洁生产方式，按新型工业化的要求组织生产。从能源与原材料选用、产品研发、生产、工艺技术采用、运输、储藏、流通、销售到回收处理、再利用的各阶段，充分考虑环境承载力，进行全过程全方位的环境管理，按循环经济的要求组织生产，充分考虑自然生态系统的承载能力，提高自然资源的利用率，力争达到零污染或将污染降到最低程度。

我国制造业之所以受制于绿色贸易壁垒，是因为我国制造业中存在高耗能、高污染企业，无法达到国外规定的产品贸易标准。如欧盟 REACH 法规是一部关于化学品的管理法规，这部法规对石化产品要求的内容之全、标准之高让我国石化企业望而却步。这部法规的实施导致我国石化企业在欧洲市场与欧洲石化公司的竞争力下降。

因此我国在提升发展外贸传统优势的同时，需加强以高新技术、自主品牌为核心竞争力的外贸新优势，促进外贸可持续发展。

一是优化制造业产品进出口结构。出口方面，限制资源耗竭型、污染密集型产品的生产和出口，构建合理出口产品结构，将资源和环境成本内在化于贸易产品中，提高出口商品技术含量和附加值，提升中国制造业嵌入国际产业链的位置，培育国际品牌，争取让更多的品牌走出国门，走向世界。进口方面，响应国家政策，将高端制造业"引进来"，发展绿色经济、循环经济、低碳经济。

二是推动制造业相关服务业贸易创新发展。2018 年，《国务院关于同意深化服务贸易创新发展试点的批复》中指出在北京、天津、上海、海南、深圳、哈尔滨、南京、杭州、武汉、广州、成都、苏州、威海等城市深化服务贸易创新发展试点①。由于生产性服务业整体集聚对制造业转型升级具有正向影响，加快先进制造业与生产性服务业的融合，加大与制造业相关的金融、会计、科技、运输、医疗等行业的对外开放，有利于促进在更宽领域和更高层次上参与国际竞争与合作，提高国际竞争力。

三是促进加工贸易升级。在产品采购、生产、销售、回收利用等供应链的各个环节提升产品竞争力，尤其是提升售后服务方面的能力。加强加工贸易与互联网的融合，利用互联网减少库存，缩短产品创新的时间，向智能化、绿色化制造生产转变。

二、产业绿色发展策略

黑色金属冶炼及压延加工业、电力热力的生产和供应业、化学原料及化学制品制造业等六个工业行业排放二氧化碳很多，被称为高碳行业，高碳行业会排放大量的二氧化碳，是低碳规制的重点行业，是节能减排重点监测和整改的行业。

首先，培养企业低碳意识，做好监察工作。政府需要督促制造业企业尤其是高碳行业企业进行学习和研究，让企业从思想上意识到只有积极节能减排改变粗放的发展策略才能提升企业能力，实现企业长远发展的不二选择。环境保护部门应该定期进行检查，对未完成任务的企业进行惩罚，对于规章和惩罚机制要严格执行。政府应鼓励低碳环保技术和先进设备的进口，鼓励发展高端制造业，淘汰落后产能，坚持发展绿色经济、循环经济、发展互联网＋制造业，从而提升制造业产业的国际竞争力。

其次，从企业自身来讲，节能减排，发展清洁能源。石油、电力、钢铁等高碳行业企业要积极主动了解所在行业进出口的环境技术措施、碳足迹标准等绿色贸易壁垒，以及本企业在进出口贸易中的劣势，针对企业自身存在的不足引进高新技术和先进的管理理念来减少本企业的环境污染，实现低投入、少污染、高产出的效果。高碳行业应在企业生命周期全过程中实现低碳生产，在工厂的建设中投入低碳节能的设备，在能源使用方面多利用太阳能、风能和水能等清洁能源。

企业在产品设计的过程中，尽量采用标准化，在原料的成分和质量方面要达

---

① 《国务院关于同意深化服务贸易创新发展试点的批复》原则同意商务部提出的《深化服务贸易创新发展试点总体方案》，同意在北京、天津、上海、海南、深圳、哈尔滨、南京、杭州、武汉、广州、成都、苏州、威海和河北雄安新区、重庆两江新区、贵州贵安新区、陕西西咸新区等省市（区域）深化服务贸易创新发展试点。深化试点期限为 2 年，自 2018 年 7 月 1 日起至 2020 年 6 月 30 日止。

到其甚至优于国际标准，尽量做到可重复使用、无污染、可降解。在产品生产以及后期维护过程中实现全公司乃至跨国公司中全球信息的同步，提高生产效率，提升客户满意度，使制造业由传统的生产型向生产服务型转变。在营销方面，企业应树立绿色营销观念。绿色营销是一种新兴的市场销售思维，注重把消费者利益、企业利益和环境利益三者有机结合起来，把企业的盈利、人民的生活和绿色发展结合起来，走可持续发展的道路。

企业应主动加强环保意识，更加积极地参与产品绿色化的进程，尤其是在原材料和能源使用上，通过生产工艺的改进、回收系统的强化以及终端处理的能力的提高，一定能得到显著的改善。同时要积极申请国际认证，如 ISO14001 环境管理体系证书、OHSAS18001 认证、ISO9001 认证等，更快地推进产品绿色化进程。

第三节　建立贸易绿色化评价指标体系

一、对外贸易环境要素密集度指标

对外贸易环境要素密集度指标反映对外贸易的发展对环境的影响程度，进出口产品在生产、运输、使用、消费以及处理过程中，不可避免地会释放废物，留下污染足迹。如果贸易的发展对生态环境带来巨大的负面影响，则这种发展是不可持续的。环境要素密集度指标反映的是贸易与生态环境是否协调发展，从环境保护的角度考察对外贸易的发展。根据我国主要工业制成品出口行业的工业三废排放量占总排放量比例的变化、碳排放的数据，可以测算出我国外贸出口产品的环境要素密集度。该指标将出口行业的三废排放量与工业排放总量进行对比、碳排放在主要出口制造业与排放总量对此，分析两项变量之间的关联，在环境质量变化与对外贸易绿化之间建立联系。

二、对外贸易环境效益评价指标

环境效益评估采用清洁型/低碳型产品的贸易额作为评价指标，反映清洁型或低碳型产品的贸易额在总贸易额中的比例。用进出口环境效益、出口（进口）

环境效益指标考察货物贸易的环境技术效益；对于服务贸易，环境服务贸易进出口占服务贸易进出口额的比例可以反映环境服务贸易的发展状况。

产品进出口环境总效益＝（清洁/低碳产品出口额＋清洁/低碳产品进口额）/进出口总额

产品出口（进口）环境效益＝清洁/低碳产品出口额/出口（进口）总额

环境服务贸易出口（进口）效益＝环境服务贸易出口（进口）额/服务贸易出口（进口）总额

该项指标可以反映进出口贸易额对环境的影响程度，比值越大，说明贸易对环境的破坏越小。

三、对外贸易制成品结构评价指标

对外贸易制成品结构评价指标反映工业制成品出口产品结构状况，如果制成品出口产品中环境敏感型、能源消耗型和污染密集型比例大，说明出口结构过度利用本国的生态资源环境；如果制成品出口产品中以劳动密集型产品为主，则意味着初级粗放型的外贸发展模式，产品附加值低，贸易条件恶化。长此以往，将导致贸易的不可持续发展。该指标有助于对工业制成品出口结构制定宏观政策，进行调整，减少"两高一资"型产品的出口，使对外贸易向绿色发展。

四、对外贸易资源效益评价指标

使用出口或进口一单位产品所消耗的能源或所耗费的原材料数量指标，可以分析出口产品或进口产品的能耗量。对外贸易资源效益指标主要包括进出口资源效益、出口资源效益和进口资源效益三个指标，进出口资源效益为出口与进口资源量之比，出口资源效益为出口资源量与出口额之比，进口资源效益为进口资源量与进口额之比。在这些指标中，比值与资源利用率负相关。如果进出口资源效益指标大于1，表明出口资源量大于进口能源量，出口量的增长意味着资源或能源消耗量越多，反之，表明进口资源量大于出口资源量，如果比值十分小，说明本国资源消耗少，有利于本国贸易的可持续性。出口资源效益指标的比值越大，说明资源或能源消耗大，资源（能源）的利用率低，如果出口量继续扩大，贸易的规模效应也相应增加，对环境的负面影响越大，表明出口扩张是以牺牲国内资源环境为代价的，出口规模扩大的无限性与资源环境禀赋的稀缺性之间的矛盾阻碍了可持续发展，因此贸易可持续性弱；反之，表示出口量的资源利用率高，贸易可持续发展状态良好。进口资源效益反映进口资源与进口额之间的关系，比值越高，意味着进口资源性产品越多，对国内资源的补充程度越大。

五、对外贸易绿色技术效益评价指标

技术效益指标反映对外贸易投入对技术改造、技术进步、技术转化的程度。如果对外贸易能够带来技术进步和技术成果的转化，使生产力提高，则表明对外贸易技术效益高，同时技术效益指标可以避免不顾资源环境约束，只追求出口量的不可持续的发展方式。该指标将高新技术产品的进出口额作为主要指标进行分析，包括进出口技术效益、出口技术效益和进口技术效益三个指标。一定时期内，高新技术产品的进出口额与制成品进出口总额之比为进出口技术效益指标，将高新技术产品出口额与出口产品总额进行相比，为出口技术效益指标，相应地可以得到进口技术效益指标。该三个指标反映了高新技术产品和产业结构的比例，尤其是出口技术效益指标，指标越大说明出口产品竞争力越强，环境负面效应越小，可持续发展和绿色竞争力的潜力越大。

贸易绿色化发展须兼顾经济、社会、环境、资源、健康、技术等多个方面，兼顾对外贸易的短期利益和长远利益，通过这些指标，可考察分析进出口贸易产品、贸易额对生态环境的影响方向、影响程度，从而适当地做出贸易政策调整，实现出口产业绿色竞争力的提升。

第四节　使用市场机制控制碳排放

一、应用适当的碳排放测度方法

首先应以产品供应链为依据，确定碳排放的测度问题。计算碳排放是量化减排的第一步。根据产品的生命周期，通过对供应链的研究，计算产品从原材料到生产过程再到最终产品的温室气体排放量。一般包含如下的步骤过程：

第一步，分析内部产品数据，了解产品过程，包括原材料、将原材料转化成最终产品的生产过程、废弃物和产出的副产品、存储和过程中所涉及的运输环节。

第二步，建立供应链流程图，明确所有投入产出和过程，同时构成数据收集和计算的依据。流程图应包括每一个具体的步骤和原材料，每一种原材料也许是另外一个供应链的成品。因此，每种原材料加工需要详细的追溯，直到确认初级的原材料没有温室气体排放。

第三步，确定系统边界和数据要求，应包括原材料、生产转化、使用和处理的所有过程中的直接和间接的以二氧化碳为主的温室气体排放。

第四步，收集数据。构建产品供应链流程图有助于确定数据涵盖了从投入到最终处理的所有排放数据。

第五步，通过供应链流程步骤计算碳排放。在上面的基础上，构建质量平衡公式，即在整个从原材料到最终产品的流程中满足：输入＝累积＋输出。此过程中，使用能源或直接排放气体的排放系数，待每个步骤的二氧化碳当量计算完毕，汇总的结果即为整个供应链中以二氧化碳当量表示的产品的碳排放量。

为了使计算结果具有科学性，需要与 ISO14004 生命周期评价、ISO14041 生命周期清单系列标准进行比较分析，同时需要结合公司温室气体清单标准 ISO14064、Ⅲ型生态产品的环境标志的 ISO14025，以及 WBCSD 和 WRI[①] 共同颁布的企业《温室气体核算体系》(*Greenhouse Gas Protocol for Corporate Reporting*)，核查结果的标准化程度。

此外，在碳排放测度过程中，不容忽视的是对外贸易，尤其是出口部分。随着国际贸易、投资和运输的增长，越来越多的生产过程被置于发展中国家和地区。相对于科学技术和环境标准高的发达国家，发展中国家的环境规制相对宽松，通过贸易和投资的方式，发展中国家成为高碳产业集中、碳排放密集的地区。因此生命周期的过程核算框架需要考虑跨境延伸。

通过评估与核算产品和服务的制造（建立）、改变、运输、储存、使用、提供、再利用或处置等过程中的温室气体，有助于激励制造企业最大限度地减少整个产品系统的碳排放，激励低碳产品的出口，改善出口产品结构，提升制造业绿色竞争力。

---

① WBCSD 和 WRI 分别为世界可持续发展委员会（World Business Council for Sustainable Development）和世界资源研究院（World Resources Institute）。

二、采用具有成本效率的激励机制

与其他环境措施相同，降低碳排放的措施和方法，分为以限制为主导的命令控制方式和激励型的措施。命令控制方式通常由政府来决定企业实体的排放量或者适合采用的技术类型，而激励型措施对于如何达到减排标准更具灵活性，可以作为减少碳排放的有效方式。激励性的政策包括排放税、固定的年度排放总量及总量限制和交易安排等。

降低碳排放，最具成本效率的措施就是控制减排的边际成本。政策制定者对企业或组织排放的碳或每单位化石燃料中所含的碳排放税制定一个费率。研究表明将碳排放税的税率确定在估算的减排边际收益的水平，可以激励企业采取更多的措施减少排放量。碳排放税与固定总量限制相比，排放税的净收益为后者的5倍[①]。虽然从长期看，碳排放税达到减排目标的成本小于固定的总量限制和交易安排，但是我国的经济发展水平和能源使用状况与发达国家不同，加之荷兰、英国、德国等国家征收碳排放税的实施效果也不尽相同，因此，鉴于我国经济发展速度和结构不平衡的现状，全面实行碳排放税需十分谨慎。

自2011年中国开始进行碳排放的试点交易，第一批试点共设立了上海、北京、广东、深圳、天津、湖北、重庆七个省市。这七个省市出台了多个碳交易的相关政策，为碳交易市场的全面开展奠定了基础。2017年，国家发展改革委印发了《全国碳排放权交易市场建设方案（发电行业）》，这标志着我国碳排放交易体系正式启动，这将引导相关行业企业转型升级，建立健全绿色低碳循环发展的经济体系，构建市场导向的绿色技术创新体系，促进我国经济实现绿色低碳和更高质量发展。

建立碳交易市场机制是一个渐进的过程，社会、政府和企业需要积极合作和沟通。政府要与企业加强沟通，使企业认识到积极参与碳交易市场有利于企业的长远发展。政府也需要不断提高管理水平，对于惩罚条款差别较大、排放量重复计算等问题要及时解决，让碳交易市场公平、公正、公开运行。

国际上主要的碳交易市场有欧盟排放交易体系、美国芝加哥气候交易所、英国排放交易体系（UKETS）、印度碳交易市场。欧盟排放交易体系是世界上较早

---

① William A. Pizer, Combining Price and Quantity Controls to Mitigate Global Climate Change, Journal of Public Economics, Vol. 85 (2002), pp. 409 – 434; Michael Hoel and Larry Karp, Taxes and Quotas for a Stock Pollutant with Multiplicative Uncertainty, Journal of Public Economics, Vol. 82, 2001, pp. 91 – 114.

建立起来的碳排放体系，而且效果也十分显著，可供我国借鉴和学习。2005 年欧盟建立了"欧盟地区排放权交易制度（EUETS）"，旨在欧盟成员国之间进行碳减排的交易制度，此项制度共分为三个阶段，每个阶段都有不同的减排任务，越到后期越为严格，惩罚力度也越来越大。

目前我国碳交易市场面临着一些问题，主要表现在缺少规范性的碳排放交易所、初始分配权存在制度缺失、缺少排放权的定价机制、配套机制不完善以及法律体系不健全等方面。因此，除了从法律规范和加强政府监督指导作用外，合理地设计总量和交易安排的结构。首先，设定排放的上限，政府通过维持上限，出售给企业额度。其次，允许企业跨期转让减排需求，即存储额度。当减排成本低于预期的未来成本时，企业将存储额度；反之，企业可以借出额度。最后，基于额度的价格逐年修订总量限制。我国应进一步拓展碳交易市场，让更多的企业尤其是高碳行业企业自愿加入碳减排和碳交易的行列中来，用市场这只"看不见的手"来有效解决碳排放的问题，提升制造业产业的绿色国际竞争力。

第五节　提高能源效率　发展清洁生产

一、改善能源结构，提高能源系统效率

以牺牲环境为代价的发展方式已被证明无法获得可持续发展，我国必须走"新型化"发展道路，依靠技术进步来节约资源和保护环境，走资源集约化的发展道路。当前我国的制造业消耗能源较多，但传统能源储量逐渐减少，且煤炭和石油的使用过程会污染环境。因此，亟须提高改善能源结构和能源使用效率，使用新型能源十分必要。

目前全球一次能源消费中，石油占比 32.9%，天然气占比为 23.8%、煤炭占 29.2%、核能占比 4.4%、水电占比 6.8%。可再生能源在全球能源消费中的占比为 2.8%，其中占比最大的是风能（52.2%）[①]。全球一次能源消费结构对比来看，2016 年我国煤炭消费量占比仍高达 62%，2017 年，我国能源使用消费中

---

①　中国产业信息网，http：//www.chyxx.com/industry/201802/611325.html。

煤炭占比70%左右，经过努力，2018年降至59%[①]，总体看，依然比全球平均水平高出30多个百分点，石油、天然气、非化石能源占比均不及全球平均水平。

可以看出，我国的能源消费过度依赖煤炭资源，而燃煤的碳排放量分别是天然气、太阳能、风能和水力发电的2倍、6倍、40倍和200倍。鉴于能源结构的现状，近期应把提高能源效率和煤炭的清洁利用作为重点。能源结构的调整不可能一蹴而就，因此节约能源和提高能源效率应作为经济发展的长期战略，起到减少碳排放总量的抑制作用。

能源系统效率，主要体现在能源经济效率、能源技术效率、能源无碳化率、能源安全化率和能源智慧化率等方面。提高能源效率不仅需要先进的技术，也需要推广应用先进技术的市场环境，通过加强市场管理、完善法律政策，使提高能源效率成为全社会的自觉行动。

提高能源系统效率的关键，在于如何提高能源的投入产出比，即在获得较高能源产出量的同时消耗较少的能源投入量。2016年我国单位GDP能耗为3.7吨标准煤/万美元，是2015年世界能耗强度平均水平的1.4倍，是发达国家平均水平的2.1倍[②]。近年来，环境规制日趋严格，节能减排的呼声日益高涨，然而，我国能源结构占据较高比例的煤炭等化石能源一时无法被取代。尽管页岩气的储量被大量探明，但是从降低开发成本到实现稳定商用还有很长的路要走。

首先，必须调整和优化能源结构，完善能源运行管理。能源运行的有效管理可以极大地提高能源利用的效率，达到节能减排的作用。必须改变煤炭消费在能源消费结构中的比例，研究表明，当煤炭消费比例减少1%，能源效率就可增加0.0465%。因而必须降低煤炭消费，大力开发新技术、新能源产品，如太阳能、生物质能、风能、海洋能、地热能利用技术以及碳收集储存技术、超低碳炼钢技术等。在长期，建立以可再生能源、清洁煤和核能等为主体的可持续能源体系。在具体运行方式上，可以提高电力系统整体的运行活力，优化电源结构，合理配置各类电源机组，重视调节能力机组的建设；研究经济适用的储热技术，在供热体系中配置必要的储热装置，提高热电联产机组的运行效率；推广电供热技术，提高夜间低谷时段的用电负荷，把低谷时段的富余电量转变为热能，实现电力系统运行的调峰填谷，把风能等可再生能源更好充分利用，真正实现节能减排。

其次，根据有关学者的研究，应该提高我国制造业的行业竞争度，当行业内

① 黄晓芳. 我国清洁能源利用数据亮点［N］. 经济日报，2019 – 05 – 24.

② 中国报告网，http：//free. chinabaogao. com/nengyuan/201803/03133243912018. html。

企业的数量增加时，行业的能源效率也会相应提升。此外，在我国的出口行业中，一些高能耗企业产品的出口比例较高，从而降低了国内制造业的能源效率，可通过降低这些高能耗企业产品的出口比例来提高制造业能源效率。

在降低污染排放层面，政府除增加研发经费投入、支持开发更多的节能减排技术来提高能源效率之外，尚需加强法律法规的制定，针对污染和温室气体排放超标企业，严格执行处罚措施，督促企业尽快更换环保设备，让企业在制度的规制下向绿色环保方向迈进。建立制造业之间沟通机制，避免同质竞争和产能过剩，积极淘汰和改造落后产能，关停并转高耗能、高污染企业，大力引进高新技术产业，例如电子设备、机器人制造等高附加值的产业，既可降低排放，又可提高制造业在国际分工价值链中的地位。

二、利用清洁发展机制提升竞争力

清洁发展机制的表现形式是发达国家与发展中国家之间开展项目级合作。企业可以根据自身情况认购减排额度，如果参与 CDM 项目的企业超额完成了减排目标，企业就可以把剩余的减排量出售给其他企业，如果参与 CDM 项目的企业未能如期完成减排指标，则该企业需要从其他超额减排的企业那里购买减排量来完成要求。通过这样的形式，督促企业进行节能减排。企业在此过程中不仅改善了自身环境，获得了经济利益，而且为世界的可持续发展做出了贡献。

清洁发展机制有严格的审批程序。企业需要进行 CDM 项目的识别和表述，申请企业所在国家批准，公众审查，联合国气候变化公约执行理事会项目登记，项目融资，排放检测，核证减排量（CER）的审定与核查，最后执行理事会将指令 CDM 登记处签发 CER 证书，如图 12 - 1 所示。这样严格的程序保障了 CDM 的公平性和有效性。这项机制可以使发达国家和发展中国家共享绿色发展的成果。发达国家由于发展已达到一定水平，减排进入瓶颈期，成本很高，加入 CDM 后可以购买其他国家的碳减排量来弥补自身不足；发展中国家加入此机制可以获得一定的减排资金和技术支持。

中国签署《京都议定书》，加入 CDM，有利于中国加快转变能源结构，实现可持续发展，有利于吸引技术含量高的外资进入中国，转变中国长期以来粗放式的生产模式，提升国际地位与国际竞争力。

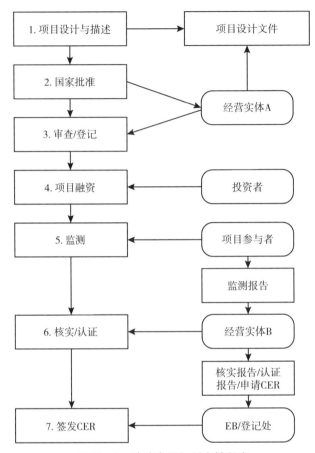

图 12 - 1　清洁发展机制审批程序

资料来源：中国清洁发展机制网，http：//cdm. ccchina. org. cn/。

第六节　以现代服务业助推提升绿色竞争力

一、利用绿色金融体系促进低碳产业发展

借鉴国际经验，遵循赤道原则，融资贷款体系从项目准入、环境评估入手，发挥金融杠杆的作用，减少资源的消耗和浪费，降低对生态和环境的污染。

第一，政策型工具引导。政策层面上，凸出信贷政策对低碳经济的信贷指引，加大低碳金融在信贷政策导向效应评估指标体系中的权重，由原来的招商引资，向低碳型招商引资转变。通过政策性银行，为可再生资源、低碳产业提供优质贷款，加大对节能减排的技术和改造项目的信贷支持，引导信贷资源的配置向承接低碳产业转移的企业和技术倾斜，为节能减排、绿色能源发展提供产业支持。

第二，鼓励商业性银行为低碳型产业积极提供融资支持。可以通过几个层面实施，一是为有关企业提供低碳融资产品和服务，为新能源和清洁技术产业提供信贷，借鉴德意志银行的做法，可以采取发行基金、供给低碳投资产品等方法为低碳产业部门融资。二是融资机构通过业务模式创新、服务方式创新和产品创新为碳排放市场、低碳产业和清洁技术产业提供融资便利，将绿色金融理念和体系贯穿于资本市场、金融衍生品市场、信贷市场以及与此有关的直接与间接融资中，采取风险投资方式对低碳新技术支持，实现资金向低碳产业的合理配置。三是提供金融资本服务的绿色风险投资，将投资倾斜到使用可再生能源和清洁生产技术等、提供生态友好产品的企业。

第三，进行金融工具创新，推广碳信用。碳信用，又称碳权，指在经过联合国或其认可的减排机构认证的条件下，一国或企业采用增加能源使用效率、减少污染排放等方法减少碳足迹，进入碳交易市场的碳排放计量单位。通过鼓励企业和个人购买碳信用的方式，实现碳中和，消除和减少企业或个人的碳足迹。其他的金融创新还可以通过设立低碳基金实施，为投资低碳技术或节能减排项目的企业提供金融支持。2010 年 2 月，以推动城市生态环境建设、重点区域基础和公共服务设施为目的的"南昌开元城市发展基金"在南昌设立，此为中国首支创新型、开拓型低碳与城市发展基金。其他低碳城市示范城市，应借鉴国内外经验，开拓金融工具创新，实现低碳发展。

第四，扩大金融服务领域，创造市场流动性，助力低碳产业发展。一是，银行与担保公司合作，适当拓宽抵押担保范围，降低减排技术和企业的融资准入条件，扶持低碳产业；二是，充分利用和完善支付结算体系，发展保理业务，为低碳金融开辟绿色通道，为承接低碳产业转移的企业提供高效优质服务；三是，做好低碳转型项目、节能减排技术的投资与财务咨询、数据库建立、资金结算与管理等金融服务；四是，发展保险业。保险可以分散低碳产业转移企业的部分风险，如对技术发明专利与诀窍、生产设备、意外伤害等风险进行承保，既给保险公司带来收益，也在一定程度上分担了企业的风险，减轻了承接低碳产业转移企业或开发清洁生产技术产品企业的风险。

第五，通过绿色投资项目，发展环境友好型产品，促进出口贸易。对于环境产品，目前国际理论界尚未形成统一定义，APEC、WTO、OECD 等组织均有不同的定义和分类。OECD 环境产品清单将环境产品分为三大类，分别是污染管理（如空气污染控制、废水管理、固体废物管理、环境监测等）、较清洁技术和产品、资源管理（如供水、循环材料、可再生能源、热能节约与管理、可持续农业等）。WTO 秘书处的产品清单包含 153 个 6 位税号产品，分为空气污染控制、可再生能源、废物管理和废水处理及补救、环境技术等。虽然不同国际组织提出的环境产品分类有所差异，但原则上可分为两大类：一类为环境友好型，另一类为末端治理类环境产品。在目前国际贸易形势比较严峻的背景下，环境产品清单将对我国出口企业带来新的发展机遇。应更多地开发环境产品的出口，加快高碳产业向低碳产业转型，调整结构和转变发展方式，扩大国际市场占有率。

第六，发展碳金融。碳金融或气候金融可以视为绿色金融的一个方面，是在适应气候变化的前提下，将金融部门融入向低碳和资源效率型经济转型过程的一种战略性方式，主要包括减少或避免温室气体排放的项目的投资、减少产品气候变化脆弱性的碳排放权以及碳衍生品的交易和投资。以银行为代表的金融业应严格加强对碳资产方面的管理，逐步建立完整的碳资产管理体系。企业应该发布社会责任报告，进行碳信息披露，最终为碳金融的发展创造一个良好的市场氛围。北京环境交易所联合中信证券等机构根据北京市的特点推出了碳配额回购产品场外掉期产品、场外期权产品等业务①，并取得了比较明显效果。这种做法为其他城市的碳交易管理提供了借鉴，在碳交易平台层面进行战略合作，积极开展股权投资、非股权投资和项目合作。在人才培养方面，重视碳资产管理师的培训，帮助碳资产机构有序运行。

二、以生产性服务业促进低碳型和环境友好型产业发展

生产性服务业与制造业直接相关，贯穿于企业生产的上中下游，为生产者提供促进技术进步、产业升级及提高效率的中间性服务，加快第二产业和第三产业的相互融合。

第一，大力发展生产性服务业，对低碳产业以及低碳经济建设有重要意义。生产性服务业中的科技服务有助于低碳技术的研发与创新，现代物流业对促进运

---

① 梅德文. 北京都推出了哪些碳交易产品［EB/OL］. http：//www. tanjiaoyi. com/article – 17184 – 1. html。

输途中的温室气体减排起到重要作用，金融和保险业的发展为节能减排和环境友好型项目和企业的建设与发展提供支持与保证。

第二，完善节能环保标准和监测体系，鼓励以节能减排和环境保护服务为主体的生产性服务业，全力支持新技术新项目的研发、应用和推广，促进高新技术企业和中介机构的发展，构建节能减排投融资、能源审计、清洁生产审核、节能环保总承包服务、环保产品认证等方面服务体系。

第三，依托先进制造业支柱产业，强壮产业链，发展生产性服务业。推动先进制造业与生产性服务业在产业链上的互动衔接，支持主导产业在环境友好型技术方面的研发、设计、教育与推广营销，形成竞争优势。

第四，注重引资，加大开放力度。建立公开高效透明的监管机制，通过优惠税收、审批优先、项目融资以及风投、发展基金等方式，吸引国内外资本包括民间资本进入服务业，形成生产性服务业聚集，形成科技创新能力，支撑先进制造业的发展。

第七节　开放视角下的绿色竞争力提升

一、协调应用环境规制与贸易措施促进绿色竞争力提升

实施适当的战略性环境规制有助于更好地实现制造业环境、资源的生态补偿，提升绿色国际竞争力。在国际贸易中，相比贸易措施，环境规制措施更有效，因此可以借鉴 OECD 国家环境税的做法，设计和征收生态税。生态税又可称为绿色税收，可以使环境成本内在化，使资源与环境价值在市场上得以体现。国外的生态税收包括资源税、垃圾税、汽油税、能源税、二氧化碳税等，如德国 1999～2003 年，能源税增长了 55%，税收全部投入保护生态环境。我国于 2018 年实施《中华人民共和国环境保护税法》，对于大气污染、水污染、噪声污染和废弃物污染的排放征税，对于制造业，尤其是高污染高排放的行业冲击较大，用市场化的措施倒逼制造业淘汰落后技术，研发和使用环保和低碳技术。借鉴国际经验，构建独立的生态税收制度，扩大资源税的征税范围，对不可再生资源、稀缺资源课以重税，强调资源税收的惩罚性，对于超负荷使用自然资源或滥用资源的企业进行经济惩罚。扩大与保护生态环境有关的征税范

围，如增加水资源税、森林或草场资源税、生态补偿税等，对二氧化碳等温室气体排放等征税，将生态税作为一种有效的经济手段，增加企业使用资源和环境要素的成本，使污染主体的外部成本内部化；同时对于生产清洁产品以及资源和能源利用率高的企业给予优惠制度，利用税收杠杆的调节作用及其产生的政策效应，达到"绿化"制造业的目的，既可突破国际上环境壁垒的"瓶颈"，又提升了制造业国际竞争力。

同时，灵活应用关税制度，根据环境污染程度确定税率，提高关税来保护环境。我国已经对"两高一资"型产品的出口退税和出口关税进行了调整，但仍然有改善的空间。在出口退税中，对环境友好型技术产品的出口提高了退税率，抵补企业在生产过程中交付的生态税或环境治理费用。而对高能耗和高污染产品的出口，降低或取消出口退税，甚至追加出口生态税。目前我国的加工贸易对于进料加工的原材料均免税，一些项目集中在高污染高能耗产业，出口额的增加换来的是少量的加工费和环境质量的恶化。因此有必要改革关税制度，对进口之后会带来污染的原材料以及易于产生污染的加工生产设备提高进口关税。借鉴发达国家做法，进一步降低资源性产品的进口关税，对有利于环境保护、节能减排的先进生产设备和产品的进口降低或取消关税。同时在征收出口关税时需要考虑产品的加工程度，对加工程度低，污染密集度大的产品征收较高的出口关税。

二、"一带一路"建设与绿色竞争力融合

2017 年 5 月，环境保护部、外交部、发展改革委、商务部发布的《关于推进绿色"一带一路"建设的指导意见》旨在 5 年内建成一个生态环保合作交流体系、支撑与服务平台和产业技术合作基地，并制定了一系列生态环境风险防范政策和措施。《意见》指出，为实现可持续发展的内在要求，必须推进绿色"一带一路"的建设，将生态环保与"一带一路"建设的各个环节融合起来，不仅要推进建设，更要加强环境保护，提高防范生态环境风险的能力，共同促进"一带一路"沿线国家的可持续发展[①]。

要促进可持续生产和消费，就要推进绿色贸易发展。首先要将环保要求、环境标准与贸易相关的环境措施融入自由贸易协定；其次应扩大环保产业的开放，

---

① 四部委联合发布《关于推进绿色"一带一路"建设的指导意见》，http：//www.gov.cn/xinwen/2017 – 05/09/content_5192214.htm。

扩大环保产品的进出口；研究制定绿色产品的评价标准，共同减少绿色贸易壁垒；推进绿色生产、采购和消费，与跨国企业共同合作，建立绿色供应链，带动上下游产业的绿色发展，采用节能环保措施，通过市场的调节行为来降低对生态环境的影响。

为此，我国制造业在"一带一路"沿线国家的贸易与投资活动，应围绕绿色发展理念，从以下方面着手。

第一，通过绿色制造提升我国出口产品在"一带一路"沿线国家的产业竞争力。绿色制造要求我国传统制造业要从产品的设计到企业绿色化生产、能源利用、运输物流与循环利用，进行绿色化改造。在出口市场营销中，建设绿色制造品牌，提高企业出口产品的国际绿色竞争力。通过我国绿色制造的带动，共同打造"一带一路"绿色产业链。

第二，通过绿色投融资体系，优化产业布局。支持"一带一路"绿色金融原则，促进沿线国家和地区实现绿色发展。加强对沿线国家的环保企业投资，构建成熟的绿色融资机制，如绿色基金、绿色贷款等，加强信贷政策与产业政策的配合，合理引导资金流入低碳环保和绿色制造业企业，严格控制高污染、高排放产业的投资。针对"一带一路"沿线国家基础设施落后、项目资金需求量大、周期长、收益性不确定等特点，银行等金融机构做好风险评估，可以采取多家银行联合筹资，并向大型保险机构进行投保。同时亦可推广 PPP 模式，与沿线国家共同探索经济效益与生态效益并重的合作模式，推动沿线各国的绿色基础设施和绿色交通设施的建设，助力沿线国家和地区实现绿色、低碳、循环发展。

第三，加强"一带一路"沿线国家的国际合作，建设绿色工业园区、绿色技术共享平台，合理化绿色产业布局，建设多边制造业绿色发展合作机制与平台，加快绿色标准的国际认证与互认，提升我国和"一带一路"沿线国家向全球产业价值链中高端有序升级，推动"一带一路"沿线国家和地区的绿色发展。

第四，充分建设"一带一路"生态环保大数据服务平台[①]，为沿线各国提供绿色信息共享服务。"一带一路"沿线国家的自然生态系统较为脆弱，大部地区处于干旱、半干旱状态，土地沙化严重。中亚部分沿线国家还饱受水、大气和土壤等环境污染的困扰。如果在沿线国家开展的生产制造等经济活动增多，也有能对当地的生态环境造成破坏，对当地的生物多样性的保护也迫在眉睫。为此，建

---

① "一带一路"生态环保大数据服务平台"门户网站于 2019 年 4 月在第二届"一带一路"国际合作高峰论坛绿色之路分论坛启动。

设生态环保大数据服务平台,对当地的环境和生态数据做实时反馈,服务"一带一路"沿线国家乃至全球的环境治理和改善,实现信息共享、数据共享、知识共享和惠益共享,方便沿线各国的共同开发治理,有助于制定协调一致的政策措施,强化绿色技术支撑与交流,即提升了我国制造业绿色竞争力,又可推动绿色发展走向实际和深入。

参 考 文 献

[1] 安岗，郁培丽，石俊国. 中国工业部门能源利用效率的测度与节能潜力：基于随机前沿方法的分析 [J]. 产经评论，2014 (1)：5 - 15.

[2] 白雪洁，孟辉. 服务业真的比制造业更绿色环保？——基于能源效率的测度与分解 [J]. 产业经济研究，2017 (3)：1 - 14.

[3] 蔡珍贵，王石. 我国出口产品屡遭绿色贸易壁垒的原因和对策探析 [J]. 生态经济，2006 (5)：123 - 128.

[4] 陈恩，刘璟. 后发地区产业国际竞争力提升：一个理论分析框架与实证——基于波特分析范式的理论扩展 [J]. 产业经济评论，2018 (1)：63 - 80.

[5] 陈关聚. 中国制造业全要素能源效率及影响因素研究——基于面板数据的随机前沿分析 [J]. 中国软科学，2014 (1)：180 - 192.

[6] 陈红喜，刘东，袁瑜. 低碳背景下的企业绿色竞争力评价研究——基于价值链视角 [J]. 科技进步与对策，2013 (4)：116 - 120.

[7] 陈健. "一带一路" 沿线绿色产业共同体的生成与实践 [J]. 财经问题研究，2019 (8)：31 - 37.

[8] 陈蓉. 低碳贸易措施：形式、影响与应对 [J]. 山东工商学院学报，2013 (4)：27 - 30.

[9] 陈运平，黄小勇. 区域绿色竞争力影响因子的探索性分析 [J]. 宏观经济研究，2012 (12)：60 - 67.

[10] 陈钊. 区域经济生态化研究 [M]. 成都：四川大学出版社，2011：71 - 73.

[11] 戴木才等. 卓越管理的道德智慧 [M]. 长沙：湖南教育出版社，2015：103 - 104.

[12] 戴越. 国际贸易中碳标签制度的影响及对策 [J]. 经济纵横，2014 (5)：108 - 112.

[13] 董晔. 资源开发视角下新疆民生科技需求与发展研究 [M]. 北京：中国

科学技术出版社，2014：22.

[14] 杜婕，贾甲. 英德日美印低碳经济政策比较研究 [J]. 国际经济合作，2012 (3)：17 - 20.

[15] 杜莹. 国外航空业"绿色着陆"五重奏 [J]. 中国制造业信息化，2012 (4)：16 - 17.

[16] 樊国昌. 碳金融市场概论 [M]. 重庆：西南师范大学出版社，2014：31 - 33.

[17] 范碧霞，饶欣. 物流与供应链管理 [M]. 上海：上海财经大学出版社，2016：216 - 220.

[18] 范太华，朱颖. 生命与环境 [M]. 长沙：中南大学出版社，2012：286.

[19] 方松林. 陕甘宁能源富集地区绿色宜居社区营建研究 [M]. 武汉：华中科技大学出版社，2016：53 - 54.

[20] 冯相昭，田春秀，任勇. 高度重视气候变化与国际贸易关系新动向 [J]. 环境保护，2008 (22)：76 - 78.

[21] 冯学英. 浅议绿色物流 [J]. 北方经贸，2015 (8)：73 - 74.

[22] 冯娅. 论低碳经济时代下低碳会计发展之路 [J]. 财会通讯，2011 (13)：143 - 144.

[23] 傅京燕. 我国对外贸易中污染产业转移的实证分析——以制造业为例 [J]. 财贸经济，2008 (5)：97 - 129.

[24] 傅强，李涛. 我国建立碳排放权交易市场的国际借鉴及路径选择 [J]. 中国科技论坛，2010 (9)：106 - 11.

[25] 高静，刘国光. 加工贸易下中国双边贸易出口碳排放核算及实证研究 [J]. 软科学，2016 (6)：53 - 56.

[26] 葛金田. 闭环物流 [M]. 北京：中国财富出版社，2014：47.

[27] 龚鹏. 旅游学概论 [M]. 北京：北京理工大学出版社，2016：304.

[28] 古银花，黄伟峰. 供给侧改革下的绿色供应链管理途径探究 [J]. 改革与开放，2017 (18)：37 - 38.

[29] 贯君. 制造企业绿色创新的影响机理及行为演化研究 [D]. 哈尔滨工程大学，2017：100 - 113.

[30] 郭峰濂. 关于我国发展绿色贸易的思考 [J]. 国际贸易问题，2005 (2)：30 - 33.

[31] 郭双梅. 国际经济贸易中的碳配额·碳交易·碳标签分析 [J]. 经贸实践，2017 (17)：43.

［32］韩纪琴，夏梦. 环境规制对产业竞争力影响的研究——基于江苏制造业数据的分析［J］. 价格理论与实践，2018（8）：135－138.

［33］韩意，姚大鹏. 基于BP神经网络的企业绿色竞争力评价研究［J］. 价值工程，2014（34）：5－6.

［34］何小钢. 能源约束、绿色技术创新与可持续增长——理论模型与经验证据［J］. 中南财经政法大学学报，2015（4）：30－159.

［35］何小钢，王自力. 能源偏向型技术进步与绿色增长转型——基于中国33个行业的实证考察［J］. 中国工业经济，2015（2）：50－62.

［36］何云峰，弓永华. 现代管理学［M］. 北京：中国农业大学出版社，2013：303－305.

［37］洪小瑛. 关于绿色竞争力的几点理论思考［J］. 广西社会科学，2002（3）：92－95.

［38］胡迟. "十三五"时期应从四方面推进节能减排［N］. 中国经济时报，2017－02－07（008）.

［39］胡海林. 低碳经济在国际贸易中的发展趋势探析［J］. 中国外资，2014（2）：28.

［40］胡剑波，郭风. 对外贸易碳排放竞争力指数构建与应用——基于中国投入产出数据的实证研究［J］. 中央财经大学学报，2018（1）：121－128.

［41］胡剑波，任亚运，丁子格. 气候变化下国际贸易中的碳壁垒及应对策略［J］. 经济问题探索，2015（10）：137－141.

［42］华金秋，王瑷，华金科. 欧盟发展低碳经济的成功经验及其启示［J］. 科技管理研究，2010（11）：45－47.

［43］黄慧婷. 绿色供应链管理战略价值及发展阻力分析［J］. 现代商贸工业，2012（4）：1－2.

［44］黄娟. 生态文明视域下的我国绿色生产方式初探［J］. 湖湘论坛，2015（4）：77－83.

［45］赛明. 供应链管理理论与方法［M］. 成都：西南交通大学出版社，2015：186－189.

［46］江心英，周媛媛. 基于循环经济背景下的制造业企业竞争力评价指标体系的构建［J］. 科技管理研究，2012（15）：84－87.

［47］江悦庭. 福建海洋碳汇交易及其法律问题研究［N］. 福建农林大学学报（哲学社会科学版），2019－01－05.

［48］姜仁良. 基于低碳科技创新的生态产业竞争力提升机制［J］. 科技管理

研究，2018（13）：190 - 194.

[49] 金碚，李鹏飞，廖建辉. 中国产业国际竞争力现状及演变趋势——基于出口商品的分析 [J]. 中国工业经济，2013（5）：5 - 17.

[50] 景维民，张璐. 环境管制、对外开放与中国工业的绿色技术进步 [J]. 经济研究，2014（9）：34 - 47.

[51] 柯水发. 绿色经济理论与实务 [M]. 北京：中国农业出版社，2013：124 - 130.

[52] 蓝虹. 日本构建低碳社会战略的政策与技术创新及其启示 [J]. 生态经济，2012（10）：72 - 92.

[53] 雷蒙. 贸易与气候变化的关系 [J]. WTO 经济导刊，2008（11）：94.

[54] 李静云. "碳关税" 重压下的中国战略 [J]. 环境经济，2009（69）：33 - 37.

[55] 李廉水，周勇. 技术进步能提高能源效率吗？——基于中国工业部门的实证检验 [J]. 管理世界，2006（10）：82 - 89.

[56] 李琳，王足. 我国区域制造业绿色竞争力评价及动态比较 [J]. 经济问题探索，2017（1）：64 - 81.

[57] 李茂林. 冲突·平衡·发展我国西部地区经济与环境协调发展研究 [M]. 武汉：武汉大学出版社，2015：36 - 38.

[58] 李晴，石龙宇，唐立娜，戴东宝. 日本发展低碳经济的政策体系综述 [J]. 中国人口·资源与环境，2011（S1）：489 - 492.

[59] 李荣生. 低碳经济下我国制造业企业核心竞争力研究 [D]. 哈尔滨工程大学，2011：171.

[60] 李伟，李涛. 节能减排政策对绿色技术进步的实证研究——来自中国电力行业的经验证据 [J]. 生态经济，2012（8）：118 - 126.

[61] 李文斌，李长河，孙未. 先进制造技术 [M]. 武汉：华中科技大学出版社，2014：216 - 218.

[62] 李向阳. 全球气候变化规则与世界经济的发展趋势 [J]. 国际经济评论，2010（1）：19 - 28.

[63] 李晓华. 低碳经济转型取向及中国产业的国际竞争力 [J]. 改革，2013（7）：43 - 50.

[64] 李亦亮. 现代物流管理基础 [M]. 合肥：安徽大学出版社，2015：215 - 218.

[65] 廖培. 旅游规划方案评价的理论与技术研究 [M]. 成都：四川大学出版

社，2016：23-24.

[66] 刘飞，曹华军，何乃军. 绿色制造的研究现状与发展趋势 [J]. 中国机械工程，2000（Z1）：114-119.

[67] 刘飞，李聪波，曹华军，王秋莲. 基于产品生命周期主线的绿色制造技术内涵及技术体系框架 [J]. 机械工程学报，2009（12）：115-120.

[68] 刘光复. 绿色设计与绿色制造 [M]. 北京：机械工业出版社，2000：154-156.

[69] 刘吉双，蔡柏良，雷权勇. 经济新常态下江苏沿海地区经济增长新动力源泉研究 [M]. 北京：中国经济出版社，2016：98-100.

[70] 刘建康. 论低碳贸易壁垒的法律应对 [D]. 河北经贸大学，2013：15-21.

[71] 刘俊伶，王克，邹骥. 基于 MRIO 模型的全球贸易内涵碳流向分析 [J]. 世界经济研究，2014（6）：43-88.

[72] 刘天姿. 碳关税措施在 GATT、WTO 体制中的合法性研究 [J]. 国际经贸探索，2011（4）：34-39.

[73] 刘湘溶，罗常军. 经济发展方式生态化从更快到更好 [M]. 长沙：湖南师范大学出版社，2015：53-54.

[74] 刘伊生. 绿色低碳发展概论 [M]. 北京：北京交通大学出版社，2014：67.

[75] 刘勇. 碳关税与全球性碳排放交易体制 [J]. 现代国际关系，2010（11）：25-32.

[76] 路晓伟. 绿色管理：企业管理发展的新趋势 [J]. 环渤海经济瞭望，2018（4）：45.

[77] 路燕，于鹏. 贸易发展与气候变化：融合、冲突与应对 [J]. 国际贸易，2010（11）：49-53.

[78] 吕海霞. 碳关税：全球金融危机下的新型绿色贸易壁垒 [J]. 中国物价，2009（10）：46-48.

[79] 马然. 构建绿色金融体系助推"一带一路"投资绿色化 [J]. 中国外资，2019（15）：74-75.

[80] 马晓东，何伦志. 日本低碳产品出口贸易发展经验及启示 [J]. 对外经贸实务，2015（11）：27-31.

[81] 门丹，龙飞. 低碳经济视角下美国新能源发展趋势及其经济支撑探讨 [J]. 商业时代，2012（9）：19-20.

［82］南帅妮. 浅谈气候变化与贸易［J］. 法制与社会，2010（23）：182.

［83］牛文元. 可持续发展理论内涵的三元素［J］. 中国科学院院刊，2014（9）：410 - 415.

［84］潘辉. 碳关税对中国出口贸易的影响及应对策略［J］. 中国人口资源与环境，2012（2）：41 - 46.

［85］庞瑞芝，王卢羡，张泉. 转型期间中国工业部门全要素能源效率的要素效应、结构效应与技术效应分析［J］. 当代经济科学，2009（5）：21 - 125.

［86］彭洁，冯明放. 告别贫困的抉择陕南生态移民可持续发展研究［M］. 成都：南交通大学出版社，2015：37 - 38.

［87］彭水军，张文城. 国际贸易与气候变化问题：一个文献综述［J］. 世界经济，2016（2）：167 - 192.

［88］钱文昊. 环境规制对我国制造业国际竞争力影响的实证分析［D］. 南京财经大学，2015：26 - 30.

［89］乔国厚. 中国低碳经济发展模式与政策体系研究［M］. 武汉：中国地质大学出版社，2012：100 - 105.

［90］邱尔卫. 企业绿色管理体系研究［D］. 哈尔滨工程大学，2006：101 - 120.

［91］曲晨瑶，李廉水，程中华. 中国制造业能源效率及其影响因素［J］. 科技管理研究，2016（15）：128 - 135.

［92］曲如晓，马建平. 贸易与气候变化：国际贸易的新热点［J］. 国际贸易，2009（7）：39 - 42.

［93］沙伟. 气候变化对国际贸易发展的影响与中国贸易政策选择［J］. 对外经贸实务，2012（12）：4 - 9.

［94］沈国明. 21世纪的选择中国生态经济的可持续发展［M］. 成都：四川人民出版社，2001：70.

［95］沈木珠. 多边法律体制下碳关税的合法性新析［J］. 国际贸易问题，2011（5）：149 - 156.

［96］施锦芳. 日本的低碳经济实践及其对我国的启示［J］. 经济社会体制比较，2015（6）：136 - 146.

［97］施用海. 低碳经济对国际贸易发展的影响［J］. 国际经贸探索，2011（2）：4 - 6.

［98］史宝娟. 区域循环经济系统评价及优化［M］. 北京：冶金工业出版社，2011：63 - 65.

[99] 史冬岩, 滕晓艳等. 现代设计理论和方法 [M]. 北京: 北京航空航天大学出版社, 2016: 261 – 263.

[100] 史立山. 构建低碳经济发展模式的途径 [J]. 中国市场, 2010 (29): 82 – 85.

[101] 孙广生, 杨先明, 黄祎. 中国工业行业的能源效率 (1987 ~ 2005) ——变化趋势、节能潜力与影响因素研究 [J]. 中国软科学, 2011 (11): 29 – 39.

[102] 唐德才, 王云, 李长顺, 王琳佳. 国际贸易与气候变化的关系研究 [J]. 阅江学刊, 2013 (3): 45 – 49.

[103] 唐静, 余乐芬, 杨爽. 基于低碳经济的中国制造业国际竞争力研究 [J]. 宏观经济研究, 2017 (4): 137 – 138.

[104] 唐玲, 杨正林. 能源效率与工业经济转型——基于中国1998 ~ 2007 年行业数据的实证分析 [J]. 数量经济技术经济研究, 2009 (10): 34 – 48.

[105] 唐晓华, 刘相锋. 能源强度与中国制造业产业结构优化实证 [J]. 中国人口资源与环境, 2016 (10): 78 – 85.

[106] 唐晓华, 周婷婷. 基于时间序列的中国制造业能源利用效率研究 [J]. 当代经济科学, 2017 (2): 109 – 128.

[107] 陶永, 李秋实, 赵罡. 面向产品全生命周期绿色制造策略 [J]. 中国科技论坛, 2016 (9): 58 – 64.

[108] 田红云. 破坏性创新与我国制造业国际竞争优势的构建 [M]. 上海: 上海三联书店, 2014: 60 – 64.

[109] 田虹, 崔悦, 姜雨峰. 绿色供应链管理能提升企业可持续发展吗? [J]. 财经论丛, 2018 (10): 77 – 85.

[110] 仝新顺. 生产与运作管理 [M]. 南京: 南京大学出版社, 2007: 360 – 363.

[111] 涂瑞和. 联合国环境规划署与清洁生产 [J]. 产业与环境, 2003 (z1): 19.

[112] 王安平, 冯振东. 基于绿色发展的循环经济模式技术体系研究 [J]. 经贸实践, 2016 (1): 337 – 339.

[113] 王葆葳. 欧盟REACH法规绿色贸易壁垒对我国石化行业的影响 [J]. 中国经贸, 2012 (4): 7 – 8.

[114] 王兵. 低碳经济背景下我国出口贸易研究 [D]. 安徽大学, 2013: 23 – 26.

[115] 王承宾. 清洁生产在低碳经济中的策略与实践探究 [J]. 科技创新与应用, 2019 (10): 127-129.

[116] 王桂英, 温慧颖. 绿色包装 [M]. 哈尔滨: 东北林业大学出版社, 2016: 16-19.

[117] 王欢芳. 我国产业集群低碳升级模式研究 [M]. 长沙: 中南大学出版社, 2016: 42-43.

[118] 王军, 井业青. 基于钻石理论模型的我国绿色产业竞争力实证分析——以山东省为例 [J]. 经济问题, 2012 (11): 36-40.

[119] 王军武, 郭婧怡. 工程建设项目绩效评价研究 [M]. 武汉: 武汉理工大学出版社, 2015: 75-76.

[120] 王丽娟. 环保时代制造企业绿色竞争力分析及提升策略 [D]. 东北财经大学, 2005: 8-16.

[121] 王淼. WTO规则对低碳经济的约束与激励 [D]. 吉林: 吉林大学, 2011: 16-18.

[122] 王启明. 低碳经济背景下我国出口贸易发展的新路径 [J]. 经济研究导刊, 2016 (20): 164-165.

[123] 王珊珊, 屈小娥. 技术进步、技术效率与制造业全要素能源效率——基于Malmquist指数的实证研究 [J]. 山西财经大学学报, 2011 (2): 54-60.

[124] 王少枋, 李贤著. 循环经济理论与实务 [M]. 北京: 中国经济出版社, 2014: 7-8.

[125] 王文. 绿色金融与"一带一路"的绿色化 [J]. 中国人民大学学报, 2019 (4): 1-2.

[126] 王文普. 产业特征、污染溢出与产业竞争力: 基于多因素结构模型的分析 [J]. 产业经济研究, 2011 (5): 35-44.

[127] 王文普. 环境规制、空间溢出与地区产业竞争力 [J]. 中国人口资源与环境, 2013 (8): 123-130.

[128] 王霄, 屈小娥. 中国制造业全要素能源效率研究——基于制造业28个行业的实证分析 [J]. 当代经济科学, 2010 (2): 20-125.

[129] 王笑丛. 绿色生产决策的影响因素与效果分析 [J]. 社会科学, 2018 (2): 76-81.

[130] 王心著. 流程工业实施绿色生产的模糊规划 [M]. 北京: 中国财富出版社, 2014.

[131] 王娅莉. 中国航企不认欧盟碳关税 [N]. 中国质量报, 2012-02-13.

[132] 王艳红，蒋文昭. 高等职业教育与区域经济协调发展研究 [M]. 郑州：河南人民出版社，2008：89.

[133] 王艳霞. 机电产品的绿色设计与制造及其发展趋势 [J]. 科技创新导报，2018 (9)：98 –100.

[134] 王一舒. 考虑外生因素影响下工业行业能源效率研究 [J]. 科技管理研究，2013 (12)：220 –223.

[135] 王勇. 日本发展低碳经济的评析与启示 [J]. 北方经济，2011 (5)：54 –56.

[136] 王玉婧. 服务经济的环境效应及气候变化分析 [J]. 当代经济，2019 (4)：112 –116.

[137] 王玉婧. 环境成本内在化、环境规制及贸易与环境的协调 [M]. 北京：经济科学出版社，2010：215 –220.

[138] 王玉婧，江航翔. 以绿色金融助推低碳产业发展的路径分析 [J]. 武汉金融，2017 (4)：54 –56.

[139] 王玉婧，刘学敏. 基于碳排放测度视角的我国低碳经济发展政策选择 [J]. 甘肃社会科学，2015 (1)：215 –218.

[140] 王玉婧. 欧盟低碳经济之路及启示 [A]. 中国科学技术协会、福建省人民政府. 经济发展方式转变与自主创新——第十二届中国科学技术协会年会（第一卷）[C]. 中国科学技术协会、福建省人民政府：中国科学技术协会学会学术部，2010：6.

[141] 王钰. 低碳经济政策的中外比较研究 [J]. 北方经贸，2013 (5)：13 –14.

[142] 王钰. 基于低碳经济的中国产业国际竞争力研究 [D]. 哈尔滨商业大学，2013：50 –66.

[143] 王蕴琪. 低碳贸易壁垒的内容、影响及应对措施 [J]. 企业经济，2012 (3)：44 –47.

[144] 魏玖长，贾瑞跃. 中西部地区"两型社会"建设的评价方法及应用研究 [M]. 合肥：合肥工业大学出版社，2014：10 –13.

[145] 魏守华，周斌. 中国高技术产业国际竞争力研究——基于技术进步与规模经济融合的视角 [J]. 南京大学学报，2015 (5)：15 –26.

[146] 吴承健，胡军. 绿色采购管理 [M]. 北京：中国物资出版社，2010 (12)：121 –123.

[147] 席艳乐，孙小军，王书飞. 气候变化与国际贸易关系研究评述 [J].

经济学动态, 2011 (10): 131-136.

[148] 徐凤君, 盖志毅. 低碳经济论 [M]. 北京: 科学技术文献出版社, 2016: 6-7.

[149] 徐洪振, 张吉岗, 郑沛. 基于碳交易市场的云南省森林生态固碳价值评估 [J]. 生态经济, 2019 (4): 33-38.

[150] 徐慧, 陈林. 环境科学概论 [M]. 北京: 中国铁道出版社, 2014: 59.

[151] 徐建中, 王曼曼. 绿色技术创新、环境规制与能源强度——基于中国制造业的实证分析 [J]. 科学学研究, 2018 (4): 744-753.

[152] 徐敏燕, 左和平. 集聚效应下环境规制与产业竞争力关系研究——基于"波特假说"的再检验 [J]. 中国工业经济, 2013 (3): 72-84.

[153] 徐兴华. 绿色技术和第四产业需要强大的协会 [J]. 科协论坛, 2003-02-10.

[154] 许广月. 气候变化视阈下中国贸易发展方式的低碳转型 [J]. 西部论坛, 2012 (1): 81-87.

[155] 许笑平. 低碳物流与绿色物流的对比分析 [J]. 资源节约与环保, 2014 (2): 52-54.

[156] 鄢哲明, 邓晓兰, 陈宝东. 绿色技术进步对中国产业结构低碳化的影响 [J]. 经济社会体制比较, 2016 (4): 25-39.

[157] 闫云凤, 甘爱平. 国际贸易对气候变化的影响研究综述 [J]. 会计与经济研究, 2012 (2): 91-95.

[158] 闫云凤, 杨来科. 中美贸易与气候变化——基于投入产出法的分析 [J]. 世界经济研究, 2009 (7): 40-88.

[159] 晏维龙, 曹杰. 论绿色供应链管理 [J]. 社会科学辑刊, 2004 (1): 51-57.

[160] 杨博, 赵建军. 生产方式绿色化的技术创新体系建设 [J]. 中国科技论坛, 2016 (10): 5-10.

[161] 杨灵一. WTO 体制下单边 NPR-PPMs 措施的合理性及制度设计 [J]. 宜春学院学报, 2015, 37 (1): 45-124.

[162] 杨旻旻. 绿色管理在中小企业的应用研究 [J]. 企业科技与发展, 2018 (9): 269-270.

[163] 杨雪锋. 绿色经济与绿色发展丛书绿色低碳文明 [M]. 中国环境出版社, 2015: 140-142.

[164] 杨占红. 关于气候变化背景下国际贸易的思考 [J]. 生态经济, 2015

（11）：65 – 69.

［165］杨中东. 中国制造业能源效率的影响因素：经济周期和重化工工业化［J］. 统计研究，2010（10）：33 – 39.

［166］姚良军，孙成永. 意大利的低碳经济发展政策［J］. 中国科技产业，2007（11）：58 – 60.

［167］姚小剑，杨光磊，高丛. 绿色技术进步对全要素绿色能源效率的影响研究［J］. 科技管理研究，2016（22）：248 – 254.

［168］叶生洪，杨宇峰，张传忠. 绿色生产探源［J］. 科技管理研究，2006（7）：82 – 84.

［169］叶堂林. 农业循环经济模式与途径［M］. 长春：吉林出版集团有限责任公司，2016：15 – 17.

［170］尤济红，王鹏. 环境规制能否促进 R&D 偏向于绿色技术研发？——基于中国工业部门的实证研究［J］. 经济评论，2016（3）：26 – 38.

［171］余建，陈红喜，王建明. 循环经济与企业绿色竞争力：基于江苏板块上市公司的实证研究［J］. 科技进步与对策，2010（4）：82 – 85.

［172］袁泉. 中国企业绿色国际竞争力研究［D］. 中国海洋大学，2007：96 – 137.

［173］曾凡银. 技术创新与我国绿色国际竞争力提升机制研究［J］. 安徽大学学报，2004（3）：90 – 94.

［174］占利华，王丽英，傅健，李达. 绿色制造的研究分析［J］. 科技创新导报，2015（34）：102 – 104.

［175］张爱菊，权瑞. 中国主要工业部门能源效率测算与分析［J］. 统计与决策，2014（7）：133 – 136.

［176］张彩云，吕越. 绿色生产规制与企业研发创新——影响及机制研究［J］. 经济管理，2018（1）：71 – 91.

［177］张立祥，汪利萍，闫磊磊. 基于包装全生命周期的绿色制造技术体系［J/OL］. 食品与机械，http://kns. cnki. net/kcms/detail/43. 1183. TS. 20190523. 0843. 004. html.

［178］张倩. 中欧碳交易合作成果呼之欲出［N］. 中国环境报，2016 – 11 – 03.

［179］张庆阳，郭家康. 世界风能强国发展风电的经验与对策［J］. 中外能源，2015（6）：25 – 34.

［180］张荣，郑兰平. 欧盟国家低碳经济发展的相关政策和制度安排［J］.

中国商贸，2014（36）：210-212.

[181] 张瑞，丁日佳. 煤炭矿区循环经济发展模式及评价方法 [M]. 吉林出版集团股份有限公司，2016：13-14.

[182] 张旺. 北京市碳排放的格局变化与驱动因子研究 [M]. 北京：新华出版社，2017：43-44.

[183] 张伟娜，王修来. 企业绿色竞争力的评价模型及其应用 [J]. 科技管理研究，2010（20）：36-38.

[184] 张晓玲. 可持续发展理论：概念演变、维度与展望 [J]. 中国科学院院刊，2018（1）：10-19.

[185] 张昕宇. "碳关税"的性质界定研究 [J]. 求索，2010（9）：28-30.

[186] 张新民，段雄. 绿色制造技术的概念、内涵及哲学意义 [J]. 科学技术与辩证法，2002（1）：47-51.

[187] 张禹，严兵. 中国产业国际竞争力评估——基于比较优势与全球价值链的测算 [J]. 国际贸易问题，2016（10）：38-49.

[188] 赵翠. 论述绿色制造及国内外绿色制造的发展情况 [A]. 天津市电视技术研究会. 天津市电视技术研究会2015年年会论文集 [C]. 天津市电视技术研究会：天津市电视技术研究会，2015：4.

[189] 赵洪斌. 论产业竞争力——一个理论综述 [J]. 当代财经，2004（12）：67-70.

[190] 赵领娣，胡燕京. WTO环境政策与中国企业绿色国际竞争力提升对策研究 [J]. 青岛海洋大学学报（社会科学版），2001（2）：23-25.

[191] 赵领娣，胡燕京，袁泉. 大力提升我国企业绿色国际竞争力的有效对策 [J]. 科学学与科学技术管理，2001（10）：57-58.

[192] 赵玉焕. 国际贸易与气候变化的关系研究 [J]. 中国软科学，2010（4）：183-192.

[193] 郑晓博，苗韧，雷家骕. 应对气候变化措施对贸易竞争力影响的研究 [J]. 中国人口资源与环境，2010（11）：66-71.

[194] 郑兴碧. 我国绿色经济发展存在的问题及对策研究 [J]. 经营管理者，2016（18）：176.

[195] 周长富. 环境规制对我国制造业国际竞争力的影响研究 [D]. 南京大学，2012：63-70.

[196] 周长荣. 碳排放与碳关税的经济效应 [J]. 企业经济，2013（4）：20-23.

［197］周洁，王云珠．国外发展低碳经济的启示［J］．科技创新与生产力，2011（5）：52－58．

［198］周金铁．低碳贸易措施壁垒的实质、发展趋势与应对之策［J］．哈尔滨师范大学社会科学学报，2018（6）：71－74．

［199］周立，朱莉莉，应瑞瑶．环境规制与贸易竞争优势——基于中国工业行业数据的 SEM 模拟［J］．中国科技论坛，2010（3）：89－95．

［200］周婷婷，唐晓华．低碳经济视角下我国制造业能源利用效率评价研究［J］．生态经济，2016（5）：58－62．

［201］朱焕焕，陈志．中国制造业国际竞争力变动趋势分析［J］．科技中国，2018（6）：75－83．

［202］朱启贵．节能减排统计研究［M］．上海：上海交通大学出版社，2014：66－67．

［203］朱晓波．钢铁业与碳交易的"悖论"［N］．中国冶金报，2015－07－17．

［204］诸大建．用国际可持续发展研究的新成果和通用语言解读生态文明［J］．中国环境管理，2019（3）：5－12．

［205］庄贵阳．欧盟温室气体排放贸易机制及其对中国的启示［J］．欧洲研究，2006（3）：7－13．

［206］Amran Md. Rasli, Muhammad Imran Qureshi, Aliyu Isah－Chikaji, Khalid Zaman, Mehboob Ahmad. New toxics, race to the bottom and revised environmental Kuznets curve: The case of local and global pollutants［J］. Renewable and Sustainable Energy Reviews, 2018, 81.

［207］Anastasias. X. A. Environmental Policy and Competitiveness: The Porter Hypotheses［J］. Journal of Environmental Economics and Management, 2002（37）: 165－182.

［208］Copeland, B. R. International Trade and the Environment: Policy Reform in a Polluted Small Open Economy［J］. Journal of Environmental Economics and Management, 1994, 26: 44－65.

［209］Holmén K. The Global Carbon Cycle［J］. International Geophysics, 2000, 72（8）: 282－321.

［210］Liu Fei. A Decision－Making Framework Model of Green Manufacturing. Proc. of the 15th International Conference on Computer－Aided Production Engineering, Durham, UK, 1999: 716－721.

［211］ Liyi Zhang, Gao Yang, Sun Yunshan, Teng Fei, Wang Yujing. Application on Cold Chain Logistics Routing Optimization Based on Improved Genetic Algorithm ［J］. Automatic Control and Computer Sciences, 2019 (2): 169 – 180.

［212］ M. Barzegarl, R. Ehtesham, A. H. Niknamfar. Analyzing the Drivers of Green Manufacturing Using an Analytic Network Process Method: A Case Study ［J］. Journal of Industrial Engineering, 2018 (1): 61 – 83.

［213］ Ogawa H. , Tanoue E. Dissolved Organic Matter in Oceanic Waters ［J］. Journal of Oceanography, 2003, 59 (2): 129 – 147.

［214］ Poter M. E. , Clas V. D. L. Toward a New Conception of the Environment Competitiveness Relationship ［J］. Journal of Economic Perspectives, 1995, 9 (4).

［215］ Sezen B. Effects of Green Manufacturing and Eco-innovation on Sustainability Performance ［J］. Social and Behavioral Sciences, 2013 (6): 154 – 163.

［216］ Zhang Li – Yi, Tseng Ming – Lang, Wang Ching – Hsin, Xiao Chao, Fei Teng. Low – Carbon Cold Chain Logistics Using Ribonucleic Acid – Ant Colony ［J］. Journal of Cleaner Production, 2019 (3): 169 – 180.

后　记

　　提及绿色，人们不免与农业、植物、山林、花果等联系起来，想起农产品、林业产品、植物的生产或者出口；但是，制造业，也是有颜色的。几十年前的工业生产，是黑色的，或灰色的，想必人们还记得伦敦街头看不见人的工业烟雾污染——著名的 20 世纪全球十大环境污染事件之一，今日的人类不愿也不希望再重蹈覆辙。绿色一词，越来越多地与可持续交替使用。作者对于可持续发展命题的关注始于 2001 年左右，2003 年在澳大利亚做访问学者期间，接触到对外贸易与环境质量效应、产业国际竞争力与环境措施与标准的关联性文献，从此开始了对外贸易的环境效应、出口贸易产品的环境成本内在化、环境规制、环境技术创新与竞争力、碳排放等方面的研究，从博士论文到近几年的论文与课题，初心不改，一直在追踪与延续。制造业的可持续，或称可持续制造、绿色制造；绿色，实质上意味着人类的生产和消费活动必须对环境、资源、社会乃至文化负责。采用绿色技术进行生产，能够对人类的福祉、生活质量、环境保护、经济增长、社会代际公平等问题产生正效应。在全球化的今天，产品的消费绝大部分依赖于各国产品流动，即贸易而获得，可贸易产品在制造、消费、流通和回收处理的过程中，对环境的伤害应降低到最小。哪个国家的贸易产品能够将碳排放、能源消耗和污染指标降到最低，则其产品在世界上将具有无可比拟的竞争力。因此近年来，绿色贸易越来越多地被提倡，作者的目光也一直追随我国制造业的污染足迹、出口比较优势和竞争优势，提出了如何提升制造业绿色国际竞争力的命题。

　　孟子曰：心之官则思，思则得知，不思则不得也。笛卡尔言：我思故我在。罗钦顺语：苟学而不思，此理终无由而得。作者深知本书在研究深度、广度等方面十分粗浅，非学，非理，但它是作者点滴所思、所想、所得，虽疏漏遍及，然而它是缪赛诗中那只自己的小小杯子。

　　本书得到天津市哲学社会科学规划资助项目重点项目"资源环境约束下提升中国制造业绿色国际竞争力路径分析"（TJYJ18－025）的资助，感谢课题组成员的辛苦付出，在写作过程中得到天津商业大学研究生时文泽、王子琼、张唯、邹响、孙维鑫等同学的大力协助，在此表示诚挚的谢意。同时恳请各位学者指出书中谬误，感激无尽。

王玉婧

2019 年 10 月 30 日